# 圖說天下

## 西洋通史

◎主編 郭方

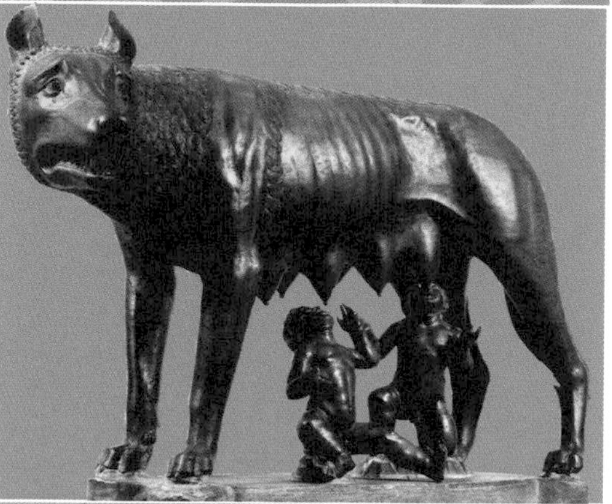

# 帝國時代

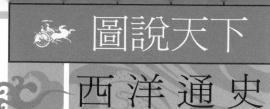

# 圖說天下

# 前言

人類的文明之火首先由大河流域的幾個民族燃起，隨後在對外交流中，文明的內容不斷豐富、地域逐漸擴大。不過，人類交流的歷史軌跡並不都是和平友好的，既充滿了殘酷的戰爭殺戮，也出現過輝煌的統一大業。

人類歷史上第一個橫跨歐、亞、非三大洲的世界性帝國是波斯，它的疆域幾乎囊括了西亞兩河、古埃及和印度河這三個古文明中心。波斯帝國在三大古文明的融會中昇華，哺育著後世文明的成長。

佛教傳播後，孔雀家族的阿育王皈依佛門，依照釋迦牟尼的教義統治國家，建立了繁盛一時的孔雀王朝。可惜帝國短命而亡，直到西元四世紀，印度才又興起笈多王朝。

世界古代史上以國王命名的帝國恐怕只有亞歷山大帝國。這個受教於偉大先哲——亞里士多德的年輕人，以天才般的頭腦、無所畏懼的氣魄擊敗波斯帝國，讓歐洲文明和亞洲、非洲文明交會。而古希臘文化也沿著亞歷山大的進軍路線傳播至各地，使東西方文化的交融達到前所未有的高度。

亞歷山大帝國曇花一現，亞歷山大在世界之君的寶座上也僅坐了十三年。此後帝國紛爭不已，最終一分爲三。儘管帝國大一統政治宣告結束，但希臘化時代的文明成果卻豐碩燦爛：有富麗堂皇的建築和藝術，還有傳遞生活藝術的哲學等等。

在地中海西邊，雄心勃勃的古羅馬人在與強勁對手迦太基的決戰中，贏得了最終勝利。此後，在隆隆的戰鼓聲中，古羅馬登上地中海世界的霸主寶座。屋大維將羅馬推向嶄新繁榮的帝國時代，疆域空前龐大，氣勢雄偉。不可一世的古羅馬成爲人類永恆的記憶。同樣，她的內亂、血腥，以及無可奈何地走向分裂和滅亡的痛苦歷程，千百年來也令世人感歎不已。

如今，曾經顯赫一時、威震四海的世界帝國已消逝在歷史的長河中，而那個時代的文明卻注入了人類文明的海洋中，時時閃耀著動人風采。

# 目次

# 帝國時代

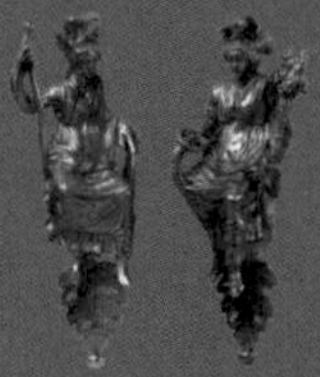

# 第一章 波斯帝國

## 「新月」的征服者——波斯

西亞和北非擁有上古時代上最悠久的文明，而燦爛的波斯文明更猶如一朵奇葩，在這條文明長河裡風姿卓絕。在這樣多姿多彩的文明裡面孕育了一個驍勇善戰的民族，他們曾一度建立了橫跨歐亞非的帝國；也曾建立了盛極一時的薩珊王朝。在這個強手如林的世界歷史舞臺上，他們以自己獨特的方式演繹著歷史。

### 嶄露頭角

西亞某個安靜的村落裡，人民過著平靜而安逸的生活，身強力壯的男子都出去狩獵、捕魚。村落外面是他們飼養的牛羊，在離村落不遠的地方是鬱鬱蔥蔥的農作物，調皮的孩童們在嬉戲打鬧，人們的生活一片其樂融融。然而，他們的寧靜生活隨著一群群游牧民族的到來戛然而止，這就是從雅利安（Aryans）人種族中分化出來的另外一支。他們帶著希望和憧憬來到了這片土地上並在這裡住了下來。由於幼發拉底河和底格里斯河向西到地中海，形成了狹長的弧形的地形，宛如一輪新月，於是，這片土地被人們稱作「肥沃月彎」。

大約於西元前七世紀後半期，在今日伊朗高原西部逐漸形成米底亞人（Medes）的國家。這時波斯（Perspolis）人的部落正處在米底亞人的統治之下，西元前五五八年，居魯士（Cyrus）二世成爲波斯國王。長期以來遭受米底亞人壓迫的波斯人，終於等到了他們的救星，這位雄才大略的國王對內勵精圖治，修建神廟和王宮，加強波斯人的凝聚力；對外目光遠大，開疆拓土，揚國威於四方。而這時腐朽不堪的米底亞國就成爲波斯小試牛刀的對象。

波斯的軍隊由步兵和騎兵共同組成，其中以騎兵爲主體力量，強大的戰鬥力爲居魯士在那個時代取得驕人的戰績奠定了堅實的基礎。面對新興的波斯，米底亞軍隊一敗塗地，全軍覆沒。從此，波斯人在這輪新月上以主人翁的姿態站上舞臺。

## 所向披靡的鐵蹄

在征服了米底亞之後，波斯軍隊所向披靡。西元前五四七年至西元前五四六年，波斯與小亞細亞強國呂底亞（Lydia）發生戰爭衝突。寒冷的天氣讓交戰雙方都異常難捱，但是波斯嚴陣以待，抱持著勝券在握的決心，僅用了兩週的時間，便滅亡了呂底亞這個曾經不可一世的西亞大國，國王克羅伊斯（Croesus，西元前五九五年至西元前五四六年）也成爲階下囚。

居魯士並沒有停止征服的步伐，時隔不久，小亞細亞海岸各古希臘城邦也被囊括到了波斯的領土之中。在居魯士不幸戰死沙場後，他的兒子岡比西斯（Cambyses）二世繼承了他的征服大業，繼續南下，吞併了古埃及。

然而，西元前四九二年，波

十七世紀《納瑪莎》細密畫

細密畫（miniature）是一種精細刻畫的小型繪畫，為波斯藝術的一種呈現方式。這幅細密畫描繪了古波斯人慶祝英雄戰勝敵人的情景。

希戰爭爆發，波斯最後的失敗，使這個強大的帝國一步步走向滅亡深淵。西元前三三四年，隨著亞歷山大大帝的一把火，波斯宮殿隨即化爲烏有，盛極一時的波斯帝國宣告滅亡，淪爲亞歷山大帝國的附屬地，完美的新月在諸國兵戈鐵馬的踐踏中沉淪，殘缺的新月又在亞歷山大帝國的統治下慢慢「升起」。

## 繁花消逝

在亞歷山大大帝鐵蹄所到之處，各地聞而卻步，亞歷山大大帝運用他的智慧和才能掌控這片新月之地，一批又一批的希臘商人，紛紛湧入波斯。然而，這樣的統治並沒有持續很長時間。亞歷山大過世後，龐大的帝國隨即一分爲三，波斯本土又處於塞流卡斯（Seleucid）王國的統治。

古代波斯薩珊王朝銀盤

此銀盤呈現波斯國王科斯洛埃斯二世（Chosres II，西元前五九〇年至西元前六二八年）的狩獵情景。

居魯士的後裔無法忍受這樣的恥辱，終於在西元前二四七年揭竿而起，建立了帕提亞（Parthia）王朝，但如流星般轉瞬即逝，這個短命王朝在一世紀就逐漸衰落。

曾一度輝煌的文明曙光似乎愈來愈微弱，他們的朝代如走馬燈似的更換，每一次都猶如曇花一現，而且光芒愈來愈暗淡。直到薩珊（Sassanid）王朝的興起才一改往日的低迷狀態，後來又一度完成了父輩的願望，統一波斯，後起者繼承先輩王朝的風範，不斷地征戰，不斷地擴張。到了沙普爾一世（Shapur I，西元前二三九年至二七二年在位）執政時期，薩珊王朝已經成爲西亞地區又一個新的霸主。

如此極盛的薩珊王朝也無法擺脫衰落的厄運，在四面楚歌的局面下，薩珊王朝的命運跌入歷史谷底，之後波斯的歷史步入了紛繁的中世紀。

## 瘋狂暴君——岡比西斯二世

他的父親被親切地稱為「萬王之王」，而他則是「惡魔之王」。是癲癇病，抑或是觸犯了古埃及的神靈，他才如此喪心病狂、暴虐成性？他的死因更是撲朔迷離，成為千百年來未解的歷史謎題。他就是歷史上的瘋狂暴君——岡比西斯二世。

### 光芒下的陰影

岡比西斯二世的父親居魯士，是歷史上著名的君主之一，他用金戈鐵馬踏平了米底亞、帕提亞、呂底亞、小亞細亞的各古希臘城邦以及巴克特里亞（Bactrian，古代中國稱之爲大夏）等中亞許多地區和強大的巴比倫（Babylon），使波斯從一個伊朗高原西南隅的小邦變成一個龐大帝國。他寬厚大度、睿智多謀，波斯人親切地稱他爲「父親」，是古希臘各邦尊敬的「主人」，猶太人心中永遠的「塗聖油的王」和「恩人」，享有「萬王之王」的尊號。

大約西元前五三七年時，岡比西斯二世已經和父親共治了，在巴比倫擔任居魯士的全權代理人。岡比西斯一直生活在父親的神聖光環之下，感覺被父親的萬丈光芒遮蔽了，彷彿永遠也超越不了父親的蓋世功績。他心中產生巨大的壓力，甚至妒忌起父親的功績。有一次他問自己的大臣們：「和我的父親居魯士比起來，你們認爲我是怎樣的一個人物？」一個善於阿諛奉承的大臣回答說：「岡比西斯，你已經超過了你的父親，因爲你不僅是你的父親曾經統治過的全部領土的主人，還征服了埃及，控制了大海。」有位智者則委婉地誇讚說：「居魯士的兒子，你是比不上你父親的，因爲你還沒有像你的父親那樣，有你這樣一個兒子。」岡比西斯二世聽後更加心花怒放。

妒忌心強、暴躁冒進、剛愎自用，以及爲擺脫父親陰影而建功立業的急切心情都造成日後岡比西斯二世瘋狂的行爲。

### 夢斷埃及

即位之後的岡比西斯二世，終於可以大展身手，建立更大的功勛以超越父親。西元前五二五年，岡比西斯二世迫不及待發動戰爭，去征服富庶強大的埃及。

《將居魯士的頭獻給托米麗司女王》油畫

這幅畫創作於一六二三年，現藏於美國波士頓美術博物館。西元前五三〇年，居魯士出兵征討裡海東岸廣闊草原上的馬薩格泰人（Massagetai，西元前六年至西元二世紀時生活在今日錫爾河以北至巴爾喀什湖的游牧民族）。馬薩格泰人在女王托米麗司（Tomyris）的率領下與波斯軍隊展開了一場激戰。最後，波斯軍隊幾乎全軍覆沒，居魯士陣亡。馬薩格泰女王割下居魯士的頭顱，放進盛滿血的皮囊。她以此實踐自己的誓言，讓居魯士「飽飲鮮血」。

關於岡比西斯進攻埃及的原因，古希臘歷史學家希羅多德（Herodotus）認爲是這樣的：岡比西斯想娶埃及法老雅赫摩斯二世（Ahmose II，希臘語稱爲阿瑪西斯Amasis）的女兒爲妻。雅赫摩斯二世得知這個消息後，認爲岡比西斯二世不是眞心要娶自己的女兒做妻子，因此不想讓女兒受委屈。但如果不答應的話，又怕得罪強大的波斯。最後雅赫摩斯二世想到了一個絕妙的主意，他讓前任法老阿普里埃斯（Apries）的女兒尼特提斯（Nitetis）代替自己的女兒嫁到波斯。尼特提斯身材修長、美麗動人，深得岡比西斯的寵愛。但好景不長，有一天，尼特提斯對岡比西斯說：「國王啊，我看你還不知道雅赫摩斯二世是怎樣矇騙了你呢！他將我喬裝打扮，然後把我當做他的女兒送到你這裡來。但是，我其實是阿普里埃斯的女兒。阿普里埃斯原本是他的國王和主人，是他和其他埃及人一同起兵反叛，並且殺死了我的父王。」聽完這番話，不可一世的岡比西斯二世勃然大怒，決定立即出兵埃及以復仇。

岡比西斯二世的軍隊穿過一片無垠的沙漠，與埃及大軍展開激戰。雙方軍隊作戰都很頑強，屍骨遍野、血流成河，但埃及人最終還是失敗了。岡比西斯二世終於實現了征服埃及使其他民族臣服於他腳下的夙願。但野心勃勃的岡比西斯二世並不滿足於眼前的功績，又馬不停蹄地去征服今天的衣索比亞（Ethiopia），但因準備不足，絕糧而歸；另一支派往埃及西瓦（Siwa）綠洲的波斯大軍也全軍葬於滾滾沙塵之中。禍不單行的是，波斯國內又在此時爆發反對岡比西斯二世統治的高墨達（Gaumata）暴動。焦頭爛額的岡比西斯二世忙著去撲滅國內暴動時，在途中命喪黃泉。

## 暴虐成性的惡魔

岡比西斯二世的失敗與他暴虐的統治、乖戾瘋狂的舉止激起的天怒人怨，有著千絲萬縷的聯繫。

岡比西斯二世性格暴躁、剛愎自用，不時做出瘋狂的事情，被他的臣民稱爲「惡魔之王」。普列克撒斯佩斯（Prexaspes）是岡比西斯的親信，他的兒子也獲得岡比西斯的重用，擔任他的酒官。有一次，岡比西斯問普列克撒斯佩斯：「波斯人認爲我是怎樣的一個人？」普列克撒斯佩斯回答說：「國王陛下，他們對於你的所作所爲，都是大加稱頌的，但是只是說你嗜酒過度。」岡比西斯聽後火冒三丈地說：「這到底是你的看法，還是波斯人的看法？」並對膽戰心驚的普列克撒斯佩斯說：「這樣吧，我們來試驗一下，波斯人說的是眞話還是謊話。你的兒子現在就站在門庭那裡，如果我射出的箭正中他的心臟，那就證明波斯人說的話是沒有根據的。」他一邊說，一邊拉弓射向普列克撒斯佩斯的兒子。那個可憐的孩子應聲倒下。岡比西斯還殘忍地剖開孩子的肚子，當發現自己的箭正好射中心臟時，高興得手舞足蹈，大笑說：「你看，我就說我是個完人，是個偉大的君主。」另有一次，岡比西斯因爲一些雞毛蒜皮的小事，活埋了十二名波斯貴族。

岡比西斯二世對自己的臣民尙且如此殘暴，更不用說對待被征服的民族了。岡比西斯在征服埃及時，活捉了埃及法老普桑門尼圖斯

從左到右，依次是居魯士、岡比西斯二世和大流士以及他們的隨從。

（Psamtik）。他讓法老和其他埃及人一起坐在城外，然後命令他的女兒和許多出身埃及貴族家庭的千金小姐，身穿破爛的奴隸服裝，用水罐打水。這些自幼飯來張口、衣來伸手的金枝玉葉，痛哭流涕地走過她們的父親身邊。岡比西斯還讓法老的兒子和其他貴族的兒子，頸戴繩索、嘴裡銜著馬勒，從他們身邊走過趕赴斷頭臺。看到兒女們悲慘的境遇，法老和大臣們心如刀絞，發出撕心裂肺的哭聲，岡比西斯卻興奮得哈哈大笑。

岡比西斯二世征戰今天的衣索比亞失利時，正值埃及人在熱烈慶祝阿庇斯神慶典。埃及人身穿華服，紛紛走上街頭，舉行隆重的慶祝儀式。岡比西斯勃然大怒，認爲埃及人是在嘲笑他，於是先把告知此事的人處死，然後又派人請來所謂的「神」。原來阿庇斯神就是一頭不可能受孕的母牛所生的牛犢。埃及人認爲，母牛是因爲上蒼之火從天而降，才得以受孕生下阿庇斯。

發現所謂的神靈就是一頭牛犢後，岡比西斯拔劍向牛犢刺過去，但是沒有刺中要害，只刺到牛的大腿上。於是，他大笑著對埃及的祭司們說：「這就是你們所謂的神？牠只不過是個血肉之軀的畜生而已。埃及人只配有這樣的神！」他下令鞭打這些無辜的祭司們，並且禁止全國慶祝這個節日，否則格殺勿論。

與殘暴的岡比西斯二世相比，他的弟弟巴爾迪亞（Bardiya）才能出眾而又寬厚豁達，得到百姓的擁護。但嫉妒心強的岡比西斯藉口夢見巴爾迪亞在波斯已經登上王位，而且他的頭一直觸著蒼天，便派人祕密地把弟弟殺害了。而岡比西斯的妻子（也是他的親妹妹），因爲說了幾句懷念巴爾迪亞的話就被岡比西斯殘暴地殺害了。

古希臘歷史學家希羅多德記載了兩種關於他妻子死因的版本。據說，岡比西斯和他的妻子在觀看一隻小狗和一隻幼獅相鬥，當小狗快要被打敗時，另一隻小狗掙脫鏈子前去救援，結果兩隻小狗聯合起來打敗了幼獅。岡比西斯感到很高興，可是一旁的妻子卻哭了。岡比西斯問她爲什麼哭泣，她說是因爲想到了巴爾迪亞，爲什麼沒有一個人爲他報仇。這番話惹惱了岡比西斯，隨即處死了她。另一種說法是：有一次，岡比西斯和妻子坐在桌旁，他的妻子拿起一根萵苣，摘下了葉子，然後問岡比西斯：「是帶著葉子的萵苣好看，還是不帶葉子的好看？」岡比西斯說：「帶葉子的好看。」於是，他的妻子就說：「可是你把居魯士家族殺光光了，就好像這根萵苣一樣了。」岡比西斯聽後勃然大怒，猛撲過去，對已有身孕的妻子拳打腳踢，結果導致她流產而死。

## 撲朔迷離的死因

或許是出於對岡比西斯的憎恨，人們對他的死亡加上了因果報應、神靈懲罰的意味，所以關於岡比西斯的死亡有著不同的版本，爲力圖探尋歷史眞相的歷史學家留下了一個謎團。按照希羅多德的說法，岡比西斯得知高墨達發動暴亂時，非常震怒，他迅速躍到馬上，準備盡快趕回波斯去鎮壓叛亂。但不料他所佩帶的寶劍的劍鞘扣子脫落了，鋒利的劍鋒刺入了他的大腿，諷刺的是，他受傷的部位恰恰是他自己刺中埃及神阿庇斯的那個部位。二十多天後，岡比西斯因傷口感染、骨頭壞疽而死。而有些學者根據《貝希斯頓銘文》（*Bagastana*）認爲岡比西斯是自殺而亡，還有的人說是被暗殺。只是究竟岡比西斯是怎麼死的？已成難解之謎。

居魯士大帝陵

居魯士死後，遺體歸葬故都帕薩加德【Pasargada，位於今伊朗法爾斯（Fars）省】，並贏得了永久的尊敬。二百年後，滅亡波斯帝國的亞歷山大大帝從希臘東征到此，不僅沒有毀壞他的陵墓，反而還下令加以修葺。居魯士陵寢二千五百年來屹立不倒，在陵墓旁的一根柱子上，有一段銘文至今仍清晰可見：「我是居魯士王，阿契美尼德（Achaemenid）宗室。」

## 「鐵血大帝」——大流士一世

大流士不是第一位所向無敵的征服者，卻是第一位具有世界觀的統治者。他以武力為根基，摘取世界帝國的桂冠；他所開創的行省制、軍區制、貨幣稅收制度等，深刻地影響了後來的羅馬、阿拉伯、鄂圖曼等世界性大帝國。

### 因馬鳴而得天下

西元前五二二年三月十一日的一場政變，造就了大流士（Darius）出人頭地的機遇。當時擔任波斯宮廷總管的高墨達抓住岡比西斯二世久居埃及的絕好時機，僞稱王弟巴爾迪亞，發動政變。卻又那麼湊巧，當年岡比西斯祕密處死親弟弟的行爲並無人知曉，而高墨達的長相與巴爾迪亞神似，所以波斯人都信以爲眞。

高墨達見波斯帝國境內紛紛歸附，便推行許多新政，力圖恢復米底亞王國的勢力。但紙終究包不住火，在高墨達當政第八個月時，貴族歐塔涅斯（Otanes）用巧計證實了他是假的巴爾迪亞，並召開貴族會議商量對策。王族出身的大流士力主趁高墨達羽毛未豐之際，果斷出擊，恢復波斯帝國的正朔。大流士的這一主張得到了其他七位貴族的響應，於是，大流士就以貴族身分，以父親想謁見國王爲藉口，混進王宮，處死高墨達，初步平定內亂。

大流士初戰告捷，爲進一步平息帝國的內亂打下了基礎。但問題是，偌大的國家到底由誰來統治？七人同盟爲此爭論不休。無奈之中，他們寄望於神意來決定命運：於是貴族們相約第二天日出時，在市郊集合，誰的馬第一個鳴叫，誰就是波斯王。蓄謀已久的大流士串通馬伕，耍了個花招，讓他的馬第一個叫了起來。巧合的是，同時天出異象，晴空萬里卻電閃雷鳴，其他六人慌忙下馬跪拜，俯首稱臣，以爲是神選定了大流士做國王，大流士遂刻「敘司塔司佩斯（Hystaspes）的兒子大流士因他的馬和馬伕之功贏得了波斯國王」的銘文，作爲王位佐證，就這樣輕而易舉地登上了波斯王的寶座。

### 殘酷的鐵血政策

大流士成爲龐大帝國的一國之君後，波斯國內的形勢依然非常嚴峻，巴比倫、米底亞、埃蘭（Elam）、亞述（Assyria）、帕提亞及西徐亞（Scythians）等地紛紛發動抗爭。既有被征服地區人民反波斯統治，也有波斯貴族內部在爭權奪利，這對即位的新君是一個極大的考驗。大流士對此毫不手軟，以鐵和血的武力手段回敬各地的反叛浪潮。

西元前五二二年十二月，大流士親率軍隊，以大規模武力鎮壓，平定了巴比倫。之後，大流士乘勝進擊，耗時兩年多，歷經十八次戰役並以十萬人喪命戰場爲代價，又平定了各地的反抗，挽救了風雨飄搖的波斯帝國。在班師回朝的路途中，躊躇滿志的大流士國王，命人在懸崖峭壁處，用波斯、埃蘭和巴比倫三種文字，刻下《貝希斯頓銘文》，以記載自己的豐功偉業，好確保自己的功德可以流芳百世。大流士萬萬沒有想到，他的這一心血來潮之作卻成爲近代學者亨利・羅林遜（Henry Rawlinson）破譯楔形文字，並進而重新認識古代西亞文明的窗口。

波斯帝國重新統一後，大流士並沒有停息下來，很快便踏上了對外擴張、開疆拓土的征途。他先將擴張的步伐邁向印度，在大獲全勝後，波斯大軍的腳步不曾遲疑，又踏上了征服西徐亞人的地盤。令大流士沮喪的是，西徐亞人與波斯軍隊展開了靈活的游擊戰，疲憊不堪的帝國軍隊只得無功而返。

西元前六世紀末期，世界歷史上第一個橫跨歐、亞、非三大洲的大帝國——波斯帝國形成了。這個帝國的疆域北抵亞美尼亞，南至今衣索比亞，東依古老的印度河，西觸愛琴文明的沃土。帝國版圖幅員遼闊，人口眾多，種族各異，在古代三大文明圈的聖光照耀之下，文化豐富發達，呈現出一片生機勃勃的景象。

就這樣，「眾王之王」大流士一世踩著居魯士父子搭起的帝國天梯，以鐵血的手腕，登上了帝國天梯的最高階梯，並且摘取了世界帝國的桂冠，成爲世界歷史上最早的橫跨歐亞非三大洲的帝國。

## 卓越的政治才幹

如果說居魯士是波斯帝國的開山鼻祖，那麼，大流士便是波斯帝國的維繫者和經營者。自居魯士、岡比西斯二世至大流士，雖然以所向披靡、氣吞八方的氣勢，用武力橫掃天下，但是具有卓越政治才能的大流士並沒有用武力埋葬一切，而是在征服的基礎上，針對波斯帝國在高墨達事件中所暴露出來的種種弊端，對傳統的波斯政治制度進行一系列改革，形成了一整套的制度文明，這些都成爲波斯帝國日後賴以進行統治的法寶。

大流士一世登基浮雕

這尊浮雕重現了西元前五二二年，大流士一世在波斯波利斯城登基的場景。他右手緊握國王的節杖，左手拿著王室的標誌雙苞荷花，神態莊嚴而凝重。

一、大流士對波斯帝國初期粗放式的管理方式進行了變革，繼承了亞述古國的行省制度，在帝國境內推行嶄新的行省制度。他將全國劃分爲二十三個行省，由國王任命波斯貴族擔任總督。總督只負責行省的政事和司法，並在司庫的協助下徵收賦稅，維持本省治安。

每名總督都配有一名直接聽命於國王的王室祕書，他直接向國王匯報行省工作，並負責監督官員。行省的軍權由國王任命的軍官統領負責，軍官、總督和王室祕書互不隸屬，都直接聽令於國王，以互相牽制。大流士並派遣許多眼線監督行省官員的一舉一動，若有叛亂，叛亂者的皮就會被剝下來鋪在國王的坐椅上，以殺一儆百。喜歡排場的大流士還設置了接見使臣和慶典的波斯波利斯（Persepolis，今伊朗中南），夏都哈馬丹（Hamadān，今伊朗西北），冬都巴比倫及春都蘇薩（Susa，今伊朗西部）四個都城，建立專門連接四都的驛道，一年四季輪流在這四個首都發號施令。

二、爲加強中央與地方的關係，及便利軍隊的調動和國王命令的下達、大臣的下情上傳，大流士在帝國境內大修驛道。最長的一條溝通小亞細亞西部的艾菲索斯（Ephesus，今土耳其境內）和春都蘇薩，全長二千四百公里，號稱「御道」。對於這條御道，古希臘人就曾羨慕地說：「波斯王住在巴比倫，愛琴海鮮進宮廷。」

三、大流士不僅每年從行省徵收黃金，鑄造金磚存於皇宮的金庫中，還下令統一了帝國度量衡，制定鑄幣制度，規定中央政府鑄造金幣，稱「大流克」（Darics），每枚重八．四克，通行全帝國；行省鑄造銀幣；自治市鑄造銅幣。大流士還明確制定了各行省向中央繳納的年貢和實物數額的賦稅制度。

四、大流士創建萬人「不死隊」、二千騎兵和二千步兵組成的近衛軍及以腓尼基（Phoenicia）爲核心的艦隊。軍隊由步兵、騎兵、戰車兵、象兵和海軍、工兵組成，並把全國分爲五個軍區進行統治，指揮官多爲波斯人。國王每年檢閱軍隊，偏遠地區則由國王派人檢閱。

五、大流士還靈活調整政策，利用寬容的宗教政策拉攏被征服地區的

弓箭手壁飾

蘇薩是波斯帝國的行政中心之一，大流士一世大規模改造蘇薩，還建造了一座金碧輝煌的王宮。圖為蘇薩王宮中彩釉磚牆飾上，國王貼身的衛士弓箭手。

原統治階層，並盡可能照顧各地原有的法律傳統，以緩和波斯與被征服地區的緊張關係，鞏固帝國統治；大流士還開通了尼羅河至紅海間的運河，派大臣調查印度河口以建立印度和帝國的海上聯繫，在外部形成帝國強大的後方支持者。如此內外兼顧的靈活手腕，使波斯帝國在大流士統治下達到鼎盛！

## 誰與評說

大流士在波斯帝國危亂之際，挺身而出，力挽狂瀾，一路殺伐，終使帝國轉危爲安；之後，他又銳意改革，奠定波斯帝國延續達二百年的根基。但另一方面，他的名字也與殘暴的統治、殘酷的征服和血腥的屠殺緊緊相連。顯然，大流士建立自己功業的法寶所憑藉的是強力的軍事征服，一旦失去護佑帝國的寶劍，帝國將輝煌不再。帝國輝煌的軍事征服同時也播下了隕落的種子，大流士逼迫波斯本土的人民奉獻給他豐富的貢品，每年對行省大加搜刮，過著極度奢侈的生活。各地人民不滿壓迫和剝削，反抗情緒日益高漲，波斯境內人民的抗爭此起彼伏，從未停止過。對希臘的戰爭屢戰屢敗，更重創大流士士氣。

西元前四八六年，埃及爆發了反波斯人統治的抗爭，大流士還來不及有所行動就溘然辭世了。顯然，大流士不僅留給後世一個有規可循的龐大的波斯帝國，也帶給後人無休止的爭論。

大流士一世重建的王宮復原圖。

## 救星與宿敵——諸民族心中的波斯

似一頭久夢初醒的雄獅，沉睡許久的波斯人走出伊朗高原，開始在全世界尋覓美味的獵物。威猛的雄獅很快以秋風掃落葉的氣勢橫掃歐、亞、非三洲，在交織七十多個民族的血淚和歡笑聲中演繹帝國的輝煌。究竟，誰是他們的朋友？誰是他們的敵人？

### 敵人懷中的寵兒

一直在西亞地區叱吒風雲的米底亞王國，在英俊的王子普拉歐爾鐵斯（Phraortes）登上王位後，氣焰更加囂張。在征服欲望和強烈野心的驅使下，王子毫不留情地帶軍隊殺進了同族的波斯人地區，以暴力屈服波斯人成爲米底亞的臣民，這是米底亞王國最爲榮耀的時刻。不過，厄運也在同一時間慢慢地降臨。

據說，米底亞的第四代王阿斯提亞格斯（Astyages）在位時，曾夢見自己的女兒曼丹尼（Manane）肚子中長滿了葡萄籐，並遮住了整個西亞。他迷惑不解，詢問占卜師，占卜師告訴國王，這個夢預言公主的後代將會取代他爲王。老國王聽後膽顫心驚，考慮再三後，特意撇開米底亞的名門望族，而將女兒下嫁給溫順老實的波斯人岡比西斯一世。

後來，當阿斯提亞格斯得知女兒懷孕後，爲了根除後患，便把女兒接回米底亞，並命令心腹務必設法除掉女兒生下的男嬰。但是，國王心腹手下的牧羊人曾經歷過喪子之痛，當他聽說國王的決定時，便偷偷藏起這個小男嬰，自己撫養成人。而這個小男嬰，就是日後的居魯士大帝。

當居魯士長大得知自己離奇的身世後，就決定要帶波斯人擺脫米底亞人的統治，並建立偉大的波斯帝國。經過充分的準備，勇謀兼備的他首先率軍向米底亞發難。原本的主臣和祖孫，這時卻成了戰場上互不相讓的敵我雙方。年邁的外祖父和年輕氣盛的外孫親自帶兵出戰，誓不兩立。

造化弄人，戰爭的結果，昔日的臣民兼外孫搖身成爲國家的新主人，米底亞王國成爲歷史舞臺上的匆匆過客。但米底亞人卻時時刻刻伺機報復這個強大的敵人。西元前五二二年，米底亞人趁波斯國王岡比西斯二世遠在埃及的時機，起兵自立，意在推翻波斯，再建不可一世的米底亞王國。

夏塞希奧油畫中的艾絲特

據舊約《聖經》中的《以斯帖》記載，波斯王亞哈隨魯（Ahasuerus）的宰相曾經勸國王殺盡王國裡的猶太人。美麗的猶太女子以斯帖（Esther，又譯艾絲特）力挽狂瀾，在她的舅舅和猶太人民的支持下，拯救了猶太民族。法國畫家狄奧多・夏塞希奧（Theodore Chasseriau，一八一九年至一八五六年）的這幅畫作描繪了艾絲特正精心打扮自己，準備去拜見波斯王亞哈隨魯的情景。亞哈隨魯一說即是大流士大帝之子，薛西底斯，但此說有待考證。

同時，被波斯人征服的埃蘭人也掀起了長達三年的對抗波斯行動，但最終還是爲波斯軍隊所鎮壓。

雖是敵對的雙方，米底亞人固然桀驁不馴，埃蘭人固然執著，但居魯士對這些戰敗者還是採取了較爲寬鬆的統治政策，還讓他們成爲自己的「夥伴」。米底亞國王雖爲俘虜，卻被奉養在居魯士的宮殿中享受天倫之樂；米底亞首都哈馬丹和埃蘭首都蘇薩都升格爲波斯帝國的首都；居魯士並在形式上保留米底亞王國及貴族的部分特權。頑固的米底亞，執著的埃蘭，儼然是躺在敵人懷中的寵兒。

## 大救星「彌賽亞」

波斯崛起後，用短短幾十年的時間，東征西討，靠武力建立了囊括三大文明圈在內的七十多個民族的世界大帝國。然而，在征討的戰鼓和廝殺聲中，卻是幾家歡樂幾家愁。對於猶太人、阿拉米（Aramaean）人和腓尼基人來說，波斯是當之無愧的大救星。

西元前五八七年，對於猶太人來說是極不尋常的一年。這一年，迦爾底亞的國王尼布甲尼撒二世（Nebuchadnezzar II，西元前六〇五年至西元前五六二年）瘋狂進軍巴勒斯坦，拆城牆，燒神廟，滅猶太民族，並把大部分猶太人民擄至巴比倫，親手打造了歷史上有名的「巴比倫之囚」，讓猶太人陷入苦難的深淵。

波斯在征服巴比倫之後，出於進一步征服埃及和長遠的戰略目的，不僅釋放「巴比倫之囚」，將猶太人全部送回耶路撒冷，而且還尊重他們的宗教傳統，讓他們修復聖殿，建立一個自治的神權國家。難怪猶太人念念不忘，正是波斯人實現了猶太人重返家園、恢復古國的夢想。

對於阿拉米人來說，波斯是他們優秀文化得以傳承的大救星。伴隨著亞述古國的腳步，阿拉米文似燎原的星星之火，開始傳播。波斯爲阿拉米文提供了施展魅力的大舞臺。汲取埃蘭（Elam）之精華，波斯最初的文字是楔形文，大流士在平息帝國內部的暴動後，途經「神仙之地」時，在貝希斯頓石崖上用三種文字記錄自己功績以求名垂史冊，有楔形的古波斯文，還有傳統而龐雜的埃蘭文和巴比倫文。但笨重的波斯楔形文書寫需要大量的黏土板，十分不便。在簡潔方便的阿拉米文衝擊下，楔形文便湮沒在歷史的長河之中了。後明智的大流士將阿拉米文定爲波斯的官方語言，讓阿拉米語不僅成爲文件上跳躍的美麗符號，而且還成爲整個帝國最廣泛流行的語言。統一的語言不僅是文明進步的體現，也是阿拉米人至尊的文化瑰寶，世界文化寶庫中獨一無二的

腓尼基人是古代世界最著名的航海家和商人。他們駕駛著先進的船隻，幾乎踏遍了地中海的每一個角落。

珍品，偉大的波斯不愧是阿拉米人心中的大救星！

腓尼基雖被併入了波斯帝國的版圖，但腓尼基商人卻獲得了一個巨大的內陸貿易區。不僅如此，腓尼基人在地中海與希臘商人競爭時，波斯一次次把腓尼基商人從商戰的泥淖中解救出來，並給予支援。腓尼基人對此投桃報李，將他們所有的戰艦作爲禮物奉獻給波斯，使波斯帝國由陸上王國一躍又成爲海上強國。

大流士一世進入蘇薩王宮水彩畫

波斯阿契美尼德王朝大流士一世率領僕從和侍衛進入蘇薩王宮的接待室。畫中牆上弓箭手的壁緣飾帶，原是蘇薩王宮的牆飾，用塗釉瓷磚拼成，十九世紀末被法國考古隊發現並運回法國，現藏於巴黎羅浮宮。

## 由盛而衰的轉折點——波希戰爭

波希戰爭是世界歷史上第一場歐亞兩洲間大規模的戰爭，在這裡古希臘人與波斯人進行了攸關生死存亡的廝殺。歲月如梭，如今的希臘半島和蔚藍的愛琴海早已不見往日血雨腥風的場面，但是古希臘人卻在當時奇蹟式贏取波希戰爭的勝利，而波斯帝國更因此一蹶不振，失去往日雄風。

### 是誰惹的禍

充滿了傳奇色彩的愛琴海總是予人無限遐想，它靜靜地睡在小亞細亞（今土耳其西南一帶，古希臘人稱「愛奧尼亞」，Ionia）西側，憑藉優越的地理位置孕育了西方文明的源頭——古希臘文化。在古希臘城邦文明時期，雅典和斯巴達是兩個比較重要的城邦。雅典位於美麗的阿提卡（Attica）半島，她以民主制度和豐碩的文化藝術成長爲一顆璀璨的明珠。由於擅長經營海外貿易，至西元前五世紀時已是國際性的海港了；而斯巴達則以尚武的勇士和嚴格的軍事制度著稱。

而在小亞細亞的另一端，強大的波斯帝國已蠢蠢欲動，西元前六世紀末，波斯帝國進入極盛時期。她橫跨亞、歐、非三大洲，更是一個有著七十多個民族的大熔爐。經過大流士一世改革後，帝國統領下的城市可以說是世界的商都。來自印度的香料、古希臘精美的工藝品、埃及的玻璃都在帝國彙集。儘管如此繁盛，仍阻擋不了波斯統治者擴張的野心，於是波斯帝國開始了西侵的步伐。

西元前六世紀，小亞細亞沿海的許多城邦都被波斯帝國吞併。她

古希臘士兵打敗波斯士兵的瓶畫

這是一幅西元前四八〇年的雅典瓶畫，表現的是一場戰爭的縮影。圖中，一名古希臘士兵用盾牌護著自己，正舉刀向一名倒地的波斯士兵的頭部砍去。

西元前五世紀的古希臘瓶畫

這幅瓶畫上彩繪了一名接受軍事訓練的青年。他正將劍帶拉至肩上，腳邊則放著頭盔和盾牌。

們原是古希臘的殖民城邦，但現在都臣服於波斯了。這些地區可是黃金寶地，擁有肥沃的土地，發達的工商業，處處呈現出一片繁盛的景象，而其中的米利都（Miletus，今土耳其西南）尤其繁榮。西元前五一二年，大流士一世遠渡博斯普魯斯海峽征伐游牧民族西徐亞人失利。但他卻不是空手而歸，經過這一仗，波斯控制了通往古希臘的黑海通道，令古希臘人十分惱火。

西元前五○○年，米利都發生動亂。小亞細亞一帶的許多城邦也順勢反抗波斯帝國的統治。米利都國王阿里塔哥拉斯（Aristagoras）趕往古希臘求援。他來到斯巴達，對國王說：「尊敬的國王陛下，你們的古希臘同胞就要成爲奴隸而失去自由了，這是莫大的恥辱，請你們把同胞從奴役中解救出來吧！」但斯巴達人並沒有買帳，阿里塔哥拉斯只好來到雅典。他同樣講述小亞細亞的富庶，還大談波斯的軟弱。雅典人本來就痛恨波斯人，聽了阿里塔哥拉斯的一番話，就決定出兵了。

雖然有雅典的幫忙，波斯還是鎮壓下米利都動亂，而且這場動亂還讓波斯注意到雅典。差不多也是在這個時候，大流士已經在地中海建立起強大艦隊，做好進攻希臘各城邦的準備，現在雅典人自己送上門來，於是西元前四九二年，大流士帶領波斯軍隊，沿色雷斯（Thrace）海岸南下進攻希臘，開啟波、希之間長達五十年的戰爭。

## 馬拉松平原

波斯大軍一路南下，征服古希臘各城邦，但是配合陸軍作戰的波斯海軍卻在阿索斯（Athos，今希臘東北）海角遇上大風暴，無法及時接應已登陸的陸軍。波斯大軍再怎麼所向無敵，也解決不了後勤補給的困難，只得匆匆退兵。波希之間的第一次交戰就這樣結束了。

波斯雖然退兵，但自視頗高的大流士卻覺得古希臘城邦只是運氣好而已。爲了釋出「善意」，他派出不少大使分赴古希臘各城邦，要求這些城邦獻上水與土，以示臣服。結果大部分的城邦都照做了，只有雅典將使者丟入泥坑中；斯巴達將使者丟入井中，並對大使說：「要多少，自己拿吧！」表示出堅決反對被波斯帝國統治的決心。大流士聞訊後，一怒之下決定再次進攻古希臘，這是西元前四九〇年的事。

第二次波希戰爭爆發後，波斯軍隊一路開到了位於雅典東北的馬拉松（Marathoon）平原，在這裡安營紮寨。面對波斯大軍的來勢洶洶，雅典人民還是神定氣閒的，並沒有被波斯不可戰勝的神話嚇到。當時雅典的統帥米太亞德（Mitiliades）曾多次在小亞細亞一帶與波斯軍隊交戰過，深知波斯軍的優缺點和習慣。被後世譽爲古希臘三大悲劇作家之一的埃斯庫羅斯（Aeschylus）也參與此戰，他並在自己的名作《波斯人》（*The Persians*）中寫下鼓舞人心的文字：「前進呀！希臘的男兒，快救你們的祖國，快救你們的妻子兒女，快救你們祖先的神殿與墳墓！你們現在是爲自己的一切而戰！」

在米列太雅德的領導下，雅典進行軍事改革以應戰，建立起完備的兵役制度。雅典步兵各個身穿盔甲，手拿長二公尺的希臘長槍，全副武裝。他們組成密集的方陣隊形，在左右兩翼各有騎兵與輕甲兵掩護著。古希臘軍隊還占盡地利之便，控制各個山頭，以阻止波斯軍進攻雅典。而相較之下，波斯大軍還採用傳統的作戰方

### 馬拉松長跑

馬拉松大戰獲勝後，雅典急忙命軍隊中跑得最快，名叫斐地庇第斯（Phidippides）的士兵跑回雅典報捷。斐地庇第斯一路從馬拉松平原跑到雅典中央廣場，全程四十多公里，途中從未停頓。到達目的地後，筋疲力盡的他對著急切盼望前線消息的人群只激動地喊了一聲「歡呼吧，我們勝利了！」就倒地而死。

爲了紀念斐地庇第斯，一八九六年在雅典舉行的第一屆現代奧林匹克運動會上，就創立了一項新的競賽項目——馬拉松賽跑，運動員須和斐地庇第斯一樣，跑完長達四十二・二公里的路程。這便是「馬拉松長跑」的由來。

式，使用的是不堪一擊的籐盾。戰事一開始，雅典人就衝向波斯大軍。採取誘敵深入計策的米太亞德，讓雅典兩翼取得節節勝利，最後把波斯人趕到了海邊。

結果波希之間的第二次交戰，在雅典人的帶領下，古希臘充分掌握天時、地利、人和，僅以一百九十二人的犧牲，抵抗了約六千人的波斯大軍，再次戰勝當時世界上最強大的波斯帝國。不過，這還不是波希戰爭最後的結果。

## 決戰薩拉米灣

西元前四八五年，波斯帝國的大流士大帝過世，對雅典來說，他們得以喘一口氣，好好地充實軍力。大流士過世後，波斯帝國的王位傳至其子薛西底斯（Xerxes），波斯也繼續積極推動進攻古希臘的計畫。

而經過馬拉松這一仗後，古希臘三十一個城邦爲加強內部團結，而在西元前四八一年時，在斯巴達的領導下，締結全希臘同盟以對付波斯大軍。可是對於作戰的方式，大家卻各說各話，光雅典一個城邦就有兩個不同的意見。一派的雅典人主張各城邦效法斯巴達，建立強大的陸軍；一派的雅典人卻覺得陸軍再強大，無法抵擋波斯海軍登陸也是白費力氣，因此應該將重點放在發展海軍上。以民主制度聞名的雅典，後來經由投票決定發展海軍，而這個決定也是後來波希戰爭最後勝負的關鍵原因。

西元前四八〇年的春天，波斯國王薛西底斯御駕親征至希臘，原本組成的全希臘城邦同盟卻在此時鬧起內訌，畏戰的、不甘心受指揮的亂成一團，波斯大軍如入無人之地，一直到溫泉關（Thermopylae），才遇上固守在這裡的斯巴達大軍，斯巴達人雖自小接受嚴格軍事訓練，但終究寡不敵眾，獲得勝利的波斯大軍更勢如破竹，眼看就要進攻至雅典了。秋天，波斯與雅典在薩拉米（Salamis，今希臘東部）展開海戰。

古希臘人遇有大事，總是習慣求助於神諭和占卜。薩拉米海戰前也不例外，這一次，德爾斐（Delphi，廣受古希臘人信任的神殿）祭司告知神諭：「不幸的人們啊！爲什麼你們還坐在這裡？離開你們的家吧！拿出勇氣來制伏你們的不幸遭遇吧！」可是第二次再去求神諭時，得到的答案卻是：「神聖的薩拉米斯（Salamis）啊！在播種或是收穫穀物的時候，你會毀掉婦女和孩子的。」令古希臘人不知如何是好。當時，領導古希臘聯軍的泰米斯托克利（Themistocles，西元前五二五年至西元前四六〇年）認爲神諭是在指示古希臘人將婦女和兒童送往薩拉米斯島躲避，而男人應將爲數不多的小型艦船開進薩拉米海灣。他提出新的作戰方略，利用有利的地形，而且古希臘戰船機動靈活，這樣就避開波斯龐大的戰艦。因爲一旦在廣闊的海域作戰，古希臘就眞的完了。

波斯大軍早已踏上阿提卡，又攻下雅典，把城中財物搶劫一空後，一把火將雅典城化爲灰燼。這時波斯艦隊實行水路夾擊，完全將古希臘艦隊包圍在內，沒有退路的古希臘人只能背水一戰了。黑夜漸漸地退去，海面上朦朧的白霧也在慢慢散開，光芒四射的白日照亮了整個薩拉米灣。古希臘相信有神靈的庇佑，他們終將逃過這一劫。驕傲的薛西底斯立在山頭上，親自督戰，還令史官記下這一盛況。結果，希臘人忽然發出震耳欲聾的歡呼聲，海岸上迴盪著他們清晰的聲音。這些波斯軍似乎被嚇到了，在異邦作戰，難免都會有畏懼感，況且又來到了陌生狹窄，充滿了眾多小島

列奧尼達在溫泉關

十九世紀法國畫家雅克・路易・大衛（Jacques-Louis David，又譯「達維特」）歷時十五年，創作這幅作品，重現波希戰爭中斯巴達國王列奧尼達（Leonidas）率領三百壯士浴血溫泉關的一瞬間。

的水域。緊接著，古希臘人勇氣十足地開始了戰鬥，他們使出渾身的力氣搖動著槳衝向了波斯艦隊，在茫茫薩拉米灣中，整齊地衝向入侵他們家園的敵人。

激烈的戰鬥中，龐大的波斯艦船施展不開，而海軍的統領，即薛西底斯的弟弟又陣亡了，此時波斯軍群龍無首，一片混亂。由於地方太小，後面的船隻無法往前開進，而前面的艦船又亂成一團。許多波斯士兵不是被砍殺，就是掉進水裡淹死了。泰米斯托克利指揮幾十艘古希臘戰船用鑲有青銅的艦頭去衝撞波斯戰船的腹部。就這樣，連同船上的士兵，笨重的波斯老式船隻一艘一艘地沉到海底。波斯的艦船像被網進的魚兒，任憑敵人打擊，重創波斯海軍。古希臘其他城邦見狀，重燃作戰士氣，紛紛趕來增援雅典，吃盡苦頭的薛西底斯見此場景，加上唯恐古希臘軍隊趁機進攻小亞細亞，斷絕波斯軍的後勤補給，只得率殘餘兵部匆匆撤至小亞細亞，僅留少數陸軍在古希臘。

## 最終結果

經歷薩拉米灣的重創後，波斯軍事實力大大減弱。但是在希臘，波斯仍留有一支陸軍，企圖挽回戰局。西元前四七九年，波希兩軍又在古希臘南部古城邦普拉塔亞（Plataea）附近對陣。古希臘方面聯合了以雅典和斯巴達爲首的二十四個城邦，而波斯軍隊大約有十萬人。結果開戰沒多久，波斯軍隊主帥就不幸被一名斯巴達戰士擊倒在地。一時間，群龍無首，波斯軍全線崩潰。

與此同時，希臘海軍又在小亞細亞殲滅波斯海軍。此後古希臘乘勝追擊，西元前四四九年，波斯與古希臘訂立和約，小亞細亞各邦重獲自由；波斯不得再將軍艦駛入愛琴海域，兩方井水不犯河水。從此，波斯再也不敢說要進攻古希臘了。

長達五十年的波希大戰最後以古希臘人的勝利而告終。波希戰爭是世界史上少數幾個具有決定性的戰爭之一，這場戰爭讓希臘城邦有獨立發展自身文化的機會，影響後世深遠的希臘文化因此獲得空前繁榮，雅典也成爲西方文明的搖籃。

波斯帝國從居魯士大帝，至岡比西斯，又經大流士一世的開拓已成爲實力雄厚的大帝國，而從波希戰爭開始，卻由盛轉衰。薛西底斯之後的波斯帝國內部更是矛盾叢生，日漸衰微，最終被來自古希臘馬其頓（Macedonia）的亞歷山大推下歷史舞臺。

# 枯萎的花冠——波斯帝國衰敗

波斯是世界歷史上第一個橫跨亞、非、歐三大洲的大帝國。興衰二百餘年中，波斯帝國創造了輝煌燦爛的文明，但帝國後期內亂四起、民怨沸騰、宮廷紛爭、外敵入侵，頹勢已不可逆轉……

## 波希大戰後

西元前四九二年至西元前四四九年，在廣闊無垠的亞歐疆域上，波斯帝國與古希臘進行了近五十年的戰事。五十年彈指一瞬間，可這一戰卻是波斯帝國由盛到衰的轉折點。馬拉松之戰、溫泉關戰役、薩拉米灣海戰等將帝國的軍事力量摧毀殆盡。古希臘人勝利了，波斯卻付出了慘重的代價。

戰爭結束後，被帝國壓迫的境內民怨四起，反抗的浪潮此起彼伏。西元前四〇五年，古埃及王室後裔發動抗爭，建立第二十八王朝。小亞細亞許多地區也緊隨其後發動抗爭。不久，塞浦路斯（Cyprus）島發動叛亂，還成爲反波斯帝國的中心。地方勢力的行省總督兼任軍事首長，經常獨攬軍政大權，不服從中央調遣。

此時波斯的宮廷政變也層出不窮。權力之爭、鉤心鬥角，讓集權的中央制岌岌可危。西元前四〇一年，阿爾塔薛西底斯二世（Artaxerxes II）統治時，他的弟弟小居魯士（Cyrus the Younger）於小亞細亞起兵叛亂。薛西底斯二世毅然鎮壓了叛亂，保住王位，並將陣亡的小居魯士的頭與手砍下來示眾。這次政變是波斯帝國走向衰敗的徵兆。

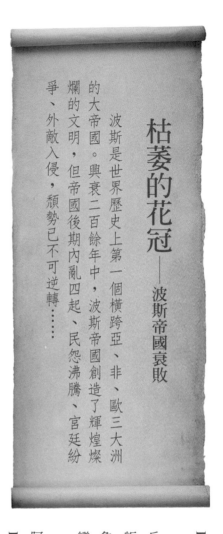

宮廷政變的悲劇繼續上演著，阿爾塔薛西底斯三世（Artaxerxes III）繼位後就將兄弟姊妹趕盡殺絕。西元前三三八年，薛西底斯三世被他的手下巴戈亞斯（Bagoas）刺死。心狠手辣的巴戈亞斯還殺死了薛西底斯三世的幼子，最終將繼位的新王也送進了墳墓。此後即位的大流士三世又逼迫殘酷的巴戈亞斯飲鴆而死。

波希大戰後的波斯境內，呈現了衰敗的局面：勇敢無畏尚武的傳統很快喪失殆盡了，代之以軟弱與欺騙；儉樸的優良傳統銷聲匿跡了，代之以奢華的享受；對外敵同仇敵愾的士氣也消亡了，代之以內部的明爭暗鬥與無情的殺戮。

## 亞歷山大崛起

大流士三世登上波斯王位時，在希臘半島又崛起了新的勁敵馬其頓。馬其頓王腓力二世統一了馬其頓，其子亞歷山大更是征戰之王。馬其頓東征的風聲日益逼近，西元前三三四年，亞歷山大開始東征。

當亞歷山大的軍隊來到亞洲大陸時，兩軍的遭遇戰在格拉尼庫斯（Granicus）河上演了。馬其頓的方陣讓波斯軍吃盡苦頭，許多波斯兵臨陣脫逃，亞歷山大初戰告捷，予波斯沉重打擊。之後，亞歷山大率軍繼續行進，勢如破竹，收復許多地方，波斯軍聞風而逃。馬其頓軍節節勝利，雙方又在沿海城市伊索斯（Issus）交戰。這一戰使得大流士三世的母親、妻子、孩子都成了亞歷山大的階下囚。亞歷山大並回絕大流士三世的請和。

最後，高加米拉（Gaugamela）一役，亞歷山大徹底打敗波斯帝國，並一把火燒了華麗的波斯王宮，亞歷山大成了「亞洲之王」。而大流士三世則被部下殺死，一個龐大的帝國退出了歷史舞臺。

縱觀波斯與馬其頓的較量，一方面馬其頓處於帝國的崛起階段，能征善戰，又有富有智慧才能的征服者亞歷山大的英勇指揮；另一方面波斯已近衰亡，搖搖欲墜，波斯軍儘管數量眾多，卻失去了往日的英勇，加之號令不一，最終已是風燭殘年的大帝國終於倒在了亞歷山大的鐵蹄下。

波斯戰敗

西元前三三一年十月一日，大流士三世在高加米拉與亞歷山大發生戰爭，戰敗，波斯帝國就此滅亡。

## 遠古文明的交相融會——波斯文明

石匠來自愛奧尼亞；金銀匠是米底亞人和埃及人；製磚的是巴比倫人；裝飾牆壁的是米底亞人和埃及人。來自不同文明、不同種族的人都為新的主人——波斯王的行宮修建而揮汗如雨。因此，宏偉的行宮不僅是辛勤汗水澆灌的嬌豔花朵，更是遠古文明交相融會的結晶！

## 輝煌的物質文明

波斯帝國的統治者在武力征服的同時，也意識到游牧民族的落後，便以寬容大度的姿態，保留了被征服地的優秀文明成果。在開啓嶄新文明的同時，又彙集著一條條文明的溪流，並將之引入新的，只屬於波斯文明的世界。

古老的波斯從高原到海濱，使游牧文明與農業文明產生了第一次交會。各地的大莊園主在國王的鼓勵下，不斷地研發新的農業產品，採用埃及的精耕細作制度，發明了高原灌溉的坎兒井。充實的糧食儲備不僅爲帝國東征西討奠定了物質基礎，也爲帝國賺取了豐厚的外匯。

傳承了亞述古國的驛道制度後，波斯神奇地打開了聞名中外的絲綢之路的主幹道，即由巴比倫開始，經哈馬丹、帕提亞和巴克特里亞直通中亞和印度河流域。這就打通了波斯和外界進行文明交流的門戶。中國洛陽古墓發掘出的玻璃目珠與波斯宮廷職官稱中國爲「賽里斯」（Seres，即產絲之國），就是最好的見證。這條通道不僅翻開了帝國物質文明交流史的新一頁，而且豐富了帝國的物產，爲輝煌燦爛的文明添加了重重的一筆。來自伊朗高

波斯陶罐

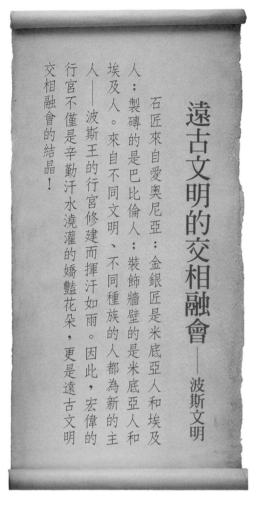

原的波斯人在吸收兩河流域和埃及服飾風格的基礎上，讓帽子、面紗及裝飾品成爲波斯人高雅服飾的特徵。

交通的發達，促進了地區間經貿的發展，帝國充盈的財富更是物質文明高度的展現，當亞歷山大東征撬開帝國的金庫時，裡面竟有十二萬塔蘭特（talent，古代中東和希臘羅馬世界使用的質量單位）銀和無數珍寶，東征士兵瞬間個個成爲腰纏萬貫的富翁。

然而，龐大帝國的農業文明、服飾文明等輝煌的物質文明，最終都被亞歷山大的東征摧殘殆盡！

## 新奇的制度文明

波斯帝國史無前例地建立了第一個橫跨歐、亞、非三大洲的世界帝國，囊括了七十多個不同種族，不同文化背景的民族。面對如此嚴

波斯王宮殘牆上的雕像

這是波斯浮雕常見的主題，寓意冬去春來、萬象更新。

峻的挑戰，歷代波斯王不僅把帝國治理得井井有條，而且創造了彪炳文明史冊的瑰寶！帝國的統治者如何來維繫偌大的帝國呢？制勝的法寶，就是大流士一世締造的一整套維繫和管理帝國的制度。

西元前五二二年，大流士登上國王寶座後，以「眾王之王」自居，將遠古文明的精髓與自我創新相結合，進行制度的建立。

大流士傳承亞述帝國，建立行省制度。將帝國版圖劃分爲二十三個行省，每個行省由國王直接任命波斯上層貴族擔任總督，重要省分則由王室成員出任總督。大流士就這樣加強了對地方的統治。

爲密切中央和地方的聯繫，大流士繼承和完善了亞述帝國的驛道制度，把帝國各省通過驛道連接起來。最長的一條驛道是艾菲索斯至蘇薩的「御道」，全長二千四百公里，途中設有驛站，每站備有騎手和馬匹輪換，迅速地傳遞帝國政府發往各地的信件和情報，有利於緊急情況下派遣軍隊，也便於商人往來，促進了各地的經濟聯繫。

此外，大流士以埃及法律爲藍本，建立並完善了法律和司法制度，歷經二十二年用埃蘭文和阿拉米文編成一部法典，頒行埃及行省，以約束祭司和士兵的行爲。

大流士還根據波斯社會實況，建立了鑄幣、賦稅和軍隊制度。

一整套傳承和創新結合的制度文明，

**大流士一世時期的王宮遺址**

波斯帝國在大流士一世統治時期達到了鼎盛，而其子薛西底斯在波希戰爭中的慘敗，則象徵帝國衰落的開始。從大流士一世時期的王宮遺址的斷壁殘垣中依稀還能看到帝國當年的氣勢和輝煌。

把有七十多個民族的大帝國推向了輝煌的巔峰，更展現了創新與遠古文明相互融會的波斯文明的魅力！

## 兼容並蓄的文化瑰寶

龐大的波斯囊括了兩河、埃及和印度河這三大文明中心。然而，波斯既沒有故步自封，也沒有成爲三大文明同化的犧牲品。它貪婪地從三大文明中汲取菁華，使波斯的文化寶庫流光溢彩。

波斯文字深受多種文明熏陶。大流士在「神仙之地」的懸崖峭壁上，用古波斯文、埃蘭和巴比倫文字銘刻了記載自己鐵血鎮壓各地抗爭經過的《貝希斯頓銘文》。延續米底亞文明的序曲，汲取埃蘭文明的精華，而後雄霸世界，注定了作爲交流的基本工具——古波斯文字也是在多種文明熏陶下，變化多樣。居魯士大帝時期，受埃蘭文字熏陶，古波斯使用楔形文字，但其書寫需要大量黏土板，十分不便。伴隨亞述帝國的腳步，阿拉米語出現，大流士將這種語言確定爲帝國的官方語言。一般情況下，楔形文字用於石刻，阿拉米語用於官方文件的往來。

波斯王宮的建造，調動了帝國內所有可用的資源，設計者遍採各地材料，聘請各地巧匠，融合各地藝術風格，兼容並蓄，彰顯出獨特的藝術特色。波斯王宮從樣式、風格到雕刻，好似各種文明交融的盛會。大流士的行宮，主體是宏偉的貴賓廳，用來接見各地王公。貴賓廳採用的是埃及的柱廊結構，由三十六根十二公尺高的

### 善與惡的二元論宗教

古老的波斯，在宗教文化上延續了蘇美的自然宗教，形成了古老波斯精神文明中獨樹一幟的宗教信仰，它就是拜火教（Zoroastrianism），傳入中國後又稱祆教。

拜火教於西元前六世紀由波斯人瑣羅亞斯德（Zarathustra）創立。它是波斯文明最重要的遺產，與佛教和猶太教並稱基督教和伊斯蘭教產生之前，世界著名的三大「世界宗教」。拜火教主張善惡二元論，崇拜代表善神、光明之神和正義之神的阿胡拉．馬茲達（Ahura Mazda），而阿里曼（Ahriman）是惡神、邪惡之神和黑暗之神，善惡相爭，善必取勝。

拜火教有七大節日，參加節日慶典和堅持每日五次祈禱，是教徒必須履行的兩大義務。它也帶有濃厚的倫理色彩，教徒不能說謊，否則要受到懲罰。拜火教的經典是《阿維斯塔》（*Avesta*），包含諸多波斯古老文學創作，具有很高的史料價值。大流士統治時期，宣布拜火教爲國教。拜火教並對猶太教和基督教的教義形成產生了重要影響。

瑣羅亞斯德畫像

瑣羅亞斯德（Zarathustra，西元前六二八年至西元前五五一年），出身於米底亞王國一個貴族騎士家庭，二十歲時棄家隱居，三十歲時改革傳統的多神教，創立拜火教。另外有一種說法，稱瑣羅亞斯德的生存年代要更早，拜火教也非他首創，他只是一個集大成者。

柱子支撐，氣勢宏偉。木式屋頂，細長苗條的柱子不比埃及柱子的粗壯，於宏偉中透出靈氣。柱礎和柱頭上是埃及風格的垂花式，柱頭下方的漩渦紋則是古希臘建築風格，柱頂的公牛和獅頭像卻是美索不達米亞風格，而背對背的一對動物則是波斯人的獨創，臺階兩側莊嚴逼眞的儀仗隊人物浮雕是不折不扣的亞述作風，眞是遠古文明與波斯自我創新交相融會的巧奪天工之作。

# 第二章 古印度帝國

## 崛起於動盪之際——孔雀王朝

西元前三二四年，亞歷山大大帝結束了他在西北印度的遠征，分海陸兩路撤離印度。他所留下的是一個時局動盪、各方勢力風起雲湧的印度。這時，一個叫旃陀羅笈多的年輕人招募軍隊推翻了北印度難陀王朝的統治，建立孔雀王朝。

### 時局動盪的印度

在印度列國時代，諸多小國並存，力量分散，外族得以趁此機會入侵。特別是在西北印度河流域，由於經濟發展落後，軍事實力較弱，先被波斯占領，後來由馬其頓統治。

在波斯國王大流士時期，波斯開始進軍西北印度，他們很快就征服了那裡，並設立了行省，將西北印度變為波斯王國的一部分。在波斯帝國末期，波斯衰落，馬其頓興起，因此西北印度藉機恢復獨立，又成立了很多小國。但是沒多久，這些小國就被馬其頓所消滅，西北印度又被納入到馬其頓的版圖之中。

馬其頓王國在亞歷山大的統治下，成為地跨歐、亞、非三洲的一個大帝國，其強大與榮光超越波斯。亞歷山大率領強大的軍隊用了不到十年時間就消滅了曾經輝煌一時的波斯帝國。

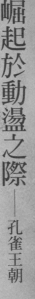

西元前三二七年，亞歷山大大帝在滅亡波斯帝國之後揮戈侵入印度河流域。而此時印度河流域在擺脫波斯帝國的統治之後正處於小國紛爭的局面，這裡有眾多的小邦和部落。面對強敵入侵，印度人不僅未能團結起來同仇敵愾，反而希望利用亞歷山大的軍隊消滅對手，殊不知此舉無異於引狼入室。

在犍陀羅地區，叉始羅王與東鄰波魯斯王矛盾重重。雙方常常兵戎相見，不過雙方實力大致相當，戰事互有勝負，彼此都沒有實力徹底消滅對方。當亞歷山大大帝率軍到來時，叉始羅王認爲千載難逢的機會來了，打敗宿敵波魯斯王指日可待。亞歷山大剛剛渡過印度河，他就派遣使者前去勞軍，並帶去大量的金銀和食物補給，甚至還有七百名騎兵，以擴充亞歷山大的部隊。與此同時，印度河流域眾多部落首領也倒向亞歷山大這邊。

西元前三二六年四月，亞歷山大大帝率軍抵達希達斯佩斯河邊（今傑魯姆河），與前來迎戰的波魯斯王相遇。史載波魯斯王率步兵三萬、騎兵五千和眾多的戰車。亞歷山大大帝並沒有從正面渡河與波魯斯王決戰，而是留下一小部分軍隊以吸引波魯斯王，自己親率大軍從上游偷渡過河，奇襲波魯斯王的側翼。波魯斯王的側翼被突然出現在面前的馬其頓人打了個措手不及，同時留在河對岸的一小部分軍隊也迅速渡河投入戰鬥，兩面夾擊導致波魯斯王的軍隊全面潰敗。

亞歷山大俘虜波魯斯王

出人意料的是，波魯斯王並沒有束手就擒，而是繼續英勇奮戰，直至重傷被俘。波魯斯王在被俘之後仍保持一個君王應有的氣度，當亞歷山大問他想得到何種待遇的時候，他說：「應以國王之禮待我。」這就是印度歷史上著名的希達斯佩斯河之戰。此役波魯斯王損失步兵近二萬，騎兵三千，戰車全部被毀。

此戰之後，亞歷山大大帝繼續向東推進，雖然損失頗重，但終究征服了整個旁遮普地區。同年夏天，他的軍隊因爲長期行軍的辛苦與戰爭傷亡的打擊，再加上水土不服疫病流行，拒絕前進。

亞歷山大大帝被迫撤軍，將希達斯佩斯河西邊的領土交給他任命的總督統治，此河以東則由歸順他的國王治理。亞歷山大大帝心有不甘地離開了這片土地，一去不再復返。

亞歷山大一走，印度人民就展開了反對馬其頓人的抗爭。一個叫旃陀羅笈多的年輕人迫不及待地登上了歷史的舞臺。

赤陶浮雕

這尊浮雕表現的是一名宮廷藝人正在彈奏葫蘆琵琶的情景。

## 月護王

旃陀羅笈多的早期身世至今仍

### 不生鏽的鐵柱

在克瓦圖爾伊斯蘭清眞寺內廣場的中央威嚴聳立著一座不可思議的紀念碑——一根在風吹日曬的侵蝕下至今沒有生鏽的鐵柱。這根鐵柱至今都不鏽蝕，令人稱奇。鐵柱高九公尺，直徑四十四公分，大約六噸重，用梵文雕刻在鐵柱表面的碑文至今仍清晰可見。

據說，這根鐵柱的建造是爲了紀念月護王旃陀羅笈多。西元前三二五年，他率領軍隊趕走入侵的馬其頓大軍，推翻了恆河下游摩羯陀國的難陀王朝，首次統一北部印度，創立孔雀王朝，形成印度歷史上第一個統一的國家。月護王的不朽功績就像這根永不生鏽的鐵柱堅定地矗立在廣場兩千多年。

是個謎。有史書記載說，他出身寒微，家族世代以養孔雀爲生；有人說他是難陀王朝王子和一個叫慕拉（Mura）的女僕的私生子；還有傳說稱他屬於毛里亞（Maurya，是Mura 的音訛）家族，毛里亞家族屬於剎帝利等級，「孔雀」（Maurya）的名稱即是從「毛里亞」一詞演化而來。孔雀氏族在西元前四世紀逐漸衰落，傳說旃陀羅笈多是在孔雀馴養者、獵人和牧人中長大的。

相傳，旃陀羅笈多曾在旁遮普地區見過亞歷山大大帝，因爲在言語上冒犯了這位君主，差點被他一怒之下處死。旃陀羅笈多死裡逃生之後，遇上了自己的「伯樂」——一個叫橋底利耶的婆羅門人。

大象有時候會被古印度人用來作為戰鬥時的坐騎。在古印度的軍隊中還有戰象編隊，這種重型騎兵和大象本身的威懾力可令敵人望而生畏。

橋底利耶聰明過人，曾到華氏城（即今印度東北巴特那）要求謁見難陀王以求申訴，不料反被難陀王侮辱，於是一氣之下離開了華氏城。當他與旃陀羅笈多相遇時，便認定他日後必成大事，於是決定傾全力幫助旃陀羅笈多。橋底利耶籌措了一筆款項，資助旃陀羅笈多招募起一支軍隊。根據古希臘史學家查士丁（Justine）的記載，「旃陀

**印度耆那教供教徒冥想的《宇宙圖》**

耆那教是印度一個古老的宗教，與佛教幾乎同時興起。耆那教的基本教義是靈魂轉世，另外，耆那教還認為天下萬物皆有生命。

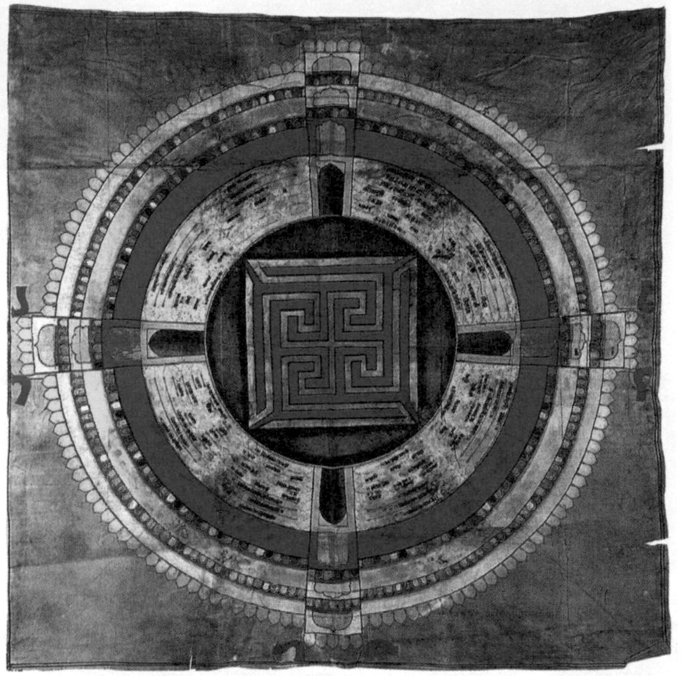

羅笈多從各地招募盜賊，並慫恿印度人改變統治。」

當時，在西北印度地區有多支部隊叛亂，旃陀羅笈多的隊伍只是其中一支。他採納橋底利耶的建議，利用希臘人的戰術，獲益甚多，不斷壯大自己的隊伍，很快就成為眾多西北印度叛亂軍中實力最強的一支。

當亞歷山大於西元前三二六年離開印度時，任命一個將軍統治西旁遮普地區，後這個將軍於西元前三二四年被害，由他人接替指揮西旁遮普的駐軍。亞歷山大崩後，他的繼承者忙於搶奪地盤，從印度召回一部分馬其頓駐軍，但旃陀羅笈多與馬其頓駐印度軍的戰事仍然十分激烈。

旃陀羅笈多於西元前三二四年在西北印度自立為王，史稱「月護王」。之後，他又揮師東進，攻打曾是當時南亞大陸上最強大的王國——摩揭陀王國。這個王國先是在亞歷山大的東侵中元氣大傷，接著又在西北印度人民反馬其頓人的抗爭中遭到進一步削弱。當月護王率軍到來時，無異於向搖搖欲墜的破門板再踢一腳，結果可想而知：當年飼養孔雀的小男孩率軍攻取了強盛一時的摩揭陀之都——華氏城，推翻了難陀王朝在北印度的統治，並屠殺這個家族的所有男性，開啓了新的王朝。西元前三一七年，馬其頓的駐軍全部撤離印度，孔雀王朝開始統治北印度。印度河流域和恆河流域歷史上第一次統一於一個王朝之下。

據史傳所載，在月護王統治的

鼎盛時期，孔雀王朝擁有由九千頭戰象、三萬名騎兵和六十萬步兵組成的軍隊。王朝的首都華氏城也成爲南亞最爲宏偉壯麗的城市，它雄踞於恆河南岸，堪稱當時一座國際化的大都市。

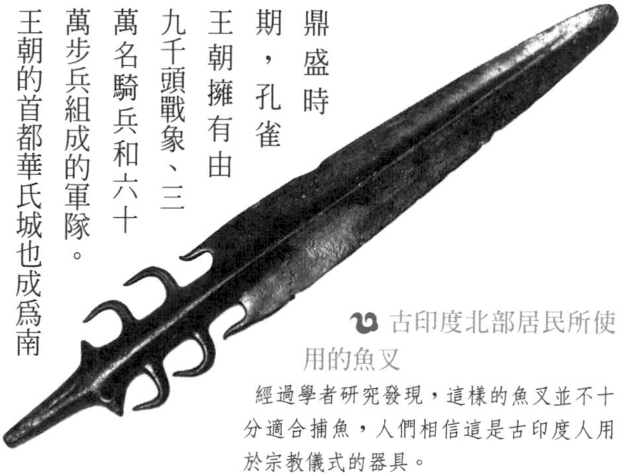

古印度北部居民所使用的魚叉

經過學者研究發現，這樣的魚叉並不十分適合捕魚，人們相信這是古印度人用於宗教儀式的器具。

## 英雄末路

孔雀王朝的鼎盛似乎已經達到了無以復加的地步。然而，在帝國的西面早已有一雙眼睛在窺視著這個新崛起的王朝，對這裡的土地與財富垂涎已久，只是時機尚未成熟。

西元前三〇五年，塞流卡斯（Selecus）這個亞歷山大帝國亞洲部分的繼承人在擊敗了眾多強勁對手之後，成爲巴比倫城的新主人。塞流卡斯擁有可以與亞歷山大大帝相媲美的雄心壯志，只可惜他沒有足夠的智慧和運氣。西元前三〇五年，他率軍沿著亞歷山大當年東侵的路線再次入侵印度。當時已達垂暮的月護王寶刀未老，再次披掛上陣。史書雖然沒有記載戰爭的過程，但從議和結果可以看出勝利屬於月護王。西元前三〇二年和約簽訂，塞流卡斯承認月護王對旁遮普地區的統治，同時將印度河以西的部分地區劃歸孔雀王朝；月護王則送給他五百頭象，以支持塞流卡斯入侵埃及的計畫；雙方並締結婚約結成友好鄰邦。

### 耆那教

耆那教產生於西元前六世紀，耆那教的信徒都稱自己爲「耆那」，意思是勝利者或者完成修行的人。該教創始人筏陀摩那被弟子尊稱爲摩訶毗羅，即偉大的英雄，簡稱大雄。他出身高貴，是剎帝利貴族的一個王子，在三十歲的時候雙親亡故，於是出家修習苦行，尋求眞理，四十二歲的時候創立了耆那教。

耆那教教徒主要來自剎帝利種姓和吠舍大商人。耆那教反對種姓制度和祭祀殺生，不承認婆羅門至上和祭祀萬能，主張人人平等和戒殺，強調禁慾和苦行。到後期，由於戒律上的分歧，耆那教分爲兩派，一派爲白衣派，主張一個人不拋棄衣物也可以獲得解脫。還有一個派別是天衣派，強調以天爲衣，以地爲床，故該派的信徒都裸體行走，手裡拿著一個水壺，用孔雀羽毛來清掃坐處。

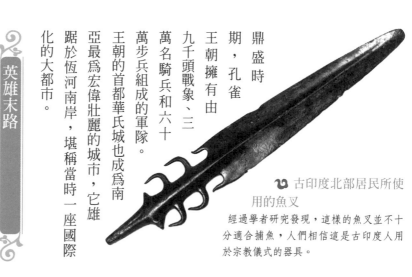

月護王一生有一半時光都是在馬背上度過的，他對人性中陰險、狡詐的一面有更深刻的瞭解，同時也養成了多疑與冷酷的性格。在建立孔雀王朝之後，月護王爲自己修建了數不清的離宮別院，他不斷變換自己的居住地，從不在同一個行宮裡連續居住兩個晚上。

月護王在位二十五年，在軍事上和外交上都取得了很大的成就，軍事的強大使得他第一次建立了統一印度河和恆河兩個流域的大帝國，並且和西方的一些國家建立了正常的外交關係。他在位期間兢兢業業，將國家治理得井井有條，民富國強，也贏得了廣大臣民的愛戴。他退位後到各地流浪，前往印度南部過起隱居生活，最後採取耆那教的方式，絕食而安寧地死去。一代英雄就這樣結束了自己的人生。

## 帝國的繼承者

印度史學家潘尼迦對月護王所留下的遺產有過這樣的描述：「旃陀羅笈多遺留給他兒子賓頭沙羅的是一個幅員、權勢和光榮都超過過去任何國王的帝國。」

賓頭沙羅同樣是一位大有作爲的君主，他所繼承的不僅僅是一個龐大而又強盛的帝國，還有父親的雄心壯志。據《佛本生經》記載，他曾經征服了十六個王國並殺死了王國的君主，不過這些國家的具體地點今天已無可查考。賓頭沙羅掌握的是一個雄踞於北印度的強大帝國，他曾率兵不斷向南擴展領土。當他率軍在印度南部征戰時，西北印度的叉始羅地區再次發生叛亂，他將大軍留於南印度前線，自己只率部分精銳回師平叛，迅速鎮壓了叛亂。

賓頭沙羅與塞流卡斯王朝依然保持著友好關係，塞流卡斯王朝的使者曾常駐帝國首都華氏城。他還與當時的眾多國家保持著友好關係，古埃及的托勒密（Ptolemaic）王朝也像塞流卡斯王朝一樣派駐使節於華氏城。

賓頭沙羅晚年對繼承人的選拔猶疑不決。當帝國再次發生叛亂時，他派大兒子蘇深摩出外平叛，當蘇深摩平叛失利時，賓頭沙羅一急病倒，欲派另一個兒子前往接替蘇深摩，讓蘇深摩回來繼承王位。但是宰相不喜歡蘇深摩，只因爲宰相是個禿子，蘇深摩總喜歡摸他的光頭。於是宰相設下計謀，讓即將出征的王子假裝生病，不能出征。然後又力勸賓頭沙羅先立假裝生病的王子爲王，待蘇深摩回師歸來再把王位還給他。賓頭沙羅一時糊塗，竟然答應了宰相的建議，而那個假裝稱病的王子就是日後大名鼎鼎的阿育王。

# 龐大疆域的開拓者——阿育王

古老神祕的印度，造就了富有傳奇色彩的一代豪傑——阿育王。他命運多舛，但不甘心沉淪；心中有佛，卻不消極遁世。他施展雄才大略，開拓了龐大的孔雀王朝，使人民擺脫動亂苦海，蔭庇後世。阿育王的知名度在印度帝王中是無與倫比的，他對歷史的影響同樣也可居印度帝王之首。

## 傳奇身世

阿育王是孔雀王朝的建立者旃陀羅笈多的孫子，賓頭沙羅的兒子。他的母親是瞻婆羅國婆羅門的女兒，當時有一個相師預測她將來必當王后，而且會有兩個非比尋常的兒子，一個兒子是將來的轉輪聖王，另一個要出家當羅漢。婆羅門聽後非常高興，於是就把女兒精心打扮一番，帶到華氏城想盡一切辦法讓她嫁給國王賓頭沙羅。

阿育王的母親有沉魚落雁之容，閉月羞花之貌，國中女子無人可敵。所以她一下就被賓頭沙羅選中並立爲王后，不久就生下了阿育王。在嬪妃雲集、後宮競爭激烈、母以子貴的大環境下，阿育王的母親認爲這下她所有的憂患都沒有了，就給兒子取名爲「阿恕伽」（即「無憂」的意思）。

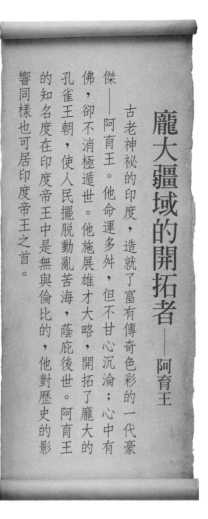

阿育王的母親十分受國王的寵愛，然而阿育王相貌醜陋、脾氣暴躁，所以在賓頭沙羅的一百個兒子中是最不受寵愛的一個。有一天，賓頭沙羅在金地園召集所有兒子來參加宴會，同時請有名的相師爲各個兒子相面、占卜，看哪一個兒子有帝王之相，將來能繼承王位。阿育王自認不得父親的喜愛，不願意去參加宴會，在母親的百般勸說之下才去了金地園。

阿育王騎著笨拙的老象，慢慢吞吞地去了，心裡想：「母親眞是的，我哪裡有什麼帝王之相啊？去了肯定會遭父親的白眼和無端指責，還有其他兄弟的百般嘲笑和侮辱。」金地園那天張燈結綵、裝飾得富麗堂皇，奴僕們忙得團團轉，王子們個個高傲無比，自認都是眞龍天子，一副高貴威嚴的樣子。他們坐在華麗的坐具上，用著金銀器皿，觥籌交錯，開懷暢飲，談笑風生。而阿育王只能席地而坐，一副失意落魄的樣子。與此同時，那個相師已經在默默地打量各個王子。他驚奇地發現阿育王最有帝王

在阿育王統治時期，印度各地興建了大量的公共設施。本圖描繪運貨的旅客可以從驛道上的公共水井中取水解渴；而水井對面高大的柱子又似乎在提醒人們：不要忘了，這是統一而強大的帝國所給予的恩賜。圖中這根砂岩柱的柱頭刻有一頭坐著的雄獅，柱身則刻有阿育王的敕令和法規。

之相，但深知國王賓頭沙羅最寵愛的是長子蘇深摩。爲了投其所好，哄國王開心，他假意說蘇深摩最有帝王之相，將來必能治理好國家。那時，連阿育王自己都不敢想以後能榮登大寶。

## 弒兄奪權

不久，西北邊境叉始羅國發動叛亂，賓頭沙羅派阿育王去鎮壓，卻不給他提供軍事裝備和糧草，「唯有四兵，無有刀杖」。叉始羅國民又驍勇善戰，桀驁不馴，很難安撫。但是，阿育王堅韌不屈的性格，使他不肯退縮。他積極籌措戰事所需，英勇地趕赴沙場。出人意料的是，叉始羅國主只是不滿孔雀王朝所派的地方官員過於殘暴，所以聞訊阿育王的到來，夾道歡迎。阿育王兵不血刃地平定了叛亂，也獲得了朝野上下的一片讚譽，一舉成名，威震四方。

在賓頭沙羅晚年，叉始羅再次爆發動亂。賓頭沙羅爲了讓長子蘇深摩也能獲得功勛，鞏固王位，於是派蘇深摩去討伐叉始羅。可是蘇深摩未能解決叉始羅的問題，反而陷入了戰爭的泥沼中，致使賓頭沙羅「即生疾病」。這時，賓頭沙羅本想召蘇深摩回京，派阿育王去接替他繼續討伐叉始羅，但是與蘇深摩有過節的朝中大臣羅嶇提多卻聯合其他大臣拒不執行。

賓頭沙羅病情加重後，阿育王挾天子以令諸侯，並在賓頭沙羅死後，搶先繼承王位，以羅嶇提多爲相。蘇深摩聞訊後帶兵趕了回來，想用武力奪取王位，結果慘敗。隨後其他王子也發動了叛亂。阿育王一一平定了叛亂並殺死了其他的所有兄弟，只留下同母的一個弟弟，鞏固了自己的王位。

## 雄才大略

阿育王作爲孔雀王朝的第三代繼承人，爲統一印度、建立龐大的孔雀王朝付出了巨大的貢獻。阿育王在當王子時，就表現出傑出的軍事才能，曾經征服過爲數眾多的國家和地區，其中包括叉始羅、怯沙國、烏賈因和尼泊爾等地。他繼位之後主要的工作也是平息叛亂、開疆拓土。經過幾年艱苦的征戰，阿育王建立了古代印度最大的帝國。孔雀王朝的版圖東起布拉馬普特拉河，西抵今巴基斯坦西境及阿富汗的一部分，北迄迦濕彌羅（今喀什米爾），南達佩內爾河。

阿育王即位之初，眾臣「輕蔑阿恕伽，阿恕伽密欲治之」，於是便藉一點小事而殺「五百大臣」。後又藉故殺了宮中五百宮女，並聽信寵臣羅崛提多的主張，設立「人間地獄」。

信奉佛教之後，阿育王逐漸改變了前期殘暴的統治政策。他從佛教中領悟出一套新的統治政策，即「大法」。「大法」講求對內推行仁政，主張對臣民要慈悲、慷慨、眞誠，同時修建了許多利國利民的工程。在阿育王的一道詔令上寫道：「我已下令在路邊種植榕樹，使牲畜和人們得以享受蔭涼。我已下令種植芒果園林，我下令每隔九哩挖水井並建驛亭，我設立了許許多多的供水點，以供牲畜和人們享用。」阿育王還引進藥草、修橋建路、興建大規模的水利工程。他還身體力行，放棄了歷代帝王遊山玩水的習慣，進行宣教旅行。在旅

阿育王坐像

阿育王晚年皈依佛教，成為一個虔誠的佛教徒。圖中是阿育王依照佛的姿勢為自己描繪的坐像。

行中，阿育王廣泛接觸僧侶和老百姓，向他們施贈錢財，宣揚自己的「大法」。

阿育王放棄了對外的軍事征服，與鄰國和平共處建立友好關係。他要求臣民孝順父母、尊敬服從年長者和老師；慷慨地向宗教人士布施；善待奴隸和僕人；憐憫窮人和不幸的人；不殺生。

爲了使「大法」得到有力的貫徹和實施，阿育王採取了一系列措施。他一方面先頒布一系列的詔令，並刻在石壁、石柱、石碑上，稱爲「巖諭」、「柱諭」和「碑諭」，放置在群眾聚集的場所，號召、感化人民遵守；而且刻成多種文字以求有效地推行銘文。另一方面他任命專門的監督官員，專門負責「大法」的推行和實施。

關於阿育王皈依佛教，還有一個小故事。西元前二六〇年，阿育王帶領了數十萬的步兵、騎兵、象兵、戰車隊向羯陵伽發動了猛烈的進攻。羯陵伽的軍民進行了殊死的反抗，但這更激起了阿育王的侵略野心。經過幾番爭戰，阿育王的將士終於攻破羯陵伽首府，並進行了慘絕人寰的大屠城。當阿育王懷著勝利的喜悅，走進羯陵伽城時，看到的是血流成

**釋迦牟尼臥像**

佛教的創始人釋迦牟尼八十歲時，向北方進行了最後一次旅行和布道，然後進入了涅盤之境。這座全長二十九公尺的釋迦牟尼臥像，表現的是他去世時的情景。

河、橫屍遍野、婦孺慟哭的悲慘景象，讓他的心靈受到了莫大的震撼，產生了深深悔意。阿育王自己說羯陵伽一戰有十五萬人被放逐，十萬人被殺，更有不計其數的人家破人亡。

在苦苦思索如何來減輕自己的罪惡感時，阿育王在高僧優波及多的感召下，接受了佛教。此後，阿育王大力弘揚佛教，他一方面在全國各地廣建寺塔，優待佛教徒；另一方面派遣大量的僧侶團、大臣四處傳教，甚至把王子摩哂陀和女兒僧伽蜜多羅也先後送到印度南方的錫蘭，宣揚佛法。佛教因此從東南傳入東南亞，再從西北傳入中亞和小亞細亞，最後發展成爲世界性的宗教。西元前二五三年，阿育王在華氏城主持了佛教史上著名的第三次結集，所謂「結集」就是召集大批僧人會誦佛法，進行佛經的編纂工作。這次結集使古佛經最後定型。

在阿育王的護佛行動中，最爲人稱頌的，就是打開佛陀入滅後「八王分舍利」的舍利塔，取出其中的佛陀遺骨，集中起來重新分爲八千四萬份，再於全國各地的交通要道上建八萬四千座塔，把八萬四千份舍利分別安奉於塔中，供來往行人禮拜。而桑奇最原始的小磚塔，正是那八萬四千座塔的其中一座。

阿育王不僅大力弘揚佛教，對其他宗教也採取寬容的政策。針對當時印度境內各種教派林立、矛盾複雜的局面，阿育

阿育王教法紀念柱

柱上雕刻著阿育王的教法，教法中除了有防止貧困、維持治安為目的之宣導，還有關於道路和井田修整等條款。這種獅頭柱頂在印度人心目中十分神聖，時至今日，這座紀念柱的柱頭裝飾已經成為印度的國徽。

### 桑奇大塔

桑奇大塔位於印度中央邦博帕爾東北郊的桑奇村，大約建於阿育王過世後。塔身呈半球形，狀似扣著的大碗，用磚砌成，直徑約三十公尺，高約十二公尺，頂端立著一把傘蓋，象徵寶塔，周圍環以圍牆。石製的大門上精緻地雕刻著釋迦牟尼生前的故事、信徒群像和不同的花紋。

桑奇共有三座這樣的佛塔，他們是古代印度最有代表性的佛教建築。桑奇大塔的塔門雕刻、優美的藥叉女，野鹿苑的獅子柱頭，帕魯德圍欄浮雕，幾乎彙集了印度早期佛教雕刻的精華。

按照佛家的觀點，整個世界是圍繞佛教聖地須彌山爲中心的圓盤，因此桑奇大佛塔也是圓形建築。塔的圓頂上還有三層的傘狀物，象徵上天的極樂世界以及周圍的聖地和塔中的舍利結合在一起。

王還極力緩和各個教派的對立情緒。比如，他要求人們克制對於異己派別的批評；相互尊重；召開宗教會議，使不同教派的領袖有機會對話，增進理解；提倡學習不同教派的經典，開闊眼界，擺脫狹隘的宗教偏見，進而達到各宗教的和睦團結。他寬容的宗教政策被印度以後歷代開明君主所效仿。

## 名垂青史

阿育王的「大法」政策取得了良好的效果。首先，他結束了印度十六國三百年以來戰亂頻仍的動盪時代，在他統治期間未出現重大戰爭，爲印度人民爭取了四十年的和平；其次，在阿育王統治時期，農業得到迅速發展，手工業行會普遍設立，製作工藝達到很高水準，同時阿育王還統一制定了國家的稅收，使得國家經濟得到長足發展，商業繁榮，對外貿易興旺，印度的貨物經陸路和海路暢銷至歐洲、西亞、中亞等地。

這一時期的建築藝術也取得了輝煌的成就。阿育王時期在桑奇地區修建一座高大的佛塔，後世幾經修繕，目前已成爲印度一大景觀。值得一提的是，許多阿育王時期製作的木雕迄今仍保存完好，精美絕倫，這在炎熱潮濕、螻蟻橫行的印度可以說是一個奇蹟。這些木雕和那三十幾處分布在全國各地刻有敕令銘文的圓形石柱，一起被列入國家級重點保護文物的範疇。

最能表現這一時期高超的建築雕刻技藝的是今瓦臘納西鹿野苑地方的獨石柱，柱頭刻有四個半身獅子像，刻工細膩，線條明晰，莊嚴而生動。

阿育王是印度歷史上一位著名

的政治家、軍事家、宗教家。在他統治時期，印度的政治、經濟和文化都取得了巨大的成就，孔雀王朝進入了鼎盛時期，國家繁榮富強、和平安定，百姓安居樂業。但阿育王到了晚年後變得昏庸而迷信，常常把大量財物濫施給佛教僧侶，以致影響到國家財政收支平衡和國庫的收入，最後他喪失了權力，抑鬱而終，也讓他一手建立的龐大帝國很快就衰落了。

桑奇大佛塔獨具特色的牌坊

這座牌坊無論是設計風格、建築規模，或是雕刻藝術都是印度藝術史上的精品，印度稱這類牌坊為「陀蘭那」，而這類藝術被譽為「陀蘭那藝術」。

# 森嚴的種姓制度

## ——孔雀王朝的社會與宗教

古老而美麗的恆河流域孕育了一個歷史悠久而又奇特的民族，徜徉在這個神祕的文明古國中，一種嚴格的制度——種姓制度——統攝著整個社會，使同一方水土上的人們過著天壤之別的生活，互不往來，涇渭分明。森嚴的種姓制度在孔雀王朝時代依然如故，並長期成爲印度社會的基本組織制度，對印度社會產生深遠的影響。

### 外來鐵蹄踏入

西元前九世紀，雅利安人的鐵蹄踏上印度這片古老的土地，以武力征服當地土著居民，並形成了種姓制度。在這個奇特的社會制度中，同一方水土上的子民被分爲了四個截然不同的階層：婆羅門，剎帝利，吠舍和首陀羅。

這四個階層各司其職，婆羅門階層專門負責祭祀和文化教育事業，處於社會的最高統治地位；屬於武士階層的剎帝利從事行政管理和打仗；吠舍階層通常是經營商業和貿易；而處於社會最底層的首陀羅過則著最爲困苦的生活，不僅要服侍以上三個等級，還要從事農業勞動和一切體力勞動。另外，還有不被納入種姓制度的「賤民」。

種姓制度是世代承襲的，人從一出生就已經成爲階層的組成部分，不能輕易被改變。種姓制度的陰影灑在社會的各個角落裡，而且範圍之廣令人瞠目結舌，孔雀王朝時期的種姓制度尤具特色。

### 婚姻由命，富貴在天

種姓制度在印度有著深厚的影響力，這個神祕國度裡的任何一個時期都看得見它的烙印，在孔雀王朝更是日臻成熟。種姓制度在版圖遼闊的孔雀王傳播得更爲快速，這些居民被征服後信奉的是婆羅門教，自然接觸到了種姓制度，他們的日常生活也被嚴格地限制在種姓制度之中。

種姓制度通常是這樣規定的，孔雀王朝的上層爲婆羅門，外來種族當中有權有勢的被劃歸爲剎帝利，其他的人就成爲吠舍，最後剩下的貧苦人民被定為首陀羅，當然，還有命運更悲慘的賤民階層。

種姓制度一路走來，到孔雀王朝時已經達到成熟，而且趨於嚴酷。在這個時期出現了一部著名的成文法典《摩奴法典》，其中對種姓制度作了詳細的敘述，尤其是對公民的職業和婚姻鉅細靡遺。原因就在於商品經濟的開放和發達，種姓之間的職業逐漸發生了混亂的變化。許多高級種姓的人因為生活貧苦就開始從事低級種姓的職業，他們之中有些人甚至開始從事田間勞動或者畜牧業，經營小本生意或是過去被人所看不起的木匠工作。即使這樣，種姓制度仍然限制低級種姓的人從事高級種姓人的職業。

原先嚴格的職業規定已經慢慢遭到破壞，這樣的變化讓曾經處於頂端的特權階層坐立不安，他們不願意放棄自己曾經輝煌的地位和榮耀。為了繼續維護他們的特權，不得不作出相應的調整：「高級種姓的人由於貧苦可以從事低級種姓的職業，但是絕對禁止低級種姓的人從事高級種姓的職業。」

在這個國度裡，沒有什麼東西能夠與宗教、種姓制度脫離關係，當然婚姻也不例外，孔雀王朝統治時期在法典中對婚嫁作了嚴格規定。隨著帝國經濟的突飛猛進和帝國人口的日益龐雜，之前不同種姓之間禁止通婚的規定也被打破，種姓的內婚制受到挑戰。為了繼續維護這種種姓制度並保持婆羅門等高級種姓的特權，就出現了「順婚」和「逆婚」。

所謂「順婚」，就是高級種姓的男子能娶低級種姓的女子為妻，但是這樣會被視為「墮落」。順婚雖然不光彩，但還可以在一定的範圍內被社會所接受。高級種姓的女子則禁止嫁入低級種姓的家族，這樣被稱作「逆婚」，如有發生，會受到非常嚴厲的懲罰。

## 等級森嚴的宗教生活

種姓制度在宗教生活中也得到了

### 婆羅門教

婆羅門教由雅利安人所創立，經典為《吠陀》。在西元前一千五百年至西元前九百年時漸漸形成，並大盛於印度。

婆羅門教相信輪迴，並主張善惡有報，認為每個人生來都會因為上輩子的作為而分屬不同的種姓。所以在這輩子要努力行善，做個虔誠的婆羅門教徒，下輩子才有機會出生成婆羅門階級。就是因為這種信念，讓首陀羅和賤民安分守己，不敢有非分之想，也讓種姓制度得以控制印度社會達數千年之久。

婆羅門教對印度思想界影響深遠，耆那教、佛教和現在的印度教皆是受到婆羅門教的輪迴、報應觀念的啓發而創立的。

《玩耍的少女》雕像

這座雕像中，有著柔和優美曲線的少女更像是在舞蹈，而少女本人則更與女神的形象相似。舞蹈似乎是印度人融入生活又超脫世俗的一種很好的方式。

淋漓盡致的體現，婆羅門、剎帝利、吠舍有權利參加各種宗教活動，這些種姓的人被稱爲再生族。他們擁有至高無上的地位，被認爲是神的代表，或者就是神本身。

而第四種姓首陀羅卻被禁止享有這種權利，甚至連聽一下、看一下的權利也沒有。《高達摩法典》中有這樣的規定：「假如首陀羅故意聽或者是誦讀《吠陀》，必須向他的耳中灌入融化的錫或蠟；假如他誦讀《吠陀》原文，必須割去他的舌頭；假如他記憶《吠陀》原文，必須將身體劈成兩半。」

在宗教著作中對各個種姓參加宗教活動所穿的衣服也有明確的規定，婆羅門這個階層使用的是三根棉繩製成，剎帝利階層則是用大麻繩製成，吠舍階層要用羊毛製成。作爲他們地位象徵所使用的手杖也各有不同，婆羅門的要高達髮部，剎帝利的要高達額部，吠舍的要高達鼻端。在進行淨身儀式的時候，婆羅門階層可以用流到胸部的水淨身，剎帝利則用抵達喉部的水淨身，而吠舍用口中的水淨身。此外，在其他儀式方面也有繁雜的規定。

## 涇渭分明的社會生活

孔雀王朝時期人們的社會生活也有著嚴格的區分。食物被分成了三類：水果和乳製品、熟食、生食，各種姓的人只能吃本種姓或者高於自己種姓的人做的生食，同時也允許吃低於自己種姓的人做的熟食。但是高級種姓的人則被限制從低級種姓的人手中接受任何食物和飲料，而他們做的生食或者熟食，低級種姓的人都可以吃。賤民、首陀羅做的食物最爲不潔，其他任何種姓的人都不可以吃。用水也有嚴格的規定：不同種姓的人不能混用一口井，尤其是低級種姓的首陀羅人，他們只能使用自己的水井，否則會被社會認爲是玷污了井水而遭受到痛打或是被處死。

除此之外，各個種姓從事傳統職業，而且世代承襲。與宗教有關的一系列的職業被社會公認爲是高貴職業，全都由婆羅門承擔，如祭司和教育之類的工作。所有一切與髒東西有關的職業或被認爲是低賤的和不聖潔的，如掃地、打掃廁所、洗衣服之類的都分給低級種姓的人去做。

種姓的職業基本上終生不變，高級種姓的人非常反對本種姓族的人改變職業。無論在生活如何窘迫的境況之下，高級種姓的人也被禁止做低級種姓的工作，否則就會受到社會的譴責和懲罰。

## 紅塵中的地獄

印度的婦女地位在後期吠陀時代開始出現了下降的趨勢，隨著經濟生活中男子的地位愈來愈重要，婦女的地位逐漸退居到了輔助地位。到了孔雀王朝時期，商品經濟的發展和階級分化使這種趨勢愈演愈烈。種姓制度對婦女地位的影響也同樣不可忽視，古印度的女子在家裡幾乎是沒有權利的，無論是身爲女兒或母親，她都處於一種服從、依附的地位。已婚的女子生活的所有重心就是伺候好丈夫，忠貞不貳。印度社會所大肆宣揚的「婦道」，就是爲了確立丈夫對妻子

婆羅門教教徒

婆羅門教教徒以素食為主，在進食前還要默默禱告。

這是印度教神祇結婚儀式。新人並肩坐著，祭司一邊朗讀《吠陀》經文，一邊把一種純牛奶油加在聖火上，使火焰更明亮。

絕對的統治權，妻子沒有權利提出離婚。寬容、服從、逆來順受，歷來被視爲女子的美德。

有一個故事講的是一個寡婦火葬殉夫，被後人甚爲讚歎，這樣看來這種方式已經在高級種姓中間流傳開來。雖然婦女的地位在孔雀王朝佛教興起的階段出現了一種新氣象，對歧視婦女的觀念和看法進行了批判，但是在婆羅門教影響下的社會中卻依然如故。

種姓制度在印度歷史悠久，影響深遠，在孔雀王朝之後仍然得到了長足的發展，成爲古代印度社會的一大特徵。但是這種制度也成爲日後印度社會發展的障礙，直到今天，我們還可以看到種姓制度在印度社會中潛在的影響。

### 繁盛的商業之都

華氏城，是古印度摩羯陀國孔雀王朝（約西元前三二四年至西元前一八七年）的都城，也是古印度最大的城市，西元四世紀後，又曾爲笈多王朝的都城。根據史籍記載，華氏城長約十五公里，寬約二點八公里，共有五百七十座城樓和六十四座城門。華氏城素有「香花之城」的美譽，城裡樹木鬱鬱蔥蔥，還有一個非常大的花園，據說裡面養著許多美麗的孔雀。

華氏城更是以繁盛的工商業而聞名遐邇。公路以華氏城爲中心，四通八達，輻射到各地，連接星羅棋布的城鎮和通往國外的主要商道。城內商品琳琅滿目、種類繁多，來自世界各地的商旅如雲，堪稱國際化的大都市。人們在這裡不僅可以買到南印度的寶石、西北印度的毛毯、東印度的亞麻布，還能購到來自西方的馬匹、紅珊瑚、亞麻布和玻璃等。

# 今非昔比的摩羯陀——巽伽王朝

強大一時的孔雀王朝展翅消失在歷史的迷霧之中，摩羯陀也今非昔比了。繼之而起的是由婆羅門階層建立的巽伽王朝，巽伽王朝雖然只是曇花一現，但它南征北戰，妄圖統治整個宇宙的野心讓世人驚歎！

## 世俗夢想的實現

巽伽王朝的建立者普西亞米陀出身婆羅門，從小就接受了良好的教育，熟讀《吠陀》經典，是一個虔誠的婆羅門教教徒。長大後，普西亞米陀當了一名教師，但平凡的工作無法施展他滿腔的理想和抱負。於是，他投筆從戎，憑藉聰明才智和卓越的軍事才能，很快得到了孔雀王朝的國王普里哈多拉達的信任與重用。

普西亞米陀擔任了大將軍的職位，陪伴在國王身邊。但骨子裡的婆羅門種姓和宗教思想，使他一直認爲孔雀王朝的統治者是低賤的剎帝利，不配統治萬民。如果由婆羅門建立一個世俗王權，藉助婆羅門的神性不僅能有效地統治萬民而且還有控制萬神的力量，便能使國家更加神聖富強。

時機終於來臨了，西元前一八七年，普西亞米陀在閱兵式上謀殺了國王普里哈多拉達，建立了巽伽王朝。

巽伽王朝建都華氏城，繼承了孔雀王朝的龐大版圖。普西亞米陀的統治權向南可達納巴達河，向北接旁遮普的賈郎達爾和錫亞爾科特。

## 婆羅門教的復興

孔雀王朝時期大力扶持佛教，引起了婆羅門教的不滿。普西亞米陀一上臺就大力打擊佛教勢力並迫害佛教徒，同時極力復興婆羅門教。

普西亞米陀先後舉

桑奇大佛塔芒果樹神藥叉女

桑奇大佛塔芒果樹神藥叉女，被公認為印度雕刻中最美的女性，在印度的地位相當於羅馬神話中的維納斯，是生殖力和美的化身。

巽伽王朝時期製作的「豐產女神昌德拉」雕像

阿育王逝世後不到五十年，孔雀王朝就被巽伽王朝所取代，不過這個王朝的統治範圍只在恆河流域。

行了三次象徵傳統婆羅門教復興的「馬祭」。

「馬祭」是印度婆羅門教最高祭祀之一，通常由國王舉行。首先，由婆羅門導師挑選最優秀的馬一匹或百匹，然後爲馬進行齋戒、沐浴並點燃祭火。其次，在一個清晨將馬放之東方，讓馬自由地馳騁，國王則帶領全國的精銳部隊緊跟其後，聖馬經過本國的領地則當地百姓要舉行祭祀，如果跑到敵國的土地上，國王就要指揮軍隊奮勇殺敵。直到婆羅門說「止」，國王才能班師回朝。最後是殺馬祭神。婆羅門教認爲這種祭祀可以使國王成爲王中之王，進行百次馬祭之後，國王就有統治天神的權力，成爲宇宙的主宰與眾神之王。

儘管如此，在巽伽王朝壓制下的佛教徒仍然堅持著自己的信仰，默默地以山琦、巴赫特的聖地佛塔作爲懷念佛陀的凝聚重心，思念的情懷常見於口耳相傳的故事之中，展現於欄楯的浮雕之上。

## 王朝的衰微

巽伽王朝建立於孔雀王朝的廢墟之上，無形之中將孔雀王朝的各種衝突轉嫁到自己身上，內外交錯的爭鬥伴隨王朝的始終。在巽伽王朝初期，還擁有幾乎整個恆河流域和西北印度的部分地區。巽伽王朝的最強大時據說是在普什亞密多羅和阿耆尼密多羅父子統治時期，領土南達納巴達河，北到旁遮普的部分地區，儘管如此，巽伽王朝的領土還是遜色於孔雀王朝。

馬祭和連年不斷的戰爭可能是巽伽王朝衰微的關鍵因素。普什亞密多羅和阿耆尼密多羅父子統治時期，侵占德干高原北部鄰國，遭遇希臘人的強師勁旅，又受到南方羯陵伽國的進攻，王朝領土不斷喪失。在一百多年間，巽伽王朝退回到摩羯陀地區，但王朝的內部衝突並未因此而得到解決。西元前七十三年，巽伽王朝被甘婆王朝所取代。

# 三百餘年的「黑暗」歷史

## ——從甘婆王朝到新帝國前夜

西元前二世紀，孔雀王朝覆滅，印度又回到了小國紛爭的黑暗時代。在這三百餘年的黑暗中，大夏人、塞族人、安息人和大月氏人接連登上印度歷史的舞臺。

### 印度的「戰國時代」

西元前七三年，印度大臣婆蘇提婆發動政變，廢黜巽伽王朝末代國王提婆菩提。巽伽王朝繼輝煌的孔雀王朝，在摩羯陀地區勉強統治了一百多年後，終於走到了末路。婆蘇提婆自稱爲甘婆的大臣世家，因此他所建立的王朝被稱爲甘婆王朝。不過，巽伽王朝的傀儡國王仍然被允許在劃定的一小塊土地上進行著有名無實的統治。

甘婆王朝的四位國王在摩羯陀地區統治了四十五年，史書對甘婆王朝的歷史著墨不多。唯一可以確定的就是這個王朝的統治者一直占據摩羯陀地區，直到西元前二十八年被南方崛起的強國薩塔瓦哈那所滅。

薩塔瓦哈那在中國古籍中被稱爲安度羅。阿育王在世時，安度羅表面上臣服於孔雀王朝。阿育王死後，安度羅就愈發無視於孔雀王朝了。在第二任國王薩陀加羅尼一世統治時期，安度羅王朝曾繁盛一時，控制了整個德干地區。然而就是這樣一個實力略強的王國也未能保住自己在摩羯陀地區的地盤，當安度羅在摩羯陀地區撤軍之後，北印度地區徹底進入了「戰國時代」。

### 鐵蹄之下的印度

在外族人眼中，印度是一塊令人垂涎的肥肉，誰都想在印度分一杯羹。自從西元前一世紀起，沒有強大帝國佑護的印度就變成了一隻任人宰割的羔羊。

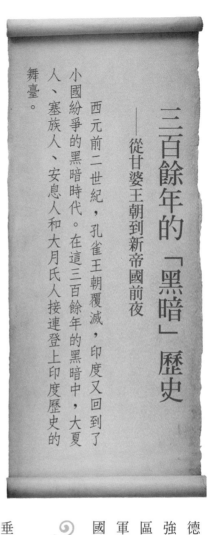

西元前三世紀中葉，塞流卡斯國王安條克二世派駐大夏的總督狄奧多特脫離塞流卡斯王朝獨立。大夏，歐洲人稱之爲巴克特里亞，大致位置在興都庫什山以北、阿姆河以南一帶。

大約在西元前一九〇年，大夏王狄奧多特的兒子德米特里在即位後不久就迫不及待地開始了「印度之旅」。此時，孔雀王朝尚在，只是阿育王已崩。大夏吞併了今日阿富汗大部分地區，而這一地區是孔雀王朝的開國國君月護王在晚年透過戰爭從塞流卡斯手裡奪來的。

西元前二四七年，塞流卡斯王朝與托勒密王朝重啓戰端，帕奈人的部落首領阿爾薩息自立爲王，建立了安息王國。安息對於大夏在印度分得的好處十分眼紅，於西元前二世紀，緊隨大夏之後侵入印度。

大約西元前一六五年，匈奴人大舉進犯居住在河西走廊及其周圍地區的月氏人。月氏人只得率部西遷，並將世代游牧於伊犁河流域的塞族人趕了出來。塞族人遂在喀什米爾及其周圍地區建立了罽賓國。

西元前八十八年，強大起來的塞族人開始向東南擴張，通過俾路支和信德地區進入印度，登上了印度歷史的舞臺。塞族人在西北印度建立了許多獨立的小國。印度人稱他們爲塞人州長，而州長這一稱謂其實是從波斯人的行政制度中學來的。塞族人的統治一直延續到西元四世紀笈多王朝崛起之前，此後塞族人逐漸同化於印度人之中。

在印度三百餘年的黑暗歷史中，最後一個登上印度歷史舞臺的是大月氏人。大月氏人在滅亡了大夏之後，控制了整個錫爾河和阿姆河流域。當時，大月氏由五個部落組成，部落的首領稱爲「翕侯」。其中貴霜部落在丘就卻的統領下逐漸強大起來，兼併了其他四個部落，建立了貴霜王朝。丘就卻與他的兒子閻膏珍不斷向外擴張，而受害者就是任人宰割的羔羊——印度。

迦膩色伽在位時，貴霜王朝將疆界推進到了北印度的恆河流域。此後，迦膩色伽又擊敗了安息帝國，穩定了自己在西北印度的統治。自此，迦膩色伽所繼承的王國成爲一個西起呼羅珊（Khorasan，今伊朗東北），東至波羅奈，北自和闐，南抵孔坎的帝國。西元一〇二年，迦膩色伽去世，貴霜帝國的繁榮如曇花一現般消失在浩渺的歷史長河中。印度三百餘年的黑暗歷史即將過去，當笈多王朝於四世紀崛起時，印度將再次迎來她的黎明。

**貴霜王朝製作的「手提鳥籠逗鸚鵡的女藥叉」雕像**

藥叉是印度民間信仰中的山林水澤精靈。在佛塔之中，藥叉及女藥叉經常被雕刻於兩側角柱上，以裸體或半裸方式呈現。

# 嶄新文明的開端——笈多王朝

曇花一現的貴霜王朝，並沒有使古老的印度銷聲匿跡，活躍在恆河中游的旃多羅家族，抓住了這千載難逢的機遇。勇敢的開拓者率其子民南征北戰，終於使分裂的印度再次統一，為古老的印度開啓了嶄新的文明。

## 勇敢的開拓者

貴霜王朝宛如美麗的曇花，在歷經夜間的盡情綻放後至黎明時分凋謝枯萎。此時，分裂的諸國各懷野心，他們都想抓住這個絕好的機遇，不惜一切代價開始爭奪更爲廣闊的領域。

盤踞在恆河中游的笈多王國，經過幾代生息繁衍，養精蓄銳，成爲諸多小國中最強大的一國，隨之展開了一系列瘋狂的征服活動。西元三一九年，「偉大的王中之王」旃多羅笈多，率軍南征北戰，建立了統一的笈多王朝，定都華氏城，並以西元三二〇年爲新的紀元，即笈多紀元。經過他的一番征戰，喬薩多、考山比、離車國、比哈爾及今印度北方邦和孟加拉盡爲其囊中之物，並成爲帝國的心臟地區。

第二代王沙摩多羅笈多（約三三〇年至三八〇年在位）與其父相比，有過之而無不及。他的一生，幾乎都是在兵刃相交中度過。他好大喜功，具有卓越的軍事才能，經常親自率兵南征北伐，將帝國的對外征服推進到一個新階段。沙摩多羅笈多征服了恆河流域的九個王國，德干北部十二個王國，北部以及東北部的一些邊遠地區和國家，進一步擴展帝國疆域，獲得「征服者國王」的稱號。

超日王旃多羅笈多二世也毫不遜色。他即位後，不畏艱難險

貴霜王朝時期的醉酒圖石雕。

阻，歷經一番征戰，趕走了樓陀羅辛哈三世，並取代他建立起對西馬爾瓦和卡提阿瓦半島的統治。超日王統治時期，印度的疆域囊括了除旁遮普西部和喀什米爾外的整個印度北部和印度南部的一部分，並遷都優禪尼。

古印度史詩《羅摩衍那》中的場景

「羅摩衍那」意為「羅摩的浪漫」。這是一部抒情敘事詩，由七本書組成，講述羅摩（印度教主神毗濕奴的化身）歷經磨難救出被惡魔羅伐那拐走的妻子的故事。

## 多重保險造就繁榮

笈多王朝的建立，使得印度混亂的局面又復歸了統一。此後，英明的笈多王朝積極採取多重保險的有力措施以鞏固江山，因而形成了和平穩定的政治局面、蓬勃向上的經濟發展態勢和寬容自由的信仰，使王朝在超日王時期邁向巔峰。

笈多王朝的歷代君王都採取了懷柔政策，實行藩國屬民制度，允許被征服的地區保留原來的王公制度，由笈多王朝來頒發詔書，藩屬國要向中央政府履行朝見、納貢及服兵役等義務。而在中央的直接統治地區也放寬限制，給商人、貴族等更多的權力參與政治。自由代替極權，使得被征服諸國在這個強悍武力征服者的領導下和寬鬆的政治氛圍中，感覺到被尊重，因而心悅誠服，竭盡全力為國家服務。

另外，面對蠢蠢欲動的諸小邦，笈多王朝的統治者採取了聯姻和親的政策。早在旃多羅笈多一世時，他便巧妙地運用聯姻手段與離車族公主結婚，達到開疆拓域的目的。

超日王繼承了聯姻傳統，與伐卡塔卡國王聯姻，將南印度納入了自己的版圖。統治者通過聯姻，不僅開拓了疆域，避免了彼此間你爭我奪的殘殺，而且創造了安定和平的外部環境，可以使帝王安心致力於國內的生產發展，可謂一舉兩得。

正如中國高僧法顯記載，當時的印度經濟繁榮，人民殷樂。笈多王朝的統治者在農業上重視興修水利工程和開荒拓土，重視耕種技術和農業知識的發展與普及，因地制宜耕種農作物，因而笈多王朝時期的印度已是蔬菜滿園、瓜果飄香了，而且有的農產品還銷往國外，為帝國賺取了豐厚的「外匯」。

阿加特洞中發現的壁畫

這幅壁畫描繪的是一次聚會時的場景，展現出笈多王朝時貴族淫靡的生活。

笈多王朝的統治者也不乏靈活的經濟頭腦，帝國時期內外貿易活躍，政府重視修築和養護道路，並發行金銀幣，促進了商業的發展，使得笈多王朝在內外貿易發展上較以往任何時期都是當之無愧的第一。

農業興盛，手工業技術也迎頭趕上，發展進步的程度一點也不遜色於其他行業。尤其是在金屬的開採、冶煉和鑄造上都取得了相當進步的發展。德里的鐵柱，歷經千年風霜雨雪的侵蝕不曾生鏽，其冶煉水準之高眞是無法想像。

在宗教上，笈多王朝採取了兼容並蓄的政策。笈多王朝時期，婆羅門教（後來發展爲印度教）、佛教這兩股勢不兩立的宗教力量並沒有成爲統治者的困擾。笈多王朝的帝王大都虔誠信仰婆羅門教，並舉行「馬祭」，但是他們並不排斥其他宗教。國王沙摩多羅笈多就曾以寬闊的胸襟邀請佛教徒前來宮廷做客，並爲了使本國佛教徒朝聖方便，還同意在菩提伽雅建立了一座佛寺。

如此寬容的信仰自由，帝王與百姓堅持各自的信仰，少了高壓，少了暴力。此後婆羅門教由等級森嚴而演變爲崇拜諸神。改善了首陀羅地位的印度教，它的包容性、適應性減少了

阿旃陀石窟在笈多王朝時期修建的一號洞窟寺廟

寺廟天花板上繪有多重花瓣的花朵和水果，還有一隻白色的奔跑小象。

民眾的不滿情緒，而使民心順服。

## 日落西山

然而，曾經叱吒風雲、呼風喚雨的大帝國，在經歷了長達一個多世紀的輝煌後，到了五世紀下半期，輝煌背後所隱藏的危機便顯現出來了。這個曾經不可一世的大帝國就在危機的伴隨下，一步一步滑向深淵。

笈多王朝在政治上實行的藩屬國制度，雖然有利於形成自由穩定的政治統治，但自由必須有個限度。隨著藩屬國勢力的膨脹，他們要求自主管理，使得龐大的帝國只是表面上鬆散的統一體，無力把統治深入帝國的每一個角落之中，勢大蓋主的局面不可避免。

「守成之王」鳩摩多笈多（約四一五年至四五五年在位），剛剛擊退從南方入侵的布濕耶密多羅部落，從西北方入侵的外族又氣焰囂張地挑釁起來，一波未平一波又起。塞建陀笈多（四五五年至四六八年在位）統治時，不顧外族瘋狂的戰事侵擾，而反覆進行鑄幣改革，這種以小失大的做法無疑令國家的困境雪上加霜。

憑恃野蠻的武力征服所建立的統治是不能長久的。一旦停止武力征服，內在潛藏的分裂因素就因爭奪利益而更趨激烈。政權的分散軟弱，因戰事的頻仍導致國庫虧空，軍隊的崩潰，外族的入侵，內外困境夾擊，龐大的帝國終於無力回天力，笈多王朝的統治就此結束。

## 文明的曙光

笈多王朝雖然迫於內外困境退出了歷史舞臺，但昔日的帝國締造了屬於笈多時代，屬於整個印度的燦爛與輝煌，開啓了嶄新文明之鎖，登上了古印度文化之最的寶座，也爲其後的時代帶來了文明的曙光。

帝國初期和平安定的政治環境和欣欣向榮的經濟生活爲其文明的發生、發展提供了肥沃的土壤。笈多王朝進入了文學藝術的黃金時代。

以神話傳說爲特色的《摩訶婆羅多》和以羅摩王子及王后悉達的曲折愛情爲主體的《羅摩衍那》，這兩部卷帙浩繁的史詩在笈多王朝時期最終定型，成爲古印度文學中僅次於《吠陀》作品的最高成就。深奧的梵語文學也出現了欣欣向榮的局面，綻放成印度文學園地中最絢麗的花朵。黃金時代也造就了一批偉大詩人，宮廷「九寶」，迦梨陀娑皆爲這一時期的傑出代表。不論是栩栩如生的阿旃陀石窟石雕，還是生動逼真的佛教雕塑和石窟壁畫，優美的線條，完整的構圖，鮮豔的色彩，合理的布局，無一不顯示出藝術家傑出的才能和精湛的技藝。

# 生活的藝術魅力

## ——古印度人的日常生活和習俗

古印度人一方面沒有節制地放縱欲望，一方面在生活中又有著森嚴的戒律。享樂主義與禁慾主義在古印度人心中的地位不分伯仲，成為他們生活中的兩極，交織形成了他們生活藝術的魅力所在。生存在「矛盾」之中的古印度人對美一樣有著執著的追求，美的理念滲透到他們生活中的每個角落，也貫穿著印度河文明的始終。

### 對美的追求

早在新石器時代，印度人就已經開始戴手鐲。而且近代學者研究發現，無論貧富貴賤，當時的印度婦女都有手鐲，只不過質地和價值有所不同而已，可見愛美的觀念已經深入到古印度人的心中。

在衣著方面，印度河流域的人都喜歡穿緊身的棉質長衣，這些長衣通常都有貼花和顏色，爲了達到審美的效果，他們的肩上還會披上一塊棉織品，頭上戴著頭飾或者頭巾，有錢的貴族婦女還要帶上鑲有珠玉的項鏈。恆河流域的貴族婦女十分注意修飾自己的足部，會在腳踝處繫上鈴鐺。

不僅女士注意修飾自己的外表，就連男人對美也有很高的要求。他們將自己的鬍鬚染成各種顏色，每天沐浴時還要噴灑香料，甚至還會戴耳環。作爲祭司的僧侶也不例外，他們不僅帶有頭飾，而且在長袍上也要鑲嵌上美麗的圖案或者染成漂亮的紅色。

印度人的愛美有時竟成爲了一種公共事件。在嬰兒滿月後，要由公眾裁決他是否貌美，是否有繼續生存的需要。如果公眾裁決的結果是這個嬰兒是醜陋的，那麼他的生命就危在旦夕了，因爲這樣一來法官就有權判處他死刑。這種對美的極端愛好，有文明風尚的一面，但也會引起社會生活的奢靡與腐化，阻礙生產力的進一步發展。

### 日常娛樂與飲食風俗

從印度出土的一些文物和文獻記載中，我們發現在很早的時候印度人就有多種娛樂方式。印度早期的娛樂方式中有類似古羅馬人獸相鬥的表演，不過自從佛教和耆那教開始在印度流行以後，這種殘忍的遊戲很快就被禁止了。

除此之外，印度人也很喜歡下棋。棋類的發明和發展與印度的宗教密切相關。下棋很需要動腦筋，因此，要想推廣下棋並不是一件容易的事。在印度有著許多十分相似的傳說，而且都與棋類有關。

有個傳說是關於某位祭司向國王請求在有著六十四格的棋盤中放上一些米，但是這些米的放法就是每換一個格子，就要增加一倍，起初國王沒有意識到這樣會有什麼後果。在放米的過程中他才發現：如果眞的按這種方法實行的話，整個國家的米拿來放都不夠。這個祭司的目的就是希望國王重視宗教。這些故事的結果都是：國王認輸並且開始迷戀下棋，直接推動了棋類的推廣。

古印度人也熱衷賭博。印度投骰子技術的發展就和一個叫做那羅的國王密切相關，由於迷戀賭博，他甚至將國王寶座輸給了別人，後來在流亡過程中學會了這種賭博技術又贏回了自己的王位。賭博在當時並不被認爲是一種喪德敗行的行爲，相反的，當時人認爲，賭博是反映一個人智慧的指標。

印度人勞作之餘經常用木棒按摩身體，求得身體的愉悅。古印度人在日常休閒中還發展了舞蹈和音樂。古代印度人對於舞蹈和音樂有著

聖河

印度教教徒將恆河奉為「聖河」，每年都有成千上萬的印度教教徒前往恆河參加沐浴儀式。

特別的興趣和高超的造詣，音樂和舞蹈是他們日常生活的重要組成部分。這一點表現在他們將各種神都刻畫得舞姿俏麗，美感十足，並且把自己喜歡的舞者和樂師加以神化上面。

在印度最受尊崇的濕婆神就是舞王，他同時也是印度舞蹈的始祖。濕婆一邊跳舞一邊創造和毀滅世界。印度人將自己的宗教信仰和舞蹈音樂結合起來，形成了後來印度別具一格的藝術風格。

古代印度在佛教產生以前就形成了素食主義的風尚。這種素食主義的風尚並不單純是一種宗教信仰。在人類文明的初期，尤其是社會生產力極不發達的時候，畜力是極為重要的生產資源，因此印度人對牛有一種高度的崇敬心理。

古印度人的印章上最多的動物圖像就是牛，因此可以斷定牛在印度人生活中所占有的重要地位。因為牛可以為原始的農業耕作提供最大的幫助，再加上牛本身的溫馴善良，印度人認為牛是上天賜給他們的吉祥之物，因此堅決反對以牛為食物的肉食主義，這種風尚逐漸演變成為一種全民族的信仰。

在古印度這片大地上，後來又產生耆那教和佛教，在古印度這些都是風行一時的國教，這兩個教派的出現對素食主義給予了教理上的肯定和進一步闡釋。

耆那教和佛教都有五戒，在這五戒中又都有戒殺生一條，所以也就不能吃肉。佛教傳入中國以後有一句名言叫做「掃地不傷螻蟻命，愛惜飛蛾紗罩燈」，都表現出教徒對於生命的憐惜與保護。奉行素食主義的初期，早期的佛教號召信徒甚至連牛奶都不能喝，甚至因此直接影響了信徒的營養狀況。

佛教認為「食」是眾生生死癥結的根本所在，若調適不當則不能與道相應。當年釋迦牟尼佛在雪山修行六年，有時一日僅食一粟一麥，餓得骨瘦如柴，卻始終未能與解脫境界相

濕婆舞蹈像

濕婆舞蹈像是印度藝術中的經典之作。濕婆神單足著地，左腳高抬，身體呈現美麗的S形，四隻手臂有屈有伸，有分有合，十分優雅。但面部表情卻十分嚴肅，因為他的舞蹈預示著世界的毀滅。

應。他於是放棄苦行，接受牧牛女供養的奶酪，身體得到滋益，於菩提樹下很快進入禪定境界。從此以後，佛教不再反對喝牛奶，在提倡素食主義的同時，也希望信徒注意營養的調配。佛教戒令同時規定不吃辛辣食物，不飲酒。

## 古印度的婚俗

在子女婚姻問題上，古印度的做法和中國有很多相似之處。中國有句古話叫做「父母之命，媒妁之言」，在古印度也存在這種情況，子女的婚姻都是由父母決定。

在古印度還存在一種非常奇特的嫁女習俗。印度姑娘長大後，由父親領到市場上，赤裸上身，向過往的人群展示自己成熟的身體，表明自己是一個健康、可以生育的女人。如果哪個男人看上後，而女孩也同意，男人就可以馬上領走她，兩人即可成爲正式夫妻。到了吠陀時代，父親的權力進一步強化，父親有權出賣自己的子女。同時，兒子是未來的一家之主，因此可以幫助父親做各種工作，甚至連父親的葬禮都只能由兒子主持，母親無權主持。

在古印度甚至還有童婚的習俗，因爲當時人們很看重少女的童貞，童婚可以保證少女的貞潔。這些情況都說明了在古印度，婦女沒有任何權利和地位，是受父權統治的階層。在印度人的觀念中，每個成年男子不僅要結婚，還必須養育兒女，這是他們的責任與義務，不能完成生殖和繁衍的人就要受到懲罰。這大概和當時的生存環境有關，只有透過鼓勵生育的方式才能有更多的人群以抵禦災害、戰勝自然。

天女散花圖

圖為西元五世紀時的天女散花圖，表現出古印度人對美的獨特感悟。

# 第三章 鼎盛的古希臘

## 雅典的黃金時期——伯里克利斯時代

從西元前四四三年到西元前四二九年，伯里克利斯年年當選雅典最重要的官職——首席執政官。在這位古代世界最傑出的政治家帶領下，雅典的民主政治、經濟和古典文化呈現極盛的局面，史稱「伯里克利斯時代」，一個令後人無限懷念的黃金時期。

### 溫和待人的伯里克利斯

伯里克利斯（Pericles，約西元前四九五年至西元前四二九年），出身於雅典名門望族。他的父親是雅典艦隊的指揮官，母親是改革家克利斯提尼（Cleisthenes）的姪女。

伯里克利斯身材高大，體格健碩，唯獨頭顱較長，顯得有點突兀。當時敵視他的人都稱他爲「蔥頭」，並取笑說他碩大無比的腦袋裡能安置十一張床；而崇敬他的人則認爲這是他與眾不同的標誌。我們今天所看到的伯里克利斯肖像，頭上大多戴著一頂頭盔，據說是畫師不願意有損他的形象，而特意加上去的。

伯里克利斯天資聰穎，自幼接受過哲學、政治、音樂、體育等方面的良好教育和訓練。他性格溫文儒雅，沉著冷靜，幾乎從不發脾氣。有一次，某個懷有惡意的人在城市中心的市場公開辱罵他。伯里克利斯一言不發，任他破口大罵。傍晚時分，當他回家時，那個人還是緊跟著他辱罵不休。伯里克利斯回到家，見天色已晚，竟吩咐僕人打著火將辱罵他的那個人送回家。

在古希臘，特別是雅典，要進軍政界必須擁

伯里克利斯像

《伯里克利斯胸像》(Herma of the Pericles)，大理石複製品，高四十八公分，收藏於倫敦大英博物館，原作為青銅，由克雷西勒斯（Crisilas）作於西元前四三〇年。

有出色的口才，而伯里克利斯正是一個天生的演說家。面對不同的場合，他的演講或樸實或華美，在在充滿了說服力和震撼力。修昔底德（Thucydides，與歷史學家修昔底德同名的政治家）是他的政敵。斯巴達國王曾問修昔底德，他和伯里克利斯摔角則誰勝誰負。修昔底德幽默地回說：「我把他摔倒了，但是他辯稱他沒有摔倒，結果在場的觀眾被他說服了，所以應該是他贏了。」

## 進入政壇

伯里克利斯的青少年時代在古希臘同盟合作對抗波斯的歲月中度過。他對局勢有著冷靜的分析，同時也懷著熱切的愛國心而極欲獻身於政治。西元前四七二年，伯里克利斯出資承辦悲劇作家埃斯庫羅斯所著的《波斯人》一劇的演出，一時聲名大噪，爲他踏入政壇做好了充分的準備。

當時在雅典政壇上，貴族派和民主派的衝突十分激烈，站在貴族派這邊的是阿里斯提德（Aristides，西元前五三〇年至西元前四六八年）、席蒙（Cimon，西元前五一〇年至西元前四五〇年）、修昔底德；擁護民主派的則是地米斯托克利（Themistocles，西元前五二四年至西元前四六〇年）、埃菲阿爾特（Ephialtes）等人。雙方的交鋒互有勝負，阿里斯提德和地米斯托克利先後被放逐，後者還因缺席被判處死刑。伯里克利斯進入政壇時，阿里斯提德已經謝世，地米斯托克利則投奔波斯，兩派政治勢力仍然相互傾軋。

伯里克利斯與他的母族長輩克利斯提尼一樣，雖然出身貴族，卻主張遵從民主政治。西元前四六六年，他

### 伯里克利斯救妻

伯里克利斯的權勢顯赫，但是這位「奧林匹斯山之巔的宙斯」從來沒有利用手中的權力牟取私利，也沒有用專制獨裁對抗民主政治。伯里克利斯曾經與一個雅典女人結婚，後來他遇上了才貌雙全的阿斯帕西亞（Aspasia），便與妻子離婚，娶了阿斯帕西亞。

阿斯帕西亞是米利都人，姿容美麗，風度優雅，聰慧過人，受到蘇格拉底的推崇，不少哲學家和藝術家都是她的座上客。然而因爲她是異邦人的身分，伯里克利斯的政敵時常攻擊她，說她是個放蕩的女人，後來還誣蔑她犯下「瀆神罪」。阿斯帕西亞被送上了法庭，伯里克利斯不是用權力，而是用熱淚和演講打動了陪審員的心，救回妻子一命。

正式加入了以埃菲阿爾特爲領袖的民主派。埃菲阿爾特家境貧寒，靠戰功起家，自然對那些含著金湯匙出生，不費吹灰之力即能獲得成功的驕縱貴族感到不滿。他致力於改革政體，促使更多的平民百姓能參與政治。伯里克利斯受他的影響，逐漸成長爲一名具有遠見卓識且剛毅果敢的青年政治家。

### 貝殼放逐制

大約在西元前五九四年左右，經由各方磋商同意，雅典人推舉梭倫（Solon）爲執政官，並賦予他改革的絕對權力。

此後雅典就一直實施執政官制度。西元前五〇八年，克利斯提尼出任執政官，他進一步改革雅典政治制度，擴大討論議會的人數，並創立「貝殼放逐制」（Ostracism）。根據這個制度，只要有六千公民投票贊成，就可以將任何對城邦不利的人放逐出境十年，以此防止野心家的出現。至此，民主制度在雅典大致成形，地緣關係取代每個人出生時的血緣關係。

西元前四六一年，埃菲阿爾特和伯里克利斯聯合放逐對手席蒙，掌握雅典政權。同年，由於執行的措施過於激進，遭到了反對派的仇恨，埃菲阿爾特被暗殺。埃菲阿爾特死後，伯里克利斯就成爲了民主派的領導者。

**雅典瓶畫**

在這幅展現雅典民主政體的陶瓶畫作中，傳說中的古希臘武士正在戰神雅典娜的監視下投票表決。

伯里克利斯的廉潔奉公、剛正不阿和堅毅冷靜，贏得了雅典人的愛戴和尊敬。西元前四四四年，他放逐政敵修昔底德，如此一來，貴族派的重量級人物全被驅逐出了雅典。西元前四四三年，伯里克利斯在雅典政壇中占據了主導地位。從這一年起，到西元前四二九年的十多年裡，他幾乎每年都被選舉爲首席執政官，成爲雅典的實際統治者。

伯里克利斯的嚴謹務實在當時是出了名的，據說他每天走的路線只有兩條，不是去市場，就是去議事廳，而且從不應別人之邀赴宴。他雄健的體魄、高人一等的身材和崇高的地位，使他又獲得了一個新綽號——奧林匹斯山之巔的宙斯。

《擲鐵餅者》

這座雕像中的運動員右臂向後擎起，背、腰、腿部凝固成一個流暢的 S 形。整件作品流露出一種力與美的平衡感，精確表現出運動員擲出鐵餅前蓄勢待發的瞬間。

## 民主政治的燈塔

「民主」一詞源於希臘語，意即「由人民統治」。伯里克利斯時代，雅典的政治制度是其他城邦的模範。雅典的政治制度之所以被稱爲民主政治，是因爲國家的權力掌握在全體「男性」公民手中，而不是在某一個階層或少數人手中。在法律面前，每個公民都是平等的，且都有擔任國家公職的機會。一個人擔任公職是否稱職，取決於他的個人才能和對國家的貢獻，任何人都不會因家世或財力而在政治上湮沒無聞。

伯里克利斯上臺後進一步打擊氏族貴族的勢力，規定貴族會議只能處理一些宗教性質的事務。雅典國家的最高權力機關和執行機構是公民大會，由全體成年男性公民參加，共同商討以決定國家大事，如對外戰爭、糧食供應、國家債務、官員審核和罷免等。

公民如果想在大會上就某個問題發言，可以在祭壇上放一枝橄欖枝表

雅典娜女神像

示請願。由於公民大會的人數太多，爲了便於行政管理，五百人會議應運而生。五百人會議負責主持公民大會的召開、準備議案和處理日常事務，但決策權仍歸公民大會。成員從各個選區通過抽籤產生，任期一年且不能連任。陪審法庭是民主制度的監督機構，同時又是最高司法機關。陪審員也是藉由抽籤產生，任期一年且不能連任。

爲了保障政治民主，國家的各級官職皆向全體公民開放，都以抽籤方式產生。當然，對待執政官這類最高官職更愼重，雖然對候選者無任何財產、等級、資歷的限制，但必須按比例在各選區選出一定數量的候選人，然後再抽籤決定當選者。此外，爲了保證貧窮公民也能參加政權管理，伯里克利斯打破傳統，爲擔任民眾法庭陪審員的公民發放生活補貼，爲五百人會議的政府官員提供膳食，爲參加公民大會者發放津貼，甚至還發放觀劇津貼。

在古代歷史上，雅典的民主政治的發展高度確實是空前絕後，但同時也是有瑕疵的。例如，在當時的雅典，奴隸、外邦人和婦女是沒有公民權的。此外，直接選舉制容易造成暴政，西元前五世紀的著名政治家泰米斯托克利和伯里克利斯都受過公民大會的責罰，哲學家蘇格拉底更是雅典政治的犧牲品。

## 燦爛的物質文明

伯里克利斯時代是古希臘經濟的全盛時期，這一時期的雅典以小農經濟爲基礎，工商業發達，農業已經成爲商品經濟，雅典人大面積種植葡萄、橄欖等經濟作物，製成酒和橄欖油出口各國，但三分之二的糧食依靠進口。波希戰爭之後，從愛琴海到黑海的商路變得暢通，雅典和比雷埃夫斯（Peiraievs）港成了著名的國際性商港，雅典與周邊的色雷斯、地中海的東部和西部、小亞細亞西部、北非等地有了更緊密的商業聯繫。

雅典的冶金業、造船業、兵工業、建築業也聞名遐邇。伯里克利斯還統一雅典與其他盟邦的銀幣和度量衡制，同時抑制猖獗的海盜，進一步促進了商業貿易的發展，僅皮里亞斯（Piraeus）港的年貿易額就高達二千塔蘭特銀。

## 古希臘文明的中心

伯里克利斯不僅是一個政治家，還是古希臘文化的推崇者和倡導者，他的理想是要使雅典成爲「全希臘的學校」。伯里克利斯卓越的天賦和氣魄使他周圍的人才智奮發起來，並把有雄才大略的人都吸引到雅典來。當時，古希臘最著名的哲學家、文學家、史學家和藝術大師等都彙集於雅典，他們呼吸著雅典自由的空氣，在交流暢飲中碰撞出思想的火花，創作出令世人驚歎的成果。

著名的古希臘哲學家阿那克薩哥拉斯（**Anaxagoras**，西元前四八八年至西元前四二八年）是伯里克利斯的恩師，希臘哲學的三位巨人——蘇格拉底、柏拉圖和亞里士多德也誕生於這一偉大的時代。此外還有「醫學之父」希波克拉底（Hippocrates，約西元前四六〇年至西元前三七七年），他奠定了臨床診斷的基礎，提出了體液說，還制定了西方醫學界，每位醫師從醫前都要遵奉的「希波克拉底誓言」。

古希臘時期的主要文學成果是悲劇和喜劇。索福克勒斯（**Sophocles**，西元前四九六年至西元前四〇六年）的悲劇在藝術上最爲完美，充分反映出伯里克利斯時代古典文明的鼎盛，他的《伊底帕斯》（***Oedipus***）風格莊重和諧，氣魄宏偉，敘事抒情都恰到好處。

強調個性、將諷刺機智運用到戲劇中的第一人是悲劇作家歐里庇得斯（**Euripides**，西元前四八五年至西元前四〇六年），《阿爾刻斯忒斯》（***Alcestis***）、《美狄亞》（***Medea***）、《埃勒

### 伯里克利斯之死

在伯里克利斯統治後期，雅典與斯巴達的衝突加劇。西元前四四六年，雅典與以斯巴達爲首的伯羅奔尼撒同盟締結三十年和平條約。但是在此期間，斯巴達對雅典的不斷擴張感到不滿，雙方的衝突愈來愈激烈。終於在西元前四三一年，雅典與斯巴達之間爆發伯羅奔尼撒戰爭。斯巴達大軍壓境，伯里克利斯基於優劣形勢的考量，決定退守雅典城，將附近的農民全部遷入城內。

然而，意料不到的災難降臨了。西元前四三〇年，雅典突然發生了嚴重的瘟疫，約四分之一的居民死亡。雅典人心混亂，怨聲四起，人們把戰爭的不幸歸咎於伯里克利斯，他被課以罰款，執政官的職務也被解除。但是雅典人很快就認識到缺少了他不行，西元前四二九年，伯里克利斯再度當選爲執政官。然而不久後他也被瘟疫奪去了生命。

克特拉》（*Electra*）和《海倫》（*Helen*）是他的代表作。阿里斯多芬（Aristophanes）的喜劇也是後世難以超越的傑作。另外，我們之所以能夠瞭解雅典歷史，離不開「西方史學之父」希羅多德和歷史學家修昔底德的功勞，希羅多德的著作《歷史》（*History*）和修昔底德的《伯羅奔尼撒戰爭史》（*History of the Peloponnesian War*）成爲世界上膾炙人口的史學名著。

伯里克利斯爲了顯示雅典城邦的光榮和富強，激發公民的愛國熱情和責任感，使其他城邦仰慕，還邀請當時的著名建築家和藝術家菲狄亞斯（Phidias，西元前四八〇年至西元前四三〇年）修建雅典衛城，城內的神廟、音樂廳、劇院，包括衛城正門，堪稱千古不朽的藝術傑作。

當時的雕塑藝術也到達了古典時期的巔峰（西洋藝術上的古典時期是泛指古希臘羅馬世界的文化）。人物造型合乎比例，既高度寫實又充滿理想的古典風格，臻於優雅莊重的完美境地，正如文藝評論家溫克爾曼（Johann Joachim Winckelmann，一七一七年至一七六八年）所讚揚的，「古希臘雕塑表現出高貴的單純，靜穆的偉大」。

雅典衛城中的伊瑞克提翁（Erechtheion）神廟，據説是雅典娜與波塞頓（Poseidon）爭奪雅典之地。神廟南面的廊柱是六塊大理石雕刻而成的少女像柱。六個少女長裙束胸，一腿微屈，體態輕盈優美。少女像柱為了承擔極大的重量，頸部必須設計得足夠粗，但是這會影響美觀，所以建築師為少女頸後保留了濃密的秀髮，在頭頂加上花籃，巧妙地解決了承重問題，令人不由得感歎建築師的奇思妙想。

## 宿命的對決——伯羅奔尼撒戰爭

西元前四三一年至西元前四〇四年，以雅典為首的提洛同盟和以斯巴達為首的伯羅奔尼撒同盟之間爆發了一場「希臘大戰」，幾乎所有古希臘城邦都被牽扯進來；經歷數度停戰又數度開戰，最後以斯巴達的勝利告終。戰爭終結了古希臘的民主時代，也深深改變了古希臘的城邦社會。同時，雅典最輝煌的時代也戛然而止。

## 雅典與斯巴達的對峙

古希臘城邦時代，雅典和斯巴達是古希臘二百多個城邦中最有影響力的。波希戰爭期間，爲了抵抗侵略，希臘的自由城市成立了提洛同盟（Delian League）。但是，隨著時間演進，這個同盟蛻化成雅典維持霸權的工具。此外，爲了有效地保護雅典城，從西元前四六〇年開始，雅典修築了一道龐大的「長牆」，把城市變成了一座堅不可摧的堡壘。與之相對的，爲了維護陸地霸權，斯巴達領導成立了伯羅奔尼撒同盟。

在軍事上，兩個同盟各有千秋。以雅典爲首的同盟國家多是島國和濱海城市，得天獨厚地發展海軍的資源。憑藉同盟軍及海軍的優越條件，雅典奪得了海上霸權。而斯巴達的盟國多是陸地城市或者國家，擅長於陸地作戰，同時斯巴達士兵也以勇猛、戰鬥力強著稱。

在經濟上，雅典的經濟實力強於斯巴達。這要歸功於雅典同盟強大的海軍力量，使各地商品的交換得以確保通暢，促進了彼此經濟文化的交流。同時，兩個同盟也爲爭奪礦產和奴隸而不斷發生衝突。

在政體上，雅典和斯巴達截然不同。當時的雅典正處於文化顛峰，以民主制度自豪。而斯巴達則擁護獨裁統治，主張軍國主義。意識形態的差異使兩者處於水火不相容的境地。

西元前四六〇年，米加臘（Megara）退出伯羅奔尼撒同盟，投靠雅典，點燃兩大陣營的激烈對抗。西元前四四六年，雙方戰成平手，米加臘重新回到了伯羅奔尼撒同盟，這件事被看做是伯羅奔尼撒戰爭的前奏。

## 十年戰爭

西元前四四五年，雅典和斯巴達簽訂了一份和平協議，但這並不能消弭兩者之間的對立。不久，雅典就和斯巴達因海上霸權問題又發生了衝突，緊張的情勢節節升高，終於在西元前四三一年，戰爭爆發了。

伯里克利斯派艦船侵襲伯羅奔尼撒半島沿海地區，鼓動斯巴達國內的奴隸希洛人（the helots）暴動，同時讓所有的雅典農民離開農村，住進城內。

戰爭開始時，斯巴達確實被伯里克利斯的策略弄得手足無措，於是在西元前四三一年夏天，大舉入侵雅典的領地並劫掠雅典的周圍地區，希望藉此來迫使雅典進行陸戰，但未能成功。此後，斯巴達採取游擊戰，每年夏天入侵雅典的周圍，將農村劫掠一空後撤走，等到明年夏天再來搜刮。

伯羅奔尼撒戰爭瓶畫

長達二十多年的伯羅奔尼撒戰爭極為慘烈。古希臘人以各種藝術形式來重現這場戰爭，圖為繪在陶瓶上的伯羅奔尼撒戰爭場面。

在此期間，伯里克利斯病逝。兩大集團開始活躍於雅典政壇：一是以克勒昂（Cleon）爲首的民主派，堅決反對與斯巴達談和；一是以尼西阿斯（Nicias）爲首的貴族派，主張尋求和平更符合雅典的利益。

在當時戰爭情緒高昂的情況下，雅典人顯然更傾向克勒昂。克勒昂上臺後，立即擴充軍隊。他對抗斯巴達的唯一策略就是進攻再進攻。戰爭進行到第八年，人們開始厭惡戰爭，渴望和平。儘管雅典當政的是克勒昂，但是在主和派尼西阿斯的努力下，雙方還是於西元前四二三年達成了爲期一年的停火協議。休戰期滿後，克勒昂迫不及待地率軍出征，結果在撤退途中被殺。

此時，無論是雅典，還是斯巴達，人們要求和平的呼聲都很高。最後，兩個同盟終於在西元前四二一年春簽訂了《尼西阿斯和約》（*Peace of Nicias*）。

修昔底德頭像

我們今天所知的有關伯羅奔尼撒戰爭的事跡，絕大部分是依靠歷史學家修昔底德的記載而流傳下來。

條約中規定：以雅典爲首的提洛同盟和以斯巴達爲首的伯羅奔尼撒同盟雙方均不得故意挑釁；如果發生衝突，要透過和平手段協商解決；倘若一方的領土和利益遭受侵害，另一方應當全力相助；雙方退出各自占領地，交換戰俘，保持和平五十年。

## 遠征西西里

《尼西阿斯和約》的簽訂，只不過是交換了一紙關於「和平」的空文。在此後幾年中雖然沒有進行大的戰役，但違反條約的事情卻時有發生。

西元前四一五年初，雅典人討論是否出兵西西里島。恰好此時西西里島上雅典的盟國塞格斯塔（Segesta）與敘拉古（Syracuse）發生衝突，塞格斯塔向雅典求援。伯里克利斯的養子亞西比德（Alcibiades，西元前四五〇年至西元前四〇四年）以雄辯的口才征服雅典人，達到了遠征的目的。狂熱的雅典人頓時採取行動，似乎每個人都將得到自己希冀的東西。更爲狂熱的則是貴族富豪，因爲大規模的領土擴

圖爲整裝待發的古希臘武士。

張和征戰可以給他們帶來無法估量的財富。

同年，亞西比德和尼西阿斯等人率兵遠征西西里。起初，敘拉古人傷亡慘重，尤其是西元前四一四年春天，雅典人一面建築雙重城牆，要把敘拉古人從陸上完全封鎖起來；一面破壞敘拉古人的地下飲水管道，迫使他們投降。正在這時，斯巴達派兵前來，敘拉古人大喜過望。

眼看著敘拉古人和斯巴達人聯合起來了，尼西阿斯開始變得意志消沉。他向雅典發回一封信，敦促當局盡快決定增援或撤軍，並請求看在他病痛纏身的情況下，解除他的職務。雅典政府並沒有同意他解除職務的請求，但派出了兩位將軍率兵前往西西里，分擔他的職責。

西元前四一三年，雅典與敘拉古展開激戰。雅典指揮官們意見無法統一，戰術上又魯莽冒進，再加上敘拉古人的頑強抵抗，讓雅典軍遭受了慘敗。經過通盤考量後，雅典軍決定撤兵。當晚，天空出現月食，這對於雅典軍來說是個撤退的好時機，然而迷信的尼西阿斯卻堅持要等到下一個滿月。

尼西阿斯的優柔寡斷最終導致了雅典全軍覆沒。尼西阿斯被殺，被俘的軍士全數抓去充作採石場的奴隸，除了少數人逃出外，大多數人都因飽受折磨而死去。經此沉重打擊，雅典逐漸失去了海上優勢。

## 雅典的末路

西西里戰敗的消息傳到雅典之

後，對於雅典人無異於晴天霹靂，引起了莫大的社會恐慌。軍隊及其艦隊已經無可挽回地損失了，而西西里的敵人與本土的敵人也有侵略他們的可能，在這種危急情況下，雅典人重新組織了一支艦隊，並採取適當的治國策略，鞏固了統治，時時刻刻注意著聯盟的叛亂。

斯巴達人認爲雅典勢力被推翻之日就是他們稱雄之時，他們要全力以赴將戰爭進行到底，於是積極遊說諸邦。同年冬天，古希臘許多城邦都起來反抗雅典。

然而，接下來卻發生了一次對雅典人而言非常有意義的海戰。在赫勒斯滂海峽（Hellespont，即今日達達尼爾海峽 Dardanelles Strait），雅典人以七十六艘船打敗了伯羅奔尼撒同盟的八十六艘船。勝利的消息傳到雅典，彷彿爲雅典人注射了一計強心劑。可是西元前四〇八年以後，許多雅典人的艦隊水手被斯巴達人高薪聘走，雅典人再度陷入困境。

西元前四〇六年春，斯巴達在諾提昂（Notium）海角打了一個勝仗，使雅典人丟失了十五艘戰船。這次勝利雖然不大，但是卻在政治上產生了巨大的影響，促使一些盟邦脫離雅典。同年，在阿爾吉努薩伊（Arginusae）群島附近，雅典人大敗斯巴達艦隊，重新確立了海上霸權，這種變化讓斯巴達的同盟者們感到誠惶誠恐。經過商議，他們準備對雅典人發動大規模的進攻。西元前四〇五年夏末的伊哥斯波塔米（Aegospotami）海戰，徹底摧毀了雅典的海上優勢。之後，斯巴達人對雅典城實施了數月的包圍，不堪忍受飢餓之苦的雅典人最終乞降。

雅典人被迫接受斯巴達人提出的條件，包括解散提洛同盟，只保留十二條用於警戒的艦船以及服從斯巴達人的領導、參加伯羅奔尼撒同盟等等。西元前四〇四年四月，和約簽訂，持續了幾十年的伯羅奔尼撒戰爭終於就此結束。

伯羅奔尼撒墓葬中出土的青銅武器。

# 火山口上的蠻橫——斯巴達霸政

伯羅奔尼撒戰爭中，斯巴達打敗了以雅典為首的提洛同盟，成為勝利者。此後，斯巴達開始強勢地四處推行霸權政策，引發了古希臘諸邦的不滿。與此同時，為了引起希臘內亂，波斯與斯巴達締盟，古希臘又被推到了戰爭懸崖的邊緣。

## 「三十僭主」政府

西元前四〇四年，伯羅奔尼撒戰爭結束，斯巴達國王呂西斯特拉圖（Lysistratus）以勝利者的姿態占領了雅典，耀武揚威一番後回到國內，留下頭號功臣萊山德爾（Lysander）坐鎮雅典。爲了鞏固對雅典的控制，萊山德爾扶植了親斯巴達的傀儡政府，成立了一個三十人的寡頭政權，史稱「三十僭主」。三十個僭主的領導者是克利提阿斯（Critias），他是哲學家蘇格拉底的弟子，也是柏拉圖的舅舅。

「三十僭主」倚仗著城中斯巴達駐軍的支持，對外諂媚討好，對內則實行暴政，製造恐怖氣氛，大肆迫害民主派人士。據說，當時被謀殺的人數比伯羅奔尼撒戰爭最後十年中死於戰爭的雅典人還多。爲了制止公民的反抗，僭主還限定雅典的公民人數爲三千人，極力壓制公民的權力。許多雅典人爲了躲避迫害，紛紛逃到了鄰近城邦。

西元前四〇三年，流亡海外的雅典人組織了一支英勇的軍隊打回了雅典。克利提阿斯在斯巴達軍隊的幫助下，與反抗軍展開了激烈交鋒。「三十僭主」率領的軍士早已對政府的統治心懷不滿，所以邊戰邊退。相對地，反抗軍則士氣大振，一鼓作氣擊退了「三十僭主」的軍隊，占領了雅典軍事重地比雷埃夫斯（Piraeus）港。此後在一次高地爭奪戰中，克利提阿斯陣亡。雅典人歡欣鼓舞，紛紛呼籲要處死「三十僭主」。畏懼於民眾的憤怒，大多數僭主倉皇逃往外地。

斯巴達國王與反抗軍的領導人進行談判，最終達成和解。根據協議，雅典的流亡者得以返回故土，廢除了「三十僭主」的統治。

## 內憂外患

在雅典實行僭主統治的同時，斯

巴達倚仗強大的軍事力量四處橫行霸道，擴張勢力範圍，幾乎將希臘全境囊括其中。斯巴達積極干涉各城邦的內政，在許多城邦扶植寡頭政權並派兵予以維持。他們還大肆掠奪戰敗城邦的財富，對附屬國徵收繁重的賦稅。

斯巴達的爲所欲爲和高壓政策，引起了古希臘諸邦的強烈不滿，他們日夜盼望能從斯巴達的奴役下解救出來，這就爲城邦之間的戰爭埋下了伏筆。對外，斯巴達也面臨著困境。在伯羅奔尼撒戰爭期間，爲了獲得波斯的財力援助，斯巴達答應勝利後把小亞細亞沿岸的古希臘城邦割讓給波斯。但是，戰後斯巴達卻久久不肯兌現承諾，波斯對此大爲不滿。緊接著，斯巴達又捲入了波斯的宮廷權力爭奪。

黑繪陶器

這件古希臘人製作的精美黑繪陶器上畫的是大力神海克力士的十二件功績之一——活捉野豬的場面。

西元前四〇四年，波斯國王大流士二世去世後，他的兩個兒子爲王位繼承權發生了爭鬥，最終長子阿爾塔薛西底斯二世登上了王位。幼子居魯士於是向斯巴達求援。斯巴達國王阿格西拉烏斯（Agesilaus）出兵支援，他得到了大筆作爲好處的酬金。然而不久居魯士陣亡，接任王位的波斯王阿爾塔薛西底斯對於曾經幫助居魯士的斯巴達人恨之入骨，發誓要踏平斯巴達，將斯巴達從地圖上抹去。

## 科林斯戰爭

西元前三九九年，爲了爭奪小亞細亞，波斯和斯巴達再次爆發戰爭。波斯連連被斯巴達挫敗。波斯人眼看在正面戰場難以取勝，於是利用希臘城邦不滿斯巴達霸權的狀況，一方面挑撥離間，一方面收買科林斯（Corinth）、底比斯（Thebes）等對斯巴達獨斷專橫不滿的大邦。

在波斯的金錢援助下，雅典、科林斯、底比斯等古希臘城邦組成反斯巴達同盟，並於西元前三九五年向斯巴達宣戰。大戰的主戰場在科林斯，史稱「科林斯戰爭」。

科林斯戰爭打了將近八年，在此期間，雅典利用波斯提供的資金修復了長牆，重建艦隊，科林斯和底比斯的力量也在這種形勢下迅速壯大。西元前三九四年，在小亞細亞的克尼達斯海角，反斯巴達聯合艦隊擊潰了斯巴達人的艦隊，進而結束了斯巴達的海上霸權。

這幅創作於西元前五世紀的古希臘瓶繪，反映了一對夫婦正在祭壇上獻酒的情景。

波斯人看到這些希臘城邦，尤其是雅典日趨壯大，也開始覺得不安，於是又轉而支持斯巴達。在波斯的壓力下，反斯巴達聯軍被迫停戰。西元前三八七年，斯巴達派出使團前往波斯談判，由斯巴達海軍司令官安塔爾西德斯（Antalcidas）與波斯締結了《安塔爾西德斯和約》。和約中規定斯巴達承認小亞細亞沿岸各古希臘城邦及塞浦路斯島均屬波斯；解散除斯巴達領導的伯羅奔尼撒同盟外的其他古希臘同盟。

《安塔爾西德斯和約》使從前敗於古希臘人的波斯，搖身一變成爲古希臘人命運的實際主宰者。波希戰爭中古希臘英雄的榮譽和浴血奮戰換來的勝利，就此被斯巴達人毀於一旦。

## 炫目的落日——底比斯奮擊斯巴達

雅典衰落後，在與斯巴達對抗的過程中，底比斯逐漸興起，成為了古希臘不可忽視的城邦力量。經過長期的努力，底比斯躍居為反斯巴達力量的領袖，最後擊敗斯巴達，建立了一代霸權。

### 底比斯的強大

《安塔爾西德斯和約》簽訂後，斯巴達爲了懲罰古希臘城邦的反抗行動，繼續在古希臘各城邦推行寡頭政治，更加粗暴殘酷地干涉他國內政。在此後一段時間內，整個古希臘陷入了劇烈的動盪中。許多城邦對斯巴達勾結波斯欺壓自己同族的行爲十分不滿，紛紛暗中養精蓄銳，試圖擺脫斯巴達的控制，底比斯就是這些城邦之一。

底比斯是一個大邦，但是在雅典和斯巴達稱雄的時代，她只是一個商業貿易發達的地區，在古希臘諸邦的地位並不顯赫。然而，在科林斯戰爭期間，底比斯接受了波斯的大筆金錢援助，並藉此發展軍事力量，逐漸強盛起來。

西元前三八二年，斯巴達占領底比斯城，扶植了親斯巴達的寡頭政府。許多民主派人士被迫流亡，有些人逃往雅典，其中包括民主派的領袖之一佩洛庇達（Pelopias）。佩洛庇達有一個生死之交，即後來揚名於世的伊巴密農達（Epaminondas）。他沒有選擇逃亡，而是冒著生命危險潛伏在國內，等待推翻寡頭政府的時機。

西元前三七九年冬，佩洛庇達在雅典的支持下，率領底比斯民主派軍隊攻入底比斯，伊巴密農達在城內組織人馬也發動了突襲。裡應外合之下，他們殺死寡頭分子，趕走斯巴達軍隊，重建了民主政權。底比斯在佩洛庇達、伊巴密農達等人的領導下，國力日益強盛，不久便聯合彼俄提亞（Boeotia）諸城邦組建了「彼俄提亞同盟」。

次年，雅典建立了第二次海上同盟。入盟的城邦約有七十個，比第一次海上同盟的範圍大爲縮小。爲了消除盟國的疑慮，雅典強調自己僅是同盟的普通一員，並保證絕不尋求恢復往昔的霸權，絕不干涉他國內政。雅典的承諾使第二次海上同盟成功地壯大起來。

## 大戰爆發前夕

彼俄提亞同盟的成立和雅典再次結盟，對斯巴達霸權構成了威脅。斯巴達首先將矛頭對準了彼俄提亞同盟。斯巴達的軍事實力非常強大，但是在首戰中，彼俄提亞同盟與斯巴達打成平手，從此彼俄提亞同盟士氣大振，信心倍增。西元前三七五年，佩洛庇達率領士氣高漲的同盟軍以少勝多，擊敗了斯巴達軍隊。

西元前三七一年，斯巴達召集全希臘城邦召開會議，以《安塔爾西德斯和約》中只允許保留伯羅奔尼撒同盟的條款爲理由，命令底比斯解散彼俄提亞同盟。但底比斯壓根不曾承認這個不公平的和約，因此不肯順從，反而要求斯巴達解散伯羅奔尼撒同盟。當時伊巴密農達作爲底比斯代表出席會議，在會上他與斯巴達人進行了激烈的唇槍舌劍的辯論。斯巴達人大爲惱火，派兵入侵底比斯。底比斯的強硬在許多城邦看來簡直是自尋死路。然而，作爲軍事統帥的伊巴密農達早已爲此做好了充分的準備。

在底比斯重建民主政權不久時，伊巴密農達便明白底比斯與斯巴達之間不可避免地會有一場惡戰。因此，他改進武器，創立新的戰術，擴充軍隊。沒過多久，底比斯軍隊迅速發展，士兵人數大增，並建立了一支精銳的職業軍隊，即「神聖戰隊」。據說這支精銳部隊由三百名底比斯公民組成，他們都是一對對互相愛慕的同性伴侶。

## 留克特拉會戰

西元前三七一年七月，在底比斯城西南的留克特拉（Leuctra）城附近，底比斯和斯巴達展開了激戰，

史稱「留克特拉會戰」。底比斯軍的統帥是伊巴密農達和佩洛庇達，伊巴密農達任總指揮官，佩洛庇達負責統領「神聖戰隊」。而斯巴達大軍的主帥是國王克萊昂伯羅圖斯（**Cleombrotus**）。

在當時，重裝步兵是軍隊的主力。斯巴達軍的重裝步兵幾乎是底比斯軍的兩倍，不過其中大部分來自斯巴達的同盟軍隊。伊巴密農達深知自己的兵力遠遠少於斯巴達人，因此在戰爭前夕，他召開大會，稱讚自己的部下是最驍勇善戰的軍隊，激勵起士兵的信心。於是，鬥志昂揚的底比斯士兵在伊巴密農達的統領下勇敢奔赴戰場。

七月八日，戰爭爆發。按照伊巴密農達的計畫，底比斯軍的左翼以迅雷不及掩耳之勢，像一把鋒利的匕首一樣撕開了斯巴達人的右翼陣線，把敵軍衝散得七零八落。面對底比斯強悍的五十縱深隊列，斯巴達的十二縱深隊列根本沒有抵抗的機會。

在混戰過程中，斯巴達國王克萊昂伯羅圖斯陣亡。底比斯軍在殲滅斯巴達右翼後，又朝敵軍的左翼進攻，斯巴達軍全面潰退。在此役中，斯巴達軍有一千餘人被殺死，其餘大部分被俘，只有少數人逃跑，而底比斯的損失不足三百人。

留克特拉會戰中，斯巴達遭受了致命的打擊，從此宣告了斯巴達霸權的結束。西元前三七〇年，伊巴密農達率底比斯大軍，乘勝進入伯羅奔尼撒半島，向斯巴達腹地挺進。見底比斯軍大軍壓境，斯巴達盟邦聞風而起，紛紛宣布脫離伯羅奔尼撒同盟。至此，伯羅奔尼撒同盟徹底瓦解，斯巴達淪為二等城邦。

戰爭在這裡似乎成為一門藝術，而戰士們似乎是在踏著音符展開搏鬥。整個畫面的對稱性與韻律感都十分完美。

《日落》

十八世紀法國畫家弗朗索瓦•布歇（Francois Boucher，一七〇三年至一七七〇年）所作的《日落》，取材於古希臘神話故事。太陽神阿波羅的兒子法厄同（Phaeton）控制不住自己駕駛的太陽車，掉進了海裡。身穿藍色綢衣的美麗海仙正伸手迎接他，他們含情脈脈地看著對方，完全不顧即將發生的危險。海裡的仙女和海妖也在注視著他們。而畫面左下角的小天使和馬兒已經意識到了危險的來臨，驚恐地睜大了眼睛。

## 底比斯的霸權

底比斯戰勝斯巴達後，地位日趨上升，逐漸成爲希臘最強大的勢力，在各城邦樹立了霸權。諸邦在雅典、斯巴達先後的霸政之下，已經對專制感到非常厭惡了。許多彼俄提亞盟國爲了表示抗議，退出了同盟。

斯巴達被打垮後，底比斯與雅典之間的種種問題漸漸顯露出來。早在彼俄提亞同盟和雅典第二次海上同盟建立之初，兩個同盟便互存芥蒂，一直有著陸陸續續的衝突。但是因爲需要聯合起來對付共同的敵人——斯巴達，所以才沒有完全決裂。而今，敵人不存在了，他們的衝突也逐漸擴大。底比斯希望成就獨一無二的霸主地位，而阻礙它稱霸的最大障礙就是雅典。在此同時，雅典人也懼怕底比斯強大到無法控制的地步，於是轉而與斯巴達結盟。

西元前三六二年，爲了防止斯巴達東山再起，底比斯全力進攻斯巴達，爆發了曼丁尼亞（Mantinea）之役。實際上，透過這場戰役，底比斯不僅想達到挫敗斯巴達的目的，也試圖鎮壓住其他城邦的反抗。在這次戰役中，幾乎每一個古希臘城邦都參與了戰爭，雅典等城邦派兵支援斯巴達。儘管對手如此強大，伊巴密農達還是以同樣的戰術再度擊敗了斯巴達。

然而，底比斯軍隊雖然獲勝，但也蒙受了重大損失，伊巴密農達不幸在戰鬥中陣亡。伴隨著伊巴密農達的死亡和軍事力量的大幅度削弱，不久，底比斯便衰弱下去，霸權僅僅維持了短短的十年。

伊巴密農達是一位傳奇式的人物，他改變了古希臘的政治形勢，並使底比斯第一次也是唯一一次成爲了古希臘世界的中心。

## 重整河山

斯巴達和底比斯的霸權相繼衰落後，雅典企圖恢復海上霸權，於是加強對同盟國的壓迫。但是這時的雅典已經不是伯里克利斯時代的雅典了，同盟國並不認同她，結果導致了一場同盟戰爭。之後雅典戰敗，而本來就不穩固的第二次海上同盟宣告解體。

伯羅奔尼撒戰爭之後的這幾十年，古希臘城邦之間互相爭鬥，戰亂不休。長期的戰爭使古希臘各大城邦的力量消耗殆盡，無論是雅典還是斯巴達，或者是底比斯，都已經精疲力竭了，再也沒有能力重建霸權。在此期間，北方強國馬其頓悄然崛起。

# 舞臺上演繹的悲喜人生

## ——古希臘戲劇

戲如人生，人生如戲，古希臘人在戲劇舞臺上盡情演繹著人生的悲歡離合。悲劇表現了靈魂的呻吟，命運的無常；喜劇插科打諢，嬉笑怒罵，嘲諷世間的不公平和荒唐。笑與哭，讚譽與譏諷，演繹了一齣齣離奇精彩的人生戲碼。

### 起源於祭祀

古希臘戲劇起源於對酒神狄奧尼索斯（Dionysus）的祭祀，每年春秋兩季，人們大規模地進行遊行歌舞，以祈禱葡萄的旺盛生長或慶祝豐收，歡唱酒神頌歌。這一類的讚頌活動，常常是由一個善唱的人作爲隊長，率領一隊歌唱隊邊遊行邊唱，同時，隊長與隊員們一唱一和，並伴有舞蹈動作。

戲劇便是從祭祀中的歌舞演變而來的，在這一過程中，逐漸演化爲古希臘最重要的兩大戲種：悲劇和喜劇。

悲劇出現得較早。大約從西元前五世紀開始，雅典人便在酒神節上演悲劇。據說，第一個上演悲劇的劇作家是泰斯庇斯（Thespis）。他首先在歌唱隊之外加上一個演員，這個演員可以扮演任一角色，與歌唱隊進行對話，進而使酒神頌演變爲戲劇。

悲劇的題材嚴肅正經，牽涉到命運的無常，因此場面氣氛頗爲嚴肅。一般在悲劇上演結束後，緊接著上演喜劇，用來緩和觀眾的情緒。喜劇大多滑稽可笑，取笑市井小民的庸俗，也有相當一部分諷刺當時的政治人物和社會名人。在喜劇過後，有時還有啞劇演出，這種表演形式通常是粗俗色情的。

起初，戲劇的演出中只包括合唱隊和一個演員。合唱隊由一組男性組成，他們伴隨著劇情唱歌、跳舞、道旁白，他們向演員提問，一問一答，幫助觀眾瞭解劇情。後來隨著演員的增多，他們的重要性逐步降低。女歌隊曾經普遍存在，隨後逐漸被男歌隊取代。

演員扮演劇中的各個角色，像演獨角劇一樣。有感於僅用一個演員不足以突出戲劇的表現力，悲劇之父埃斯庫羅斯創造性地增加了一名角色，如此一來，角色之間可以進行互動。另一位偉大的悲劇作家索福克勒斯又添加了一位演員，一共湊成三位。但在當時所有演員都是男性，且角色也由男性扮演，女性是絕對禁止走上舞臺的。

## 劇場大觀

在雅典，戲劇在廣場上演，隨著人們對戲劇的需求愈來愈強烈，專門的劇場也建立起來了，有許多能夠容納上萬名觀眾的劇場。劇場一般是露天的，建在小山的斜坡上，看臺圍成半圓形，面對戲臺。戲臺除了有寬敞的演出舞臺之外，還建有房屋，裡面是演員換裝的地方，牆壁作爲背景布。

當時在舞臺上不直接出現謀殺或戰爭場面，只是在背景布上描繪出血淋淋的屍體和奔馳的戰車等物表示場景的轉換。在戲臺和看臺之間，還有一塊圓形空地，是合唱團站立的地方，設有酒神狄奧尼索斯的小型祭壇。

看臺的座位一般都沒有靠背，少數幾個有靠背的位置是留給大人物的。看臺實行男女分開入座，而且古希臘人認爲，正經人家的女人不應該看戲。

戲劇表演一般一年有兩、三次，其中以三月份酒神節的戲劇演出最爲熱鬧。在遊行和祭祀儀式結束後，就是戲劇比賽。劇作家在此之前將自己的作品交給負責的執政官，由他們來決定上演哪一齣戲。這類比賽活動有時由城邦舉辦，在很多情況下也由富人出資承辦。假如富人希望踏足政壇，那麼藉此來擴大影響力是最有效的方式。

人們購票入場觀看戲劇，因爲演出時間很長，觀眾需要自己攜帶食物和水。每年上演戲劇時，每個公民至少有一天看戲的機會，從伯里克利斯時代起，雅典政府還發放一定的觀劇津貼。

古希臘大部分劇場的回音效果很好，然而劇場太大，坐在後排的人可能看不清演員，再加上有些觀眾在演出過程中會站起來走動，因此爲了使聲音能傳達到各個角落，每個觀眾都能看到他們的身影，演員們採取了各種手法。他們戴上面具，上面繪有不同人物的形象和表情。有的面具正反兩面都可以用，只要翻一下就可以表現不同角色的心理狀態；面具上的嘴巴呈漏斗形，這樣就可以放大演員的聲音。爲了讓自己的身體變得更高大、更顯眼，演員還在衣服裡填充東西，戴上高高的帽子，穿上厚底鞋。

## 震撼靈魂的悲劇

古希臘悲劇在世界戲劇史上占據著十分重要的地位，其人物和故事情節取材於神話和歷史傳說，題材通常是嚴肅的。劇中的主人公往往具有堅強不屈的性格，卻總是在與命運抗爭的過程中遭遇失敗，表達了人生的無常和人類面對命運之神捉弄的無奈。

悲劇是古希臘戲劇的主流，這一時期誕生了三位悲劇大師——埃斯庫羅斯、索福克勒斯和歐里庇得斯。他們的作品集中反映了古希臘悲劇的特點：帶有濃厚的宗教神話色彩，內容多是對英雄的讚歌。

西元前五二五年，埃斯庫羅斯出

**古希臘劇場遺址**

在這個古希臘劇場的遺址上，很容易讓人遙想影響深遠的古希臘悲劇。柱基上的雕像有一種震撼人心的表情，或是悲傷或是驚恐，抑或二者兼有。

生於阿提卡西部的一個貴族家庭，這個古希臘悲劇的奠基人一生共留下了九十部劇作，其中有七部完整地流傳到了今天。在《波斯人》中，埃斯庫羅斯懷著無比的愛國熱情描寫了波希戰爭中波斯海軍被擊潰的場面，讚美爲國奉獻的英勇戰士。

埃斯庫羅斯的名作《被縛的普羅米修斯》（*Prometheus Bound*）取材於普羅米修斯盜取天火爲人類造福的故事，頌揚人類爲自由與命運抗爭的精神。另外，他還創作了至今保存完整的「悲劇三部曲」，即《阿伽門農》（*Agamemnon*）、《祭酒人》（*Bacchae*）和《復仇女神》（*Erinyes*）。

索福克勒斯被羅馬時期的作家西塞羅（Cicero）稱爲「悲劇界的荷馬」。西元前四九六年，他出生在雅典的西北郊，在長達七十年的創作生涯中，一共完成了一百二十三部劇作，完整流傳下來的有七部，其中包括著名的《伊底帕斯》。

《伊底帕斯》講述了伊底帕斯無法抵抗命運的安排，殺父娶母，最終刺瞎自己雙眼的故事。主人公的經歷正反映了人類如何在與命運抗爭中實現自我價值。

被稱爲「舞臺上的哲學家」的歐里庇得斯，於西元前四八〇年出生在阿提卡東部的一個貴族家庭，自幼受到良好的教育。他喜愛哲學，熱愛思考，觀察敏銳，他的劇作自然流暢，善於刻畫人物的內心世界；他熱愛民主，將對社會現實的認識提高到了哲學的高度。

歐里庇得斯的《美狄亞》（*Medea*）、《特洛伊婦女》（*The Trojan Women*）等都是膾炙人口的名

### 伊底帕斯情結

底比斯國王的妻子懷孕時，預言家說這個孩子將來會弒父，於是國王在小嬰兒出生後，將之丢棄，結果陰錯陽差下，被科林斯國王所收養，此即伊底帕斯。後來，不知道自己眞實身世的伊底帕斯聽德爾斐神廟說自己會有弒父的一天，便傷心地離開了科林斯，四處流浪，最後來到了底比斯，並在一次衝突中殺了自己的親生父親，之後爲拯救底比斯而娶了自己的母親，應驗了神諭。最後，知道眞相的伊底帕斯無法忍受自己弒父亂倫，於是刺瞎雙眼。

古希臘神話傳說《伊底帕斯》經由戲劇的傳播之後變得如此出名，以至於進入了心理學的範疇，成爲「戀母情結」的代名詞。精神分析學的創始人弗洛伊德認爲，男孩出於性本能，天生有戀母仇父的傾向，他愛戀他的母親，因此仇視占有母親的父親，並想取代父親的位置。

作，反映了當時人們對社會問題的關注。由於他對悲劇的貢獻，在他的墓誌銘上，古希臘史學家修昔底德給了他很高的評價：「歐里庇得斯會得到全希臘人的稱頌和紀念，全世界的每個角落都是他的墓誌銘。」

## 世間百態看喜劇

稍晚一些出現的喜劇取材於現實生活，格調通俗滑稽。比起悲劇而言，更關注人們的日常生活。在喜劇中，嚴肅凝重的氣氛一掃而光，取而代之的是市井的輕鬆粗俗，偶爾還夾雜著俚語髒話。

西元前五世紀，雅典曾產生過三大喜劇家，分別是克拉提諾斯（Cratinus）、歐波利斯（Eupolis）和阿里斯托芬，前兩位劇作家的作品皆不傳世，目前只有阿里斯托芬有作品傳世。

阿里斯托芬（約西元前四四五年至西元前三八五年），被譽爲「喜劇之父」，是眾多喜劇家中最爲出類拔萃的一位。他一生共寫作了四十四部作品，流傳下來十一部，比較著名的有《黃蜂》（*The Wasps*）、《雲》（*The Clouds*）、《鳥》（*The Birds*）、《騎士》（*The Knights*）、《阿卡奈人》（*The Acharnians*）等。他的喜劇具有濃厚的政治色彩，常常用嬉笑怒罵的語言評論時事，嘲笑諷刺同時代的思想家和政壇人物。

《阿卡奈人》是一部關於戰爭的喜劇。雅典和斯巴達準備開戰，農民狄卡俄波利斯（Dikaopolis）對戰爭十分反感，可是以他一人之力根本無法改變城邦的決定，他又不想捲入戰亂，於是花錢僱人替他一家人向斯巴達人議和。一群人（由合唱隊扮演）追打狄卡俄波利斯，指責他叛國。他爭辯道，他既不反對雅典，也不支持斯巴達，兩邊都不贊同，只希望擁有和平。

狄卡俄波利斯當場和主戰派將領拉馬科斯（Lamachus）扭打起來，並把他打敗。狄卡俄波利斯還勸大家和斯巴達人通商，說和平比打仗好。但拉馬科斯執迷不悟，一心想著戰爭，他出外打仗，結果帶著傷痛回來，在觀眾面前痛苦地呻吟著。而此時狄卡俄波利斯卻因爲和斯巴達人和平通商獲取了大筆錢財，飽食大醉，在戲臺上得意揚揚地走著，襯托出了好戰者的悲慘處境。這齣戲反映出了雅典人的厭戰情緒及希望能早日實現和平的願望。

## 智慧之光——古希臘哲學

碧波萬頃的地中海東部風光綺麗，魅力無限，這裡是西方文明永恆的家園。從西元前六世紀到西元前五世紀，生活在這裡的一群古希臘人已經開始思考宇宙與人生的哲學命題。

### 原子論之父

德謨克利特（Democritus，西元前四六〇年至西元前三七〇年）將古希臘哲學推向高峰。他提出，一切物質皆由原子和虛空組成，兩者是存在與非存在的結合體。虛空爲大大小小、不可分割的小微粒提供了場所，他們在虛空中自在地游動。而原子通過無序的排列與相互衝擊下的渦旋運動，形成了萬物的多樣性。

人類與其他物質的不同之處在於人類有靈魂。在德謨克利特看來，靈魂是由原子構成的，這些原子是世界上最細微之物，他們既靈敏又熾熱。人的整個身體都充斥著原子，由他們促成身體運動。

身體的某些部位還擔任著特殊作用，例如，思維由大腦來承擔，憤怒的表情是心臟發出的。原子論的提出，說明德謨克利特將哲學關注的焦點從宏觀世界逐漸轉向微觀世界。儘管多少還是帶有宿命論的色彩，卻向眞理邁進了一步，啓迪了後世物理學的發展。

德謨克利特是「原子論」的創始者，由原子論入手，他建立了認識論。然而，人們又是如何產生認識的呢？德謨克利特提出了「影像說」：物體的表面都有一種細微的東西，它便是影像，以空氣爲媒介刺激人的感官，由此產生聽覺、觸覺等，作用於心臟，便產生了思想。這些觀點與當時人們推崇的「神靈創造一切」的理念相背離。

### 人是萬物的尺度

西元前五世紀下半葉，一場「智者運動」風靡雅典。智者們大都是雄辯的藝術大師，上通天文，下知地理，既懂算術，又曉修辭，能言善辯，尤擅即興演講，活躍在雅典民主政治的舞臺上，關心各種政治問題，公共場所的任何一個地方都可以看見他們興致昂揚的身影。

普羅泰戈拉（Protagoras，西元前四九〇年至西元前四二〇年）便是

雅典街頭辯論

傾聽哲學家們的辯論也是雅典人生活的樂趣所在。

智者派的主要代表人物。在他看來，人是衡量事物的標準，而並非神靈的意志，這種說法大大提高了人的地位，反映了古希臘的人文主義思想，閃耀著人性的光芒。普羅泰戈拉將關注的對象從自然轉化爲人本身，主張：「人是萬物的尺度，是存在者存在的尺度，也是不存在者存在的尺度。」而這句名言也感染了無數後人。

普羅泰戈拉提出「知識就是感覺」，人的認識從感覺開始，由此來判斷世間萬物。他這樣解釋道：「事物本身都有對立的方面。比方說，蜂蜜既是甜的，又是苦的。」此言何出？他認爲，「是甜是苦還是要由個人的感覺來定。一個正常的人吃蜜時，他感覺是甜的；但一個發高燒的病人吃蜜時，則感覺它是苦的……事物對於你，就是它向你呈現的樣子，對於我就是它向我呈現的樣子。」

儘管雅典的民主政治舞臺自由開放，熱情洋溢的年輕人可以進行公開演說，但是普羅泰戈拉還是惹惱了那些有著濃厚宗教情結的上層人士。他的《論神》（*On the Gods*）被無情地拋在熊熊烈火中，而他也難逃被驅逐的厄運，最終淹死在去西西里島的大海中。

## 尋覓眞善美

在希臘著名的德爾斐神廟前，鐫刻著這樣一句名言：「人啊，認識你自己吧！」將這句名言詮釋理解得最爲深刻的莫過於蘇格拉底了。他是偉大的精神大師，不過脾氣極其古怪，經常赤腳在街上行走，最大的樂趣就是與人辯論和思考問題。

蘇格拉底喜歡提問別人，不斷地詢問，直到對方在回答問題的過程中發現自己在邏輯上的錯誤。他最關注的議題之一是：認識人自己，關注人，研究人。他認爲，哲學的任務就是努力使人們認識自己，認識的目標在於求善，只有善才能使靈魂得到淨化。一切事物的根本原因不在外界，而在於人的靈魂。靈魂總是遵循著「好」的目的來安排現世的一切。

道德是蘇格拉底最關心的主題，他認爲，美德即知識，兩者密不可分。人的美德來自於知識，一個不懂知識的人永遠不知道何謂道德，何謂善。知識和美德都要透過教育來實現，教育能在人的心靈深處播撒美德和知識的種子，一個品格高尙的人得以塑造而成。

蘇格拉底曾說：「我是精神的助產士。」他的教育理念在於傳授知識的同時，透過哲學的思維方法來啓發人思考，解決問題。他相信善良、勇敢等優秀品質，只要精心引導，就能迸發出來。

蘇格拉底的學說在雅典有很大的影響，他的門下弟子眾多，其中不乏政要人物。但他萬萬想不到，這卻爲他帶來了殺身之禍。西元前三九九年，他受到指控，罪名是「不尊敬城邦所尊敬的諸神」、「引進新神」與「敗壞青年」，被判死刑。這是欲加之罪，但他拒絕了朋友們逃亡的建議，寧願接受不公正的判決。他相信自己的理念，毫不猶豫地飲下獄吏送來的毒酒，永遠閉上了雙眼。

## 柏拉圖

出身於名門貴族的柏拉圖是古希臘哲學大師。他二十歲拜於蘇格拉底門下。蘇格拉底被判死刑後，柏拉圖逃離雅典，遠赴埃及、西西里島等地遊歷。西元前三八七年，四十歲的柏拉圖重返故鄉，創辦了一所學校——著名的阿卡德米（Academy）學園。這所學校在柏拉圖去世後仍然存在了九百多年。

柏拉圖思想的核心是「理念論」，他認爲世界被分爲形上的智慧世界與現實的感官世界，人們無法認識變幻莫測的現實世界，但可以透過

蘇格拉底之死

西元前三九九年，雅典法庭以「瀆神罪」判處蘇格拉底死刑。按照雅典法規，被判刑的人要在二十四小時內服毒自殺。此圖描繪的正是蘇格拉底喝下毒酒後與弟子們從容話別的情景。

直覺去認識理念世界，因為它是永恆的，絕對的。

柏拉圖在《斐多篇》（*Phaedo*）中討論美的概念時說：「一件東西之所以美，是由於美本身出現於其上。」他又說：「不同的事物有著不同的理念，而善的理念是世界萬物的最終目的。」理念是穩定的，可以被認識，只有藉由努力回憶反省，才能獲得，因此就產生了他的著名命題——知識就是回憶。

《理想國》是柏拉圖最著名的代表作，堪稱西方最早的政治學著作。在《理想國》中，柏拉圖向世人展現了一個完美優越的城邦，並將國家分為三個階層：國家的統治者必須是哲學家，他們操國家社稷之心，謀天下蒼生之福，是第一階層；具有美德的武士是第二階層，他們防範外敵入侵，保一方疆土；第三階層是有著服從與節制美德的自由農民、手工業者、商人等等。柏拉圖改造國家的方案帶有明顯的理論化色彩，對後世影響頗深。

拉斐爾《雅典學院》

在這個想像的古典式建築的半圓形拱門下，各路著名的思想家們在爭議不同流派的哲學話題。畫面正中二人是柏拉圖和亞里士多德。柏拉圖用的是達文西的容貌。坐在台階前邊的赫拉克利特（Heraclitus），用的是十五世紀文藝復興大師米開朗基羅的肖像。而拉斐爾自己的模樣，則可以從右下角那位向前方看的人物裡找到影子。

## 眾神在人間——神的崇拜和祭祀

古希臘是一個多神崇拜的國度。神的崇拜和祭祀在古希臘人的生活中占據了重要位置，許多重要的活動都來自敬神儀式，例如，奧林匹克運動會最開始的目的是娛神，後來才演變為娛人的活動；戲劇也是從祭祀酒神的儀式中演化而來。

### 至高無上的神靈

在古希臘人的社會和日常生活中，宗教儀禮十分重要。幾乎每個城邦都建有神廟，在特定的日子舉行向神靈獻祭的活動。不同城邦的儀式雖略有不同，但主要環節基本上是一致的，即用牲畜向神獻祭。牲畜可以是牛、羊或者豬，以其血液來祭祀神靈，肉則被烹調好後由祭祀者分享食用。

古希臘人通常會在自己家中的庭院裡設置一個小型祭壇。每天清晨，他們都要在祭壇前向神靈祈禱。但向哪位神靈祈禱取決於他們當天要做的事情，因爲不同的生活層面是由各種不同的神靈分別掌管。例如，如果男主人要去旅行，就要向旅行者之神赫爾墨斯（Hermes）祈禱；如果出征，則要向戰神阿瑞斯（Ares）或者女戰神雅典娜祈禱。

許多城邦都有各自的守護神，人們通常選擇守護神作爲自己的祈禱對象。每一位神祇都設有祭司，祭司的職責是教導人們如何行禮。因爲古希臘人認爲，如果違反了儀式的要求，可能就得不到神的庇護，甚至會激怒神。向不同的神祈禱時，人們的姿勢也有所不同。例如，向海神祈禱時，祈禱者的手勢要指向大海；向冥神祈禱時，掌心則要朝向地面。

在古希臘，有一種特殊的「替罪羊」的宗教儀式。人們將一個罪犯或外邦人擁上高位，給他們豐衣美食，讓他們盡享世間的榮華富貴。但是當一年期限來臨時，人們就會將他殺死

太陽神阿波羅像

（後來是驅趕出城邦），以示消除所有的罪孽。

## 卜測凶吉的神示所

古希臘人認爲神可以預知未來，只要透過特定的人向神祈求，就可以得到回應。當然不是每個人都可以直接與神接觸，神祇會通過祭司將指示傳達給人類。在這種觀念的引導下，向神祈問並聆聽神諭的場所——神示所，便應運而生。人們到神示所詢問種種疑惑，其中有公事也有私事，有人詢問政變能否成功；有人請神確定他家中的牛是否被鄰人偷了；也有人請求神告訴他孩子是不是自己親生的。

在神示所，祭司們以不同的方式進行占卜，例如，希臘西北部的多多納（Dodona）神示所供奉的對象是代表宙斯的橡樹，祭司便是根據風吹葉搖的聲音和蟲鳴等自然聲響作出卜測。在諸多的神示所中，最具影響力的是敬奉太陽神阿波羅的德爾斐神廟。德爾斐神廟位於希臘中部帕耳那索斯（Parnassus）山的山麓上，那裡被認爲是世界的中心，也是人類最接近神明的地方。

爲了得到神的啓示，古希臘人會從各地跋山涉水來到德爾斐神廟。許多城邦每年也會派使者前來向皮媞亞（Pythia）詢問凶吉。「皮媞亞」是阿波羅神與凡人交流的媒介，最開始是由少女擔任，後來通常選擇年老的婦女從事這類活動。

與神溝通之前，人們要先爲太陽神獻祭，並詢問神是否願意給他們解答。詢問的方式是把一頭山羊放在祭壇上，然後對山羊灑點涼水，如果山羊抖冷顫，就代表阿波羅同意了。然後，人們就會跟隨神職人員的引導走向神示室。

神示室位於神廟深處的一個山洞裡，地面上有一條很深的裂縫，從中冒出縷縷蒸氣，散發著一種淡淡的芳香。女祭司坐在裂縫上方的一把三腳椅子上。當蒸氣使女祭司精神恍惚時，就是阿波羅開始顯靈的時候了。在恍惚中，女祭司給予詢問者解答，但是這些神諭都是晦澀模糊的，當然也有可能是女祭司故意含糊其辭。

除了向前來詢問的人收取費用作爲報酬外，神示所還有一個重要的收入來源，即收取寄存費。因爲神示所被認爲是神靈庇佑的地方，所以在伯羅奔尼撒戰爭之前，幾乎沒有人敢來侵犯。許多城邦爲了安全起見，將公共財富寄存在神廟裡，祭司收納寄存費，又可以增加一大筆收入。

關於神靈的崇拜和祭祀是古希臘人生活的重心之一，許多國家大事都是以宗教的名義舉行，連早期的改革家也經常將他們的改革政策依托神靈之口傳達出來。

### ౿祭祀酒神的狂歡

酒神節是祭祀狄奧尼索斯及其妻子的節日。這幅畫作描繪了古希臘人在酒神節上縱情歡娛的情景。

# 第四章 馬其頓帝國

## 後起之秀——馬其頓文明初興

正當古希臘城邦內戰不斷時，北方的馬其頓悄然崛起。經過幾代君主的勵精圖治，馬其頓儼然成為一代強國。在古希臘諸邦元氣大傷的情況下，她以強悍的姿態介入，成為一方霸主。

### 奇特的馬其頓民族

馬其頓位於古希臘東北邊陲，東鄰色雷斯，西接伊利里亞（Illyria），東南近卡爾西狄克半島，由上、下馬其頓兩個地區組成。北部被稱爲上馬其頓，以高原山區爲主；南部則被稱爲下馬其頓，臨近愛琴海，與古希臘城邦的接觸比較多，是馬其頓的政治、經濟及文化中心。

從西元前三千年開始，居住在多瑙河下游和巴爾幹半島一帶的古希臘人逐漸遷徙到希臘半島北部，之後逐步分批南下，但有一部分多利安人（Dorian）仍留在北希臘，建立了馬其頓。

在此後漫長的歷史過程中，多利安人與伊利里亞人、色雷斯人相互通婚，形成了馬其頓民族。年代久遠再加上生存環境的不同，馬其頓人和古希臘人的語言、風俗逐漸產生了差異。所以絕大多數古希臘人並不認同馬其頓人是同胞，有時甚至會輕蔑地稱他們爲「野蠻人」。可是，在西元前四世紀下半葉，馬其頓卻成爲全希臘的主宰。

西元前六世紀下半葉，馬其頓完成統一，實行君主制。雖然上馬其頓和下馬其頓統一成爲一個國家，但是上、下馬其頓的風俗習慣差異很大，不但語言不同，宗教信仰也迥然相異，所以他們仍然將彼此視爲外族人。

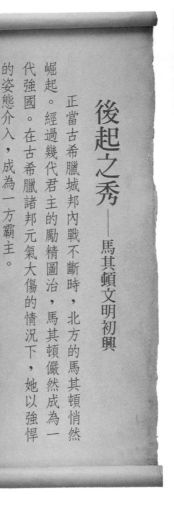

### 夾縫中求生存

從西元前六世紀到西元前五世紀，馬其頓一直是個在政治上比較動盪的地區。它夾在伊利里亞和色雷斯之間，經常受到侵擾。西元前六世紀，波斯王大流士征服了色雷斯後，下一步計畫是攻占古希臘，馬其頓便是他的第一站。

在大敵當前的情況下，爲了避免過多的流血和犧牲，當時的馬其頓國王阿明塔斯一世（Amyntas I，西元前五四七年至西元前四九八年）立即宣布臣服波斯帝國並且呈獻了貢品。馬其頓於是成爲了波斯的屬國，被劃分爲波斯帝國十個稅區之一。

西元前四八〇年，大流士之子薛西底斯入侵古希臘，馬其頓曾以盟友身分協助波斯進攻。結果，波斯人在波希戰爭失利，遠征失敗。古希臘城邦對於幫助波斯的馬其頓恨之入骨，更加理所當然地將其排斥於希臘之外。

然而，政治上的分歧並不意味著馬其頓和古希臘城邦的隔絕，相反地，他們之間的接觸更加頻繁了。或許這是由古希臘城邦「小國寡民」的政治格局決定的。城邦之間經常發生衝突，但是如果有利益需要，又很容易就一笑泯恩仇，馬其頓與希臘其他各城邦的關係也是如此。

爲了消除希臘城邦的仇視情緒，馬其頓國王亞歷山大一世宣稱自己是阿爾戈斯人（Argus，多利安人的一支族群）的後裔，還信誓旦旦地說其實馬其頓人對波斯並不忠心，只是虛與委蛇罷了。

## 初步發展

波希戰爭後，雅典迅速強盛，斯巴達也不甘落後，古希臘城邦的經濟迅速發展。馬其頓卻因爲缺乏良好的

馬其頓帝國時期的雙耳金杯

港口而喪失了發展機會。歷任馬其頓國王都在竭力與雅典和斯巴達打交道，試圖從中受益。

亞歷山大一世逝世後，其子阿爾塞塔斯一世（Alcetas I）繼位。當時雅典已經進入伯里克利斯統治的黃金時代。馬其頓曾與雅典結盟，然而兩國之間卻一直衝突不斷。馬其頓既希望能從與雅典的交往中獲益，卻又希望擺脫雅典的影響。在伯羅奔尼撒戰爭期間，馬其頓曾一度支援斯巴達占領雅典人的戰略重鎮，後來又與雅典結盟，之後又傾向斯巴達，其間反覆無常。

西元前四一三年，阿克勞斯（Archelaus）登上王位，成為馬其頓的國王。他把都城從內地遷往近海的佩拉（Pella）城，如此一來，馬其頓與古希臘城邦的往來更加頻繁便利了。阿克勞斯還邀請了許多古希臘哲學家、詩人、藝術家前來馬其頓，著名的悲劇作家歐里庇得斯就是馬其頓王室的長期座上賓。阿克勞斯大規模修建了佩拉城，修築宮殿，拓寬馬路，並按照希臘軍隊的體制改編軍隊，還興致勃勃地組織了奧林匹克運動會。

西元前三九九年，阿克勞斯被暗殺，馬其頓國內陷入了長期的混亂狀態。此後的十幾年間，馬其頓政權不斷更迭，有幾任君主甚至不是王室成員。最終阿明塔斯三世登上了王位。但是沒過多久，阿明塔斯三世也亡故。

此時，底比斯人干涉了馬其頓的王位繼承，他們擁護已逝國王的長子帕迪卡斯（Perdiceas）三世登上王位，將次子腓力（Philip）扣押在底比斯充當人質，而這位人質王子，就是日後馬其頓能稱霸世界的重要人物。

金匕首

## 雄才大略的開創者——腓力二世

英國著名史學家威爾斯（H.G. Wells）曾經評論說：「腓力二世是個有雄才大略的人物，他的思想境界大大超過了他那個時代的範圍。」確實，腓力二世傑出的政治才能、獨特靈活的外交策略，使馬其頓國勢扶搖直上。他的軍隊兵鋒所指，所向披靡；聚斂的財富，堪與波斯帝國比肩。在他任內，揭開了馬其頓帝國輝煌的篇章。

### 希臘文明之子

古希臘人眼中的「野蠻之邦」，誕生了一位征服古希臘的人物——腓力二世。腓力在少年時期，曾被當做人質軟禁在底比斯，讓腓力因此有機會享受到古希臘文明的熏陶。

腓力有幸得到底比斯軍事家和外交家伊巴密農達的悉心教育，形成了自己獨特的軍事思想和外交思想。他正好寄居在底比斯聖隊的指揮官帕曼尼斯（Pammenes）家中，耳濡目染先進的軍事思想，爲他日後創建進步的馬其頓方陣，奠定了理論基礎。此外，在希臘的經歷也使腓力對希臘各邦的國情瞭如指掌，這爲腓力以後能運籌帷幄、巧妙地周旋於各邦之間，然後各個擊破，稱霸古希臘打下了基礎。

傳統的古希臘教育造就了腓力出眾的口才和良好的文化修養。腓力精力充沛，像希臘人一樣熱愛體育競技。他甚至在奧林匹克競技會中贏得過戰車比賽的勝利，頭像也被銘刻在錢幣上。腓力也酷愛希臘文化，希臘悲劇大師歐里庇得斯和藝術家澤克西斯（Zeaxis）都曾受到腓力邀請，成爲馬其頓宮廷的座上賓。

### 大國崛起

西元前三六四年，腓力回到馬其頓。爲了實現遠大抱負，野心勃勃的他奪取王位，當上了馬其頓的國王。

然而，腓力接手的馬其頓其實是一個爛攤子，十年的王朝戰爭，使得馬其頓國勢衰微，幾乎陷入崩潰邊緣。周圍的鄰國看著這個奄奄一息的「獅子」，皆虎視眈眈欲分而食之。

派奧尼亞（Paionia）和色雷斯趁機吞併了王國的東部地區，雅典也占領了邁索尼（Methoni）的海岸。此時，馬其頓根本沒有經濟和軍事實力對抗所有的敵國。

這時腓力二世展現出自己出色的外交才能，他運用靈活的外交政策，先用金錢賄賂派奧尼亞人和色雷斯人，提出每年繳納豐厚的貢品爲條件，讓他們放棄入侵馬其頓。然後，他又用武力擊敗了三千雅典重裝步兵進攻，化解了危機。

在統治初期，腓力採用了政治聯姻的方式，兵不血刃地擴大了王國的政治版圖，增強了國家的實力。他的第一個妻子菲拉（Phila）是上馬其頓伊利米奧提斯（Elimiotis）人；在其他妻子中，奧妲塔（Audata）則是伊利里亞人，菲林娜（Philinna）和尼塞斯波利絲（Nicesipolis）來自色薩利（Thessaly），美達（Meda）出身於敖德薩（Odessa，今烏克蘭南部）。腓力二世雖已和奧妲塔結婚，但當他羽翼豐滿之時，仍然向伊利里亞人進軍。最爲重要的一樁婚姻是腓力與亞歷山大的母親奧林匹亞斯（Olympias）的婚事。奧林匹亞斯是伊庇魯斯（Epirus）的公主。

馬其頓國王腓力二世頭像

腓力二世透過對古希臘同盟的控制，為日後亞歷山大帝國的建立奠定了堅實的基礎。

當政的腓力勵精圖治，使馬其頓的國家面貌煥然一新。腓力二世一方面加強獨裁統治；另一方面努力削弱部落貴族的勢力。他廣納英才，重用許多非馬其頓的賢能之士，並且慷慨地賜予他們土地和戰利品。他既籠絡人心，又打擊舊貴族的勢力。爲了進一步控制貴族，腓力建立侍從制，把朝中顯貴的兒子招到宮中接受訓練，充當國王的貼身侍從，這樣他們的家族就不敢輕易犯上作亂，還能幫國王培養一批忠心耿耿的大臣。

腓力還進行了貨幣改革，鼓勵工商業貿易的發展。隨著馬其頓領土的擴張，對豐富的金銀礦區的占領和稅收的增加，馬其頓的國庫日益殷實起來，爲馬其頓對外征服提供了雄厚的經濟基礎。

最讓馬其頓聲名鵲起，令敵人聞風喪膽的是腓力創立的馬其頓方陣。馬其頓方陣是一種重裝步兵方陣，配備一種叫薩里沙（Sarissa）的長矛和圓盾。這種方陣是仿效底比斯方陣發展而來，但無論是在人數還是戰力上都超過了底比斯的方陣。腓力還加強對軍隊的訓練，嚴明軍紀，並創建出一支海軍。馬其頓的騎兵本來就很精良，藉由腓力的訓練，發展了經典的「楔形陣」戰術。馬其頓方陣和騎兵、輕裝兵相配合，戰鬥力極強。

腓力二十多年的勵精圖治，使馬其頓從一個小小的「蠻邦」變成了一個富強的大國。之後，腓力開始把目光投向了世界，進行對外擴張。除了用政治聯姻的方式，腓力還以金錢外交的方式爲自己換取政治盟友和戰略緩衝時間。腓力用金錢賄賂收買古希臘知名人士，建立政治盟友關係，或透過資助持不同政見的人在自己的國家爭權，削弱瓦解敵國力量。腓力二世曾經盛情款待從波斯逃亡而來的王親貴胄，並給予經濟的支持，當他們復位時不但收回了投資，而且還換來了波斯的友誼。腓力就這樣逐一達到各個擊破的目的。

西元前三三八年，馬其頓大軍與希臘同盟軍在喀羅尼亞（Chaeronea）大戰，腓力二世在戰役中取得決定性的勝利。西元前三三七年，腓力二世在科林斯召開除斯巴達之外的全古希臘會議，會議上決定建立馬其頓與古希臘的永久性同盟，即科林斯聯盟。會中推舉馬其頓爲盟主，規定了各加盟邦的義務。這個會議象徵馬其頓完成了對古希臘的征服，而斯巴達雖然獨立於同盟之外，卻是孤掌難鳴。

### 腓力二世的陵寢

一九七七年，在馬其頓的維金納（Vergina）發現了一座疑似腓力二世的陵寢，裡面保存著大量的武器和金銀珠寶等陪葬品。打開大理石製成的石槨，裡面是一具精美絕倫的金棺。棺蓋上鐫刻著旭日的圖案，那是馬其頓的國徽。金棺裡面存放著經過火化的骨骸。

爲了證明陵寢主人的身分，世人在顱骨處附上黏土代替肌肉，逐層添加細節部分，重現本來面貌。經過復原，學者發現，這個人右眼處面骨嚴重變形，據此推斷死者生前右眼附近應受過重傷。據史料記載，腓力二世曾在一次戰爭中失去右眼，而且顱骨重塑之後的形象，也與據信是腓力二世的畫像和雕像上的相貌有著驚人的相似，由此似可確定墓主人就是腓力二世。

亞歷山大的戰馬雕像

亞歷山大威武的戰馬馱著亞歷山大安全地經歷了數十次戰鬥。當牠由於年老和受傷死於印度時，亞歷山大以牠的名字在那裡建造了一座城市，名叫布塞法魯斯（Bucephalus）。

## 父子雙雄

腓力二世是世界上最偉大的君主之一，他的思想境界之高遠還表現在對兒子亞歷山大的精心培育上。腓力二世聘請當時許多博學多才的學者當亞歷山大的老師，還讓同年齡的人與亞歷山大一起學習和交流。

對於兒子亞歷山大的天賦與才能，腓力皆能及時發掘並鼓勵兒子發展。有一次，亞歷山大不顧腓力和眾人的阻撓，單槍匹馬制伏了一匹桀驁不馴的馬。腓力當時就流下了歡喜的眼淚，並吻著兒子的面頰說：「我的兒子，去另外尋找一個和你自己相稱的王國吧，因為馬其頓對你來說已經太小了。」

經過這次事件之後，腓力認為普通的教師已經不能教導自己的兒子了，於是又延請著名學者亞里士多德做亞歷山大的老師。亞歷山大王子十六歲時就開始處理部分政務，發號施令，可以說是腓力造就了橫跨亞、非、歐三大洲的亞歷山大帝國的締造者。

## 死亡之謎

科林斯會議之後，腓力二世趁波斯王朝動亂，波斯統治下的古埃及和巴比倫的革命興起之時，於西元前三三六年向波斯宣戰。但腓力二世壯志未酬，於同年秋天被刺殺身亡。關於腓力二世的死因，至今仍是個謎。

西元前三三六年夏天某一日，馬其頓的都城佩拉張燈結綵、喜氣洋洋。腓力二世身穿節日的白袍，為自己心愛的女兒和女婿——伊庇魯斯國王舉行奢華、隆重的婚禮。賓客都是古希臘世界的名流。當腓力二世在一群喜慶的賓客簇擁下，走進禮堂時，一個打扮成衛兵的人突然衝到他的面前，拔出短劍向腓力二世的胸前刺去。腓力二世當時就倒在了血泊之中。刺殺他的是名叫波桑尼阿斯（Pausanias）的貴族青年，他本來想騎馬逃跑，未料馬腿被野籐絆住，因此被當場擊斃。

波桑尼阿斯是對腓力二世的叔叔阿塔拉斯懷恨在心，在別人的挑撥之下把怨恨發洩到腓力二世身上。那幕後指使者是誰呢？有的人說是馬其頓帝國內部不滿腓力二世中央集權統治的貴族指使的；古希臘著名的史學家普魯塔克（Plutarch）則認爲這個陰謀和亞歷山大有關，他在此事發生之前，就和父親因爲這場婚事而發生非常嚴重的爭執，腓力甚至拔劍指向自己的兒子，亞歷山大也因此出走。但腓力二世過世後，亞歷山大還是立即回國，繼承王位。從此，馬其頓這個小國，就在亞歷山大的帶領下，進入一個完全不一樣的時代了。

德爾斐神廟

德爾斐神廟位於山坡上，附近生長著一片橄欖林，是古希臘著名的神示所。

# 最博學的帝師——亞里士多德

柏拉圖最出色的學生、亞歷山大大帝敬重的老師、偉大的哲學家、博大精深的學者，無論是哪個頭銜，都足以讓一個人流芳百世。亞里士多德留下的著作成為最完整而又最具影響力的哲學系統之一，或許超越了史上任何的一個思想家。

## 最出色的學生

亞里士多德（西元前三八四年至西元前三二二年），生於古希臘北部的小城斯塔基拉（Stageira），父親是馬其頓宮廷的御醫。西元前三六七年，十七歲的他前往雅典就讀於阿卡德米學園，拜柏拉圖爲師。此後二十年間，他一直住在學園，直到柏拉圖去世。亞里士多德思想敏銳，勤於思考，是柏拉圖的得意門生，之後又擔任柏拉圖的助手一職。

在柏拉圖的諸多弟子中，以亞里士多德最爲出色。亞里士多德十分崇敬柏拉圖，但在學術上卻絕不盲目隨從。他曾經說過：「吾愛吾師，吾更愛眞理。」

在就讀期間，亞里士多德就在思想上與老師產生了分歧。到了柏拉圖的晚年，師生間的分歧更大了，經常發生爭論。據說亞里士多德曾經隱晦地說過，智慧不會隨著柏拉圖一起死亡。

西元前三四七年，柏拉圖去世，亞里士多德也離開了學園。此後，他開始遊歷各地，四處講學，不久便聲名鵲起。

## 帝師生涯

西元前三四三年，亞里士多德應馬其頓國王腓力二世之邀，擔任王子亞歷山大的家庭教師。腓力二世極爲敬重這位享有盛譽的大師。在邀請函中，他熱切地表達了對亞里士多德的傾慕，表示感謝神靈將亞歷山大生在亞里士多德的時代，並懇請他好好地教導亞歷山大。

當時亞歷山大十三歲，他到底受到了亞里士多德多大的影響？後人對此爭議頗多。有人認爲正是由於亞里士多德的教導，亞歷山大才會建立一番不朽的功業；也有人認爲，亞歷山大生性執拗叛逆，根本不理會老師的苦心。但無論如何，亞歷山大對亞里士多德還是十分尊敬，師生之間感情融洽。

西元前三三六年，亞歷山大即位。次年，亞里士多德重返雅典，創辦了呂克昂（Luceion）學園。藉由亞歷山大提供的大量經費，亞里士多德在學園裡建立起了當時第一流的圖書館和動植物園。亞歷山大東征期間，還派大量的技術人員到處蒐集動植物標本，幫助老師建立生物標本資料室。

西元前三二三年，亞歷山大過世後，雅典立刻掀起了反馬其頓的狂潮。因爲亞里士多德與馬其頓王室的關係特殊，雅典人準備以「瀆神罪」將他處死。亞里士多德聞訊後，便把學園托付給別人，匆忙逃出雅典。第二年他就去世了，享年六十三歲。

## 學術博大精深

亞里士多德博學多才，是一位「大百科全書式」的學者。相傳他有四百餘部著作，雖大多已散失，但是留存下來的資料仍然很豐富，包括《形而上學》（*Metaphysica*）、《倫理學》（*Ethics*）、《政治學》（*Politica*）、《詩學》（*Ars Poetica*）、《物理學》（*Physica*）

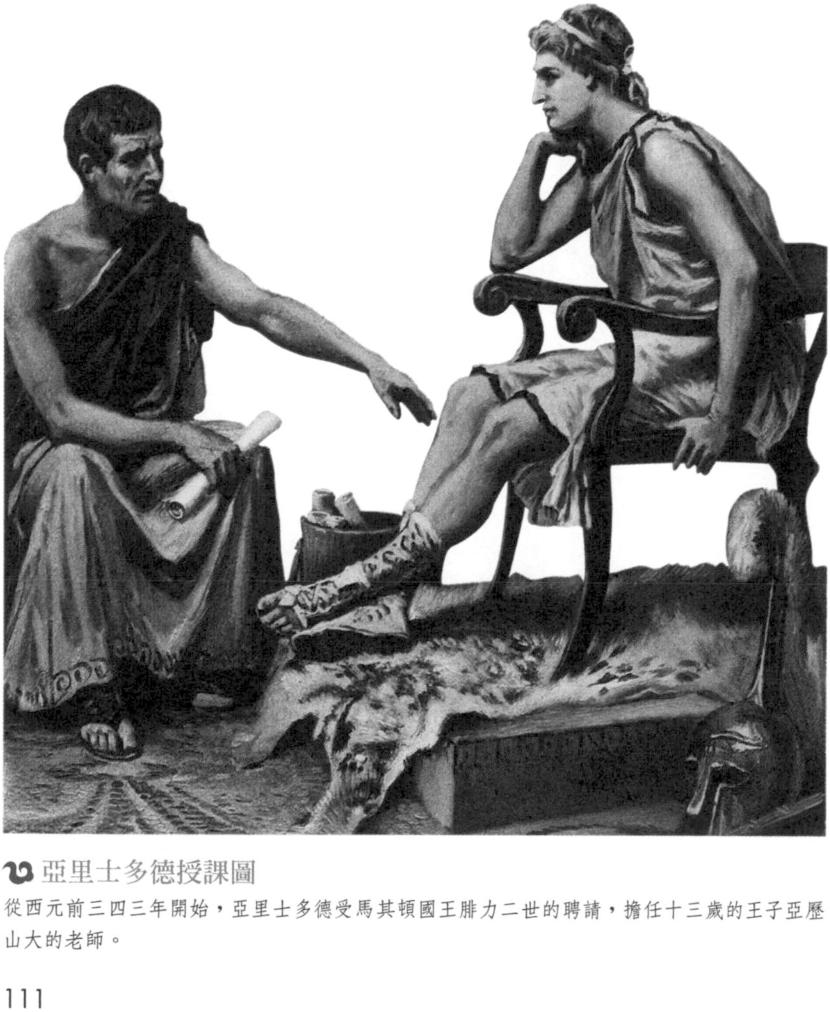

亞里士多德授課圖

從西元前三四三年開始，亞里士多德受馬其頓國王腓力二世的聘請，擔任十三歲的王子亞歷山大的老師。

亞里士多德

亞里士多德對哲學、政治學、經濟學、倫理學、物理學、生物學、化學、邏輯學、心理學、法學、歷史學、美學等學科都有精闢高深的見解。

和《氣象學》（*Meteorologica*）等。

亞里士多德最主要的學術成就還是哲學。他的哲學理論被後人編輯在《形而上學》一書中。與老師柏拉圖主張的「理念論」不同，亞里士多德認爲實物本身包含著本質，本質不能脫離實物存在，眞實知識可以在經驗感覺中獲得。

亞里士多德創立邏輯學，提出了邏輯推理「三段論」，並認爲邏輯學是一切科學的基礎工具。他並創建了許多哲學和科學術語，例如格言、範疇、動機、形式、邏輯、原理等。直到今天，我們談論哲學、科學問題時，仍然在使用他所創造出來的專業術語。

在天文學方面，亞里士多德認爲地球上的四種元素都有自然的地方；地球是宇宙的中心，接著是水、空氣、然後是火。這些元素也會進行自然的運動，不需任何外界的動力。因此人的軀體會沉入水中、水會隨著空氣蒸發、蒸發後的水氣隨著雨降下，火可以在空氣中燃燒，這些元素都有著永恆的運動循環。

在教育學上，亞里士多德首先提出教育要與人的自然發展相適應，即要根據兒童的年齡特徵來進行教育。他把年輕人的教育劃分爲三個時期，認爲在不同的階段應採用不同的教育方式，體育、美育、德育三者缺一不可。

亞里士多德的思想對西方文化產生了深刻的影響，他的學說成爲中世紀基督教思想的基礎，支配西方思想界一千多年。

## 不敗神話——亞歷山大大帝

無論是西洋史還是全世界歷史，亞歷山大都是一個不能忽略的偉大人物。他年輕有為，是個天才的軍事家，在短暫的一生中，他大部分時間都在四處征戰，建立了一個史無前例，橫跨亞、非、歐三洲的龐大帝國，令當時的世界為之震撼。

### 亞歷山大繼位

亞歷山大出生於西元前三五六年，是腓力二世與伊庇魯斯公主奧林匹亞斯之子。亞歷山大在少年時代就曾因馴服過一匹連騎手都無法駕馭的馬，而備受父王稱讚。十三歲時，亞歷山大接受亞里士多德的教導。在母親和老師的雙重影響下，亞歷山大深深地迷上了博大精深的古希臘文化。他尤爲喜愛《荷馬史詩》（*Homeric Epic*），就連睡覺時也把這本書和劍一併放在枕頭底下。

從十六歲起，亞歷山大就隨父親南征北戰。在長期的征戰過程中，顯示出他堅強的意志和出眾的智力。據說，每當他獲悉父親獲勝的消息時就發愁，感歎父親成就了所有的豐功偉績，沒有給他留下完成一番偉業的機會。在喀羅尼亞之戰中，亞歷山大指揮馬其頓軍隊的左翼取得了輝煌戰果，奠定了他身爲王位繼承人的地位。

西元前三三六年，腓力二世遇刺身亡，年僅二十歲的亞歷山大即位，登上了歷史舞臺。

### 威震古希臘

亞歷山大繼位之初面臨的形勢十分嚴峻複雜。腓力二世的死訊傳開後，不僅宮廷內部一片混亂。色雷斯、伊利里亞等北方各部族也相繼發生暴動，古希臘各城邦蠢蠢欲動，準備推翻馬其頓的統治。亞歷山大首先出席了科林斯的泛希臘會議，除了斯巴達之外，他成功地迫使古希臘各城邦承認了他的統帥地位。回國後，他果斷地逮捕並流放了一批不忠於他的貴族，並出兵鎮壓色雷斯、伊利里亞及其他北方部族的叛亂。

此時，古希臘盛傳亞歷山大鎮壓叛亂失利並已死亡的謠言，各城邦欣喜若狂。底比斯首先發動叛變，進攻境內的馬其頓駐軍，並邀請各城邦結成反抗馬其頓同盟，這次連波斯也加

《亞歷山大凱旋》局部

法國查理・勒布朗（Charles Le Brun，一六一九年至一六九〇年）之作品，這部分描繪了亞歷山大大帝勝利後率軍進入巴比倫城的情景。

入了同盟。

但是，在這些城邦還沒有達成一致決議時，亞歷山大的軍隊已如神兵天降般抵達底比斯城下。馬其頓大軍逼降不成，遂發動了猛攻，眼看著底比斯城即將攻陷。亞歷山大決定殺一儆百，下令將底比斯夷爲平地，除了神廟和詩人品達（Pindar，西元前五二二年至西元前四四二年）的故居外，所有的建築都被毀於一旦，城內絕大多數居民淪爲奴隸。其他城邦被馬其頓的殘暴所威懾，紛紛俯首稱臣。亞歷山大對於自願屈服的城邦，待之以禮，尤其是雅典。

在徹底征服古希臘後，亞歷山大以「爲古希臘復仇」爲理由，發動了對東方的征服戰爭。他之所以打著「爲古希臘復仇」的旗號，一方面是爲了博取古希臘人的好感，一方面也是爲馬其頓的出征製造藉口。

## 征服小亞細亞

出發之前，亞歷山大將自己大部分的土地和財產贈與朋友，以示背水一戰的決心。爲了防止希臘人再度起義，他派重臣安提帕特（Antipater，西元前三九七年至西元前三一九年）和部分軍隊留守馬其頓，隨時警惕希臘的動靜。

西元前三三四年，亞歷山大率軍從馬其頓的都城佩拉出發，隨軍的有帕迪卡斯（Perdiccas，?-至西元前三二〇年）等著名將領。馬其頓大軍經過色雷斯境內，橫渡赫勒斯滂海峽。到達對岸後，亞歷山大第一個下船，踏上了亞洲的土地。當大軍接近神話傳說中特洛伊的遺址時，亞歷山大將長矛投入地上，敬獻給雅典娜，並向古希臘英雄阿基里斯（Achilles）的陵墓獻上花環，表示要取得和阿基里斯一樣偉大的功績。

在亞歷山大渡過赫勒斯滂海峽後，駐小亞細亞的波斯總督（波斯將征服的土地劃分爲若干個區域，任命波斯權貴統治，地區行政長官被稱爲「總督」）緊急召集了二萬騎兵和由門農（Memnon，西元前三八〇年至西元前三三三年）統帥的古希臘僱傭軍，等候在格拉尼庫斯（Granicus）河口，準備迎擊馬其頓軍隊。

門農是一個有遠見的戰略家。針對馬其頓軍人數少、補給線長的劣勢，他提出要展開延長戰，慢慢地消耗馬其頓人的兵力，同時切斷他們的退路。這樣一來，便可絆住馬其頓軍的攻勢。但是波斯總督們不相信門農這個古希臘人，他們認爲既然波斯的軍隊在數量上遠遠大於馬其頓，必可利用這個優勢迅速殲滅敵人。結果，波斯軍隊慘敗，二千餘名古希臘僱傭軍被俘。爲了懲罰這些「叛徒」，亞歷山大將他們全部戴上手銬腳鐐，充做奴隸。

此役之後，大多數城邦聞風喪膽，紛紛打開城門投降。小亞細亞有很多城邦早已對波斯心存不滿，因此一聽到馬其頓人到來的消息，立刻出城相迎，只有兩個城邦米利都和哈利卡納蘇斯（Halicarnassus）進行了頑強抵抗。門農率領古希臘僱傭軍固守哈利卡納蘇斯。他本來打算率艦隊截斷亞歷山大與歐洲的聯繫，並煽動古希臘的反馬其頓同盟起來反抗，但不幸在一次戰鬥中陣亡。經過激烈的戰鬥，這兩座城市也歸屬了馬其頓。不到半年時間，亞歷山大便征服了小亞細亞。

## 大敗波斯軍

征服小亞細亞後，亞歷山大深刻地意識到，他眼前最大的威脅來自波斯艦隊。波斯擁有海上的制海權，隨時可以攻占赫勒斯滂海峽，切斷馬其頓軍的補給，使他們在亞洲孤立無援。於是，他計畫沿海岸線南下，掌控敘利亞和巴勒斯坦的海岸線，然後入侵當時也屬於波斯帝國的埃及（埃及時而脫離波斯，時而歸屬），占領東地中海海岸線上的一切港口，控制波斯所有的海軍基地，進而取得海上霸權。

當時的波斯王大流士三世識破亞歷山大的意圖，率軍追擊亞歷山大的軍隊。波斯軍隊在敘利亞的伊索斯附近追上了馬其頓人。大流士的軍力不明，有人說有六十萬人，有人斷定只有十多萬人，但是可以確定的是，波斯士兵人數遠遠多於馬其頓。

雖然以寡敵眾，但亞歷山大早已習慣了以精悍的部隊衝垮敵人的大軍，此時讓他憂心忡忡的是國內形勢。他剛剛收到快信，信中稱斯巴達正在與波斯海軍密謀，準備起兵反抗。如果大後方出事，後果將不堪設想，然而遠在亞洲的他又無計可施，只好寄希望於漂亮地贏得此仗，威懾斯巴達和波斯。

西元前三三三年，馬其頓和波斯在伊索斯展開會戰。亞歷山大直搗大流士三世御駕親督的中路。大流士三世怯陣脫逃，致使波斯軍心渙散，全線潰敗。大流士三世的母親、妻子、兒女都成了亞歷山大的俘虜。更令亞歷山大高興的是，國內也傳來了喜訊：在大臣安提帕特的鎮壓下，斯巴達人和波斯人的暴動沒有成功。

大流士三世在伊索斯戰役戰敗後，率領殘部倉皇逃到兩河流域。在那裡，他寫信給亞歷山大，希望透過談判贖回他的眷屬。亞歷山大看了信之後嗤之以鼻，傲慢地說道：「我是全亞洲的主宰，你沒有資格和我談條件。」不久，大流士三世又表示願以重金贖回人質，把女兒嫁給亞歷山大，並把從赫勒斯滂海峽至幼發拉底河的亞洲領土割讓給馬其頓。然而亞歷山大仍然不屑一顧，他要的不只是這些土地，而是整個亞洲，甚至是全世界。此後，大流士三世的眷屬便成爲馬其頓的人質，不過亞歷山大一直對他們禮遇有加。

## 埃及之王

在伊索斯戰勝波斯人後，亞歷山大沒有乘勝追擊大流士三世，而是按原計畫繼續南下，將腓尼基人的沿海城市逐個攻破，其中包括西頓（Sidon）、泰爾（Tyre）等著名城市。在泰爾，亞歷山大遭遇了頑強抵抗，花了七個月時間才攻打下來。爲了洩憤，他進行了殘酷的屠殺後，將倖存的居民全部賣做奴隸。經過連續征戰後，所有的波斯海軍基地，連同腓尼基的艦隊，全部落入了亞歷山大的掌握之中，他因此獲得了東地中海的絕對控制權。自此，他便可以毫無顧忌地進攻波斯了。

此後，當亞歷山大順利地到達埃及時，波斯總督立即表示投降。埃及人恨透了波斯人的欺壓，興高采烈地把亞歷山大當成解放者一樣歡迎。埃及是亞歷山大慕名已久的文明古國，既然埃及人如此友好地歡迎他，他自然也很樂意採取懷柔政策。亞歷山大在埃及待了六個月，他首先前往名城孟菲斯（Memphis），敬奉了埃及眾神，而他對埃及神靈的崇敬和風俗習慣的寬容也博得了埃及人的好感和信任。

而後，他朝拜了位於利比亞沙漠西瓦綠洲上的阿蒙（Amon，埃及宗教中的主神）神廟，受到了祭司的熱情款待，祭司甚至將他稱爲「神之子」。亞歷山大欣然接受了埃及法老

（即埃及的國王）的尊號。在此期間，他還親自選址規畫了新城市的建設，這座以他的名字命名的亞歷山大港（Alexandria）後來成為了世界上最繁華的城市之一。

## 波斯覆滅

西元前三三一年春，亞歷山大離開埃及，朝波斯帝國的心臟地帶前進。他率軍東渡幼發拉底河，抵達了美索不達米亞平原。同年九月，在亞述古國故都尼尼微（Nineveh）附近的高加米拉，馬其頓軍與波斯軍相遇，爆發了一場決定性的戰爭。

亞歷山大遠征波斯

此圖表現的是西元前三三三年秋，馬其頓國王亞歷山大遠征波斯，在小亞細亞的伊索斯城外與波斯軍隊會戰並取得勝利的歷史事件。畫面正上方的標銘上，以拉丁文標示出戰爭的雙方及傷亡情況。

大流士三世緊急徵調了大量兵力。他從所有驍勇善戰的部族裡徵兵，還把各附屬國的軍隊全部召集起來。亞歷山大雖然也及時補充了人馬，但兵力仍然少於波斯。然而，他憑藉卓越的軍事才能再度以少勝多。

亞歷山大統帥騎兵猛攻大流士三世所在部隊。大流士三世心驚膽寒，再次落荒而逃。這彷彿是一個撤退的

馬其頓帝國亞歷山大大帝和他的私人醫生腓力。

信號，波斯軍無心戀戰，紛紛倉皇逃竄。在逃跑過程中，無數波斯士兵被追擊的馬其頓大軍殲滅。此役波斯軍隊死傷慘重，據說有十萬人陣亡，而馬其頓只損失了幾百人。

亞歷山大接著繼續向東推進，深入波斯腹地，逼近古都巴比倫。西元前三三〇年，馬其頓軍隊洗劫了巴比倫、波斯都城蘇薩以及另一都城波斯波利斯，奪得近五百萬公斤黃金、白銀和無數財寶。亞歷山大下令焚燒了波斯波利斯的王宮，將這座城市焚毀殆盡。他以此舉證明了波斯的命運已經牢牢掌控在他手中。

此後，亞歷山大開始追擊大流士三世。然而，在他追上之前，眾叛親離的大流士三世在逃亡中已經被巴克特里亞總督貝索斯（Bessus）殺害。亞歷山大抓住自立爲王的貝索斯，以弒君罪處死他，並將大流士三世的屍體運回波斯波利斯安葬，以表示對這位波斯王的尊重。

## 班師回國

大流士三世之死象徵波斯帝國的覆滅，亞歷山大成爲了波斯帝國的統治者。然而亞歷山大內心的征服欲望還遠遠未能消解，他繼續向東進軍。雖然渴望早日回鄉的馬其頓軍隊已經牢騷滿腹，但亞歷山大仍然強迫他們前進。

此後的三年裡，馬其頓軍在高加索和中亞細亞一帶和當地部族進行了持久戰，雖然經受了不少挫折，最終還是征服了當地土人和巴克特里亞。出於政治上的考慮，亞歷山大娶了巴克特里亞公主羅克珊（Roxana）爲妻。

西元前三二七年，亞歷山大又進兵印度。他統帥大軍從裡海南岸東進，征服今日阿富汗，進入印度，並挫敗了印度諸國。

亞歷山大本來計畫沿著印度河繼續南下。但這時，他的部下再也不肯前進了。他們在外征戰多年，思鄉情切，又因印度多雨酷熱，瘴氣連天，軍隊內部普遍產生了厭戰情緒，幾乎導致嘩變。亞歷山大無可奈何，只好下令班師回國。大軍一路上歷經千辛萬苦，不時面臨當地土著的反抗，亞歷山大也差點在一場戰鬥中死去，不過他們最終還是順利地回到了波斯都城蘇薩。

西元前三二四年春，爲了促進馬其頓人、古希臘人和波斯人的融合，亞歷山大在蘇薩舉辦了一場別開生面的大型集體婚禮。他娶了大流士三世的女兒爲妻，其他將領同時也與波斯的貴族女子結婚。據說，成千上萬的士兵也紛紛效法，迎娶亞洲女子。

## 史無前例的帝國

西元前三二四年，亞歷山大以巴比倫爲新都，建立了一個龐大的帝國──馬其頓帝國，也稱亞歷山大帝國。他將國家的治理權一部分給了馬其頓人；一部分給了古希臘人；一部分給了波斯人。當然，至關重要的軍事權力還是掌握在馬其頓將領手裡。

爲了統治的需要，亞歷山大開始親近波斯人。他遵照波斯的風俗；穿戴波斯人的服飾，並允許因年老或殘疾而無法服役的馬其頓軍人回國。沒想到這卻引起了其他將士的不滿和嘩變，他們認爲亞歷山大拋棄了伴隨他出生入死的士兵。亞歷山大成功地制止了嘩變，並舉行了馬其頓人和波斯人共同參加的宴會。在宴會上，他表示無論是馬其頓人還是波斯人，都是馬其頓帝國的一員，大家應該團結起來，和平共處。

西元前三二三年春，亞歷山大回到首都巴比倫。在那裡，他接見了歐亞各國的使團，還制訂了許多宏偉的計畫，例如，探險裡海，看它到底是內陸湖還是海灣；遠征阿拉伯，實現他稱霸全世界的夢想等等。然而，這些計畫還沒有來得及實現，亞歷山大就於同年六月突然染上了惡性瘧疾。在連續十天的高燒之後，他的病勢日漸沉重，時常陷入昏迷當中。

六月十二日，他的老兵們排成縱列，在他面前一一通過。亞歷山大雖然已不能說話了，但還是行注目禮，最後一次檢閱了這群老戰友。次日，亞歷山大亡故，享年三十三歲，被葬在埃及的亞歷山大港。

## 傳奇之師——馬其頓方陣

亞歷山大是英雄海克力士的後代；是馳騁於亞歐非三洲的開拓者。一個永不隕落的巨人，一個傳奇的神話，一段真實的歷史。是什麼讓他運籌帷幄，決勝千里？金戈鐵馬、硝煙滾滾的戰場見證了帝國的雄獅，造就了亞歷山大屢建奇功的威名，這就是赫赫有名的馬其頓方陣。

### 馬其頓統一的功臣

西元前三五九年，二十三歲的腓力二世成為馬其頓國王，他以軍事和外交手段將整個古希臘世界囊括其中。然而，腓力早年卻是命運多舛，他十四歲時就被送給古希臘的底比斯統帥伊巴密農達作為人質。

聰明伶俐的腓力讓伊巴密農達甚是歡喜。老將伊巴密農達是當時叱吒風雲的人物，曾以「斜楔」陣法打得斯巴達軍隊狼狽不堪。小王子腓力在他的諄諄教誨下茁壯地成長，不但練就了騎馬射箭的功夫，還從這位老將身上學到許多戰法，這就是他後來用在統一馬其頓大業的方陣戰法。

在冷兵器（即泛指不使用火藥的武器）時代，步兵是戰場上的主要力量，光靠人海戰術是不夠的，如何布兵是取勝的關鍵。希臘方陣中一般包括重裝步兵、輕裝步兵、騎兵、輕騎兵、射手和投擲等等。

一聲令下，方陣就迅速變為縱深二十五盾的隊形，八排重裝騎兵位於前列，左手執圓盾護於胸前，右手則執長矛或標槍。輕步兵與騎兵則靠速

馬其頓頭盔

據說許多亞歷山大的士兵都戴著這種頭盔，帽簷常被染成藍色。

農牧神殿

這幅畫出土於龐貝古城的畫作，是羅馬時期根據古希臘作品創作的一件仿製品。畫面頌揚馬其頓國王亞歷山大對波斯王大流士三世戰役的勝利。

度出其不意、攻其不備，他們位於左右兩翼並略微向後傾斜，以便進攻時更具有衝擊力。

方陣可謂滴水不漏，像堅固的堡壘，又似直衝過來的猛獸，進可圍攻、退可防守。特別是那極富威懾力的希臘長矛，其柄最長達二十四呎，即使位於後排的士兵也能刺到敵人。腓力被這種布陣法深深吸引，爲這神祕莫測的陣法所折服。

伊巴密農達對腓力的栽培更是不遺餘力，這自然引來反對者的不悅。他們擔心養虎爲患，且伊巴密農達竟同意腓力去德爾斐神廟祭神，無異於縱虎歸山。不出所料，腓力眞的逃了。這時上馬其頓已被底比斯奪去，腓力的父母也被底比斯所囚，這一切都刺痛了腓力的心。然而他集結訓練部隊，馬其頓人、色雷斯人、小亞細亞人都爲之服役。帶著從希臘學來的陣法，再加上個人的英勇善戰，腓力成功地統一了上下馬其頓，使之屹立於美麗的巴爾幹半島。

## 重組方陣

腓力統一馬其頓之後，爲了加強馬其頓的軍備力量，他著手改造方陣戰術。一個小方陣是由十六乘十六共二百五十六名步兵組成，他們手持薩利沙長槍及盾牌。

鋒利的薩利沙長槍的槍尖長度大約有〇．五公尺，槍托大約有〇．四五公尺，總長度最長的大概有七公尺長。在長槍尾部都裝有能使重心後移且能保持平衡的重重的銅錘。自古矛和盾不分家，長槍與盾相配使用。

這麼長的槍足有七、八公斤重，當然也需要士兵有足夠大的力氣，才能揮之自如。士兵之間通常有較大的間隔，前幾排的方陣士兵將槍頭對準前方的敵人，後面的士兵則將長槍傾斜搭在前面士兵的肩膀上。

改裝後的方陣讓腓力頓覺信心十足，他統率著四個方陣師共計三萬餘人。單有步兵組成的一個方陣當然不足以應對潮水般來襲的敵人。原來方陣師是多兵種的，儘管腓力當時人數還不多，但也是能夠應付各種突發事件的部隊。除了那二百五十六名配帶武器的重裝步兵外，還有騎兵、輔助兵，騎兵部隊經常在左右兩翼攻擊敵人。

腓力這支強大的威武之師令周圍的國家刮目相看。腓力首先打擊了伊利里亞人，鞏固了後方邊界，再揮師南下，向色雷斯與卡爾息狄斯（Chalcidice）半島挺進。西元前三五七年，他藉由政治聯姻迎娶奧林匹亞斯公主，與伊庇魯斯國聯盟。腓力利用方陣軍控制了巴爾幹半島北部後，便將矛頭指向勁敵希臘本土了。

西元前三五六年，正當腓力率大軍在卡爾息狄斯苦戰時，未來龐大帝國的開拓者，「完美的騎士」亞歷山大大帝誕生了。但是，亞歷山大年僅二十歲時，腓力遇刺身亡，不過年輕的亞歷山大早已在腓力與亞里士多德的教育下成爲睿智者、勇敢者、強悍者。帶著征服世界的野心，他開始了長達十年的征戰生涯。

## 初露鋒芒

身爲老師的智者亞里士多德在知識上征服了一切；而他的奇才學生則在軍事上征服了一切。在當時地理知識有限的情況下，馬其頓人所瞭解的世界盡頭就是印度，而此時的印度在波斯帝國管轄下，那麼征服了波斯就等於征服了世界。

亞歷山大精心經營馬其頓的軍事力量，不斷完善馬其頓方陣，鼎鼎有名的「錘砧戰術」就出自於此。步兵方陣靠穩步前進來壓制敵人，但它可不是突破部隊。當步兵方陣將敵人纏住時，馬其頓的重裝騎兵就開始了捶打。騎兵主要是側翼包抄，前後兩面夾擊，如同錘砧一樣，打擊敵人。

亞歷山大改良方陣作戰隊形，將方陣變成斜陣，通常斜面朝外，可以重點突破。這種方陣隊形總是整齊地前進，敵人似乎找不到地方下手，因爲方陣四面都是嚴密結實的盾牌，敵人才剛要準備攻擊，盾牌的縫隙裡總會伸出長長的矛，根本無法接近。

亞歷山大發展了步兵方陣，建立了完備的騎兵方陣，這種方陣源自國王的騎兵衛隊，稱爲「夥伴騎兵」。

亞歷山大擊潰波斯

西元前三三四年，亞歷山大從赫勒斯滂海峽進入波斯，並擊潰波斯守軍。

亞歷山大從色雷斯等地方招募了許多士兵組成重裝騎兵與輕裝騎兵，另外還有許多弓箭手。騎兵一般分爲八個騎兵營，戰場上他們也組成密集隊形，作戰機動靈活。

西元前三三四年春，頭戴頭盔、身套胸鎧的亞歷山大騎著愛駒布塞法魯斯，率領方陣軍，向著赫勒斯出發了。當大軍渡過海峽登上亞洲大地後，亞歷山大立即向天神宙斯、女神雅典娜獻祭。亞歷山大的軍隊來到格拉尼庫斯河邊，東岸便是大流士居高臨下的部隊。震耳的戰號劃破沉寂的夜空，亞歷山大的騎兵擔任前鋒，步兵、輕騎兵組成對角線向波斯左翼發起進攻。他親自率領方陣軍攻擊波斯中央軍。波斯軍被重重包圍了，死傷無數，全線崩潰。亞歷山大首戰告捷，旗開得勝，以極少的損失奪下勝利。而這僅是與波斯交戰的開始。

## 偷來的勝利不光彩

高加米拉是美索不達米亞的一個村莊。至西元前三三一年，亞歷山大已占據了東地中海沿岸，並率大軍來到波斯帝國的中心地帶，安營紮寨。雙方都擺好了陣勢。戰前亞歷山大與將士們布置方陣的戰鬥序列。馬其頓大將帕曼紐（Parmenion）驚愕於波斯人數眾多，建議亞歷山大趁夜晚偷襲。亞歷山大嚴詞拒絕，並回答道：「我不願偷取勝利。」

亞歷山大對全軍進行部署：夥伴騎兵在右翼，馬其頓步兵方陣中由最精銳的近衛部隊打先鋒，方陣左翼由帕曼紐爲總指揮。亞歷山大又部署了一條後備線，一旦第一線出現緊急情況，二線就要迂迴迎擊。

十月一日的清晨，戰鬥拉開了序幕，兩軍漸漸接近。波斯軍出動刀輪戰車企圖衝破方陣，但遭到標槍手的截擊，所以戰車也無能爲力。馬其頓方陣步兵向波斯軍中央進攻。大流士的中央軍與左翼中間出現了個缺口，亞歷山大命騎兵與一部分方陣兵組成楔形突擊隊向缺口快速突擊。馬其頓方陣長矛如林，步步逼近，彷彿頃刻間就刺向波斯士兵的喉嚨。

成群的波斯士兵在大流士面前倒在血泊中，痛苦的嘶喊劃破山谷的寧靜。心驚膽戰的大流士匆忙跳上一匹戰馬，逃之夭夭了。波斯軍全線潰散，亞歷山大取得了高加米拉戰役的勝利。大流士與殘存的部隊一起逃到米迪亞。不久，傳來大流士被部下刺殺身亡的消息。西元前三三〇年，華麗的波斯王宮被一把大火燒成灰燼，波斯帝國滅亡了，亞歷山大成了眞正的「亞洲之王」。而傳奇的馬其頓方陣也將隨著亞歷山大的威名一起載入史冊。

## 智慧之都——亞歷山大港

西元前三三四年，亞歷山大開始了他一生中最爲輝煌的東征。他在被征服的廣袤土地上修建了十餘座亞歷山大港。而今，那些城市大都湮滅在兩千多年後的歷史長河中。可是，埃及的那座亞歷山大港，卻依然屹立在尼羅河口，眺望著遠方。

### 智慧之都的誕生

西元前三三二年十一月，亞歷山大在占領泰爾之後率軍攻入埃及。波斯駐埃及總督手裡已沒有軍隊。而且他知道就在一年前，他的國王大流士三世在伊索斯之戰中率先做了逃兵，連國王都奈何不了亞歷山大，他一個總督又能做什麼呢？

於是，亞歷山大在沒有遇到任何抵抗的情況下開入了埃及首府孟菲斯。之後他又乘船從孟菲斯順流而下，向大海駛去。在尼羅河的入海口，亞歷山大以其敏銳的眼光發現了此地的價值，並決定在此建立一座城市，取名亞歷山大港。此後，亞歷山大懷著對這座新城的無限期望，匆匆離開了埃及，有生之年再也沒能回來。

西元前三〇五年，亞歷山大的將領托勒密在埃及自立爲王，定都亞歷山大港，自此開啓了亞歷山大港城新的篇章。

托勒密王朝時代，亞歷山大港成爲了東西文化交流的中心。這裡聚集著數量眾多的哲學家、醫生、工程師、詩人、地理學家、天文學家和物理學家。僅僅將亞歷山大港所擁有的主要學者的名字羅列出來，就足以見證這座城市在那個時代的偉大。

有來自敘拉古的物理學家和數學家阿基米德（Archimedes，約西元前二八七年至西元前二一二年）；來自雅典的數學家歐幾里得（Eculid，西元前三二五年至西元前二六五年）；醫學家赫勒菲拉斯（Herophilos）；來自昔蘭加尼（Cyrenaica）的數學家、天文學家、地理學家、哲學家和詩人埃拉托色尼（Eratosthenes）；來自希臘的劇作家阿里斯托芬，來自今日利比亞的醫學家埃拉西斯特拉圖斯（Eratosthenes）；來自希臘薩摩色雷斯島的天文學家阿里斯塔庫斯（Aristarchus）。

亞歷山大港城

亞歷山大港是一個建築上極完美的港口城市，亞歷山大建此城主要目的就是為長期征戰的部隊提供補給。

亞歷山大港的光輝早已被兩千多年的歷史洪流沖刷殆盡，我們只能從殘留的史書中瞭解她過去的輝煌，勾勒出那個時代的智慧之都。兩千年前的亞歷山大港，擁有那個時代最爲著名的博物院和藏書最爲豐富的圖書館。亞歷山大港圖書館和亞歷山大港博物院造就了亞歷山大港在那個時代無人能夠企及的文明成果。

## 人類智慧的結晶

亞歷山大港博物院設有四個部門：文學、數學、天文學和醫學。

西元前三世紀初期，天文學家、日心說理論的鼻祖阿里斯塔庫斯來到亞歷山大港，參與對一年日期的進一步精確定位，研究結果在西元前二三八年公布：「一年有三百六十五又四分之一天，每四年的四分之一天組合在一起構成一個閏日。」來自敘拉古的阿基米德將物理學從哲學的一個分支發展成了一門獨立的學科。他發現了槓桿原理、浮力定律等。數學家歐幾里得的著名著作《幾何原本》（*the Elements*）就是在亞歷山大港完成的，這本書直到近代仍被作爲教科書使用。

一直使用到十七世紀的托勒密地圖是亞歷山大港博物院的又一重要貢獻。亞歷山大時代曾派人巡查熱帶雨林地區，托勒密王朝早期也曾派人考察紅海海岸等地，他們帶回了一些地區精確的緯度測定。這些測定爲埃拉托色尼的地圖提供了基礎，而托勒密地圖就是根據前者發展而來。

在醫學上，托勒密王朝將赫勒菲拉斯和埃拉西斯特拉圖斯招攬到亞歷山大港。他們無疑是那個時代最爲偉大的醫學家。

亞歷山大港博物院對新航路的開闢也有不可磨滅的貢獻。埃拉托色尼把日晷分放在亞歷山大港和亞斯文（Aswan，今埃及南部）之間幾百英哩的土地上用以測量地球子午線（地球的周長），而誤差在二百英哩以下。他相信向西航行可以到達印度。這些探索與嘗試在接下來的一千七百年中乏人問津，直到十六世紀，開闢新航路的先驅者才將這些成果從舊紙堆中翻了出來。

## 人類文明的寶藏

亞歷山大港圖書館的藏書曾高達七十多萬卷。所藏圖書由多種文字組成，主要是希臘文圖書。圖書館還負責書稿的整理和翻譯工作，現今流傳於世的希臘古典作品大都是在亞歷山大港圖書館整理完成的。

從眾多的摘抄本中還原《荷馬史詩》的原稿，同樣是在亞歷山大港圖書館完成的。另外，由七十名學者組成的翻譯小組用了七十二天時間將舊約《聖經》翻譯成了希臘文。而這一翻譯工作是十分必要的，因爲居住在亞歷山大港的眾多猶太居民早在西元前三世紀末就已經全部希臘化（Hellenization）了。

在托勒密王朝時代，每一艘在亞歷山大港停靠的船隻都要由海關人員檢查，發現圖書後立即送往圖書館，由圖書館來確定圖書的價值與去留。如果圖書館方面認爲這本書有價值留在這裡，那麼國家會給書籍原主一定的補償。不過托勒密三世也曾以不光彩的欺騙手段得到一些珍貴圖書。

古希臘三大悲劇家的原始書稿都收藏在雅典國家檔案館，不能外借。相傳，托勒密三世說服雅典總督，將高達十五塔蘭特（約三九〇公斤）的銀幣抵押在雅典，以將手稿借出複製，之後將複製品送還雅典，將手稿原件留在了亞歷山大港圖書館。類似的故事還有很多，描述的大多都是托勒密王朝的國王怎樣處心積慮地收集圖書。其實亞歷山大港圖書館的圖書大多購自雅典和羅德（Rhodes），因爲那裡是當時最大的圖書市場。

亞歷山大港與亞歷山大港圖書館僅僅維持了將近兩個世紀的輝煌。當托勒密王朝臣服於羅馬帝國時，亞歷山大港與亞歷山大港圖書館就注定走向衰微的命運。

埃及豔后克麗奧佩脫拉登船返回埃及

這幅畫作描繪了西元前四四年，凱撒被殺後，克麗奧佩脫拉從羅馬乘船返回埃及亞歷山大港的景象。

## 文明之火的熄滅

西元前四十九年，羅馬統帥龐培（Pompey）在與凱撒（Ceasar）爭奪羅馬權力的內戰中失敗後逃往埃及。凱撒緊隨其後追至亞歷山大港，而龐培已被托勒密王朝的廷臣殺害。埃及女王克麗奧佩脫拉（Cleopatra）七世（即埃及豔后）正和她的弟弟托勒密十三世在埃及展開另一場內戰。

凱撒爲克麗奧佩脫拉七世的美色所傾倒，代表羅馬站在克麗奧佩脫拉的一邊。而國王托勒密十三世也毫不示弱，率領埃及軍隊迅速向亞歷山大港開進。此時凱撒在亞歷山大港的駐軍實在太少。他一面派人前往亞洲求援，一面命令部下在城內做好巷戰準備。

埃及人派重兵向港口方向推進，因爲那裡停泊著七十餘艘大型戰艦。如果他們能夠奪取港口，無疑就切斷了凱撒與即將到來的援軍之間的聯繫，同時還可以用軍艦封鎖港口。凱撒同樣知道港口的重要性，於是派兵將港口停泊的，連帶船塢中的戰艦統統燒毀。但是大火不僅燒毀了港口和戰船，也蔓延到了亞歷山大港內，將亞歷山大港圖書館的四十多萬冊圖書全數焚毀。

港口附近的皇家圖書館被焚毀之

後，位於薩拉貝姆（Serapis）的子圖書館就成了該城的主要圖書館。災難降臨於西元三九一年，這一年羅馬皇帝狄奧多西（Theodosius）定基督教爲國教，下令摧毀帝國內的其他信仰和其他神廟。一場洗劫之後，薩拉貝姆除了地基外，所有東西都被洗劫一空，而地基之所以逃過一劫是因爲地基的石塊巨大，無人能夠搬動。這一次浩劫幾乎讓亞歷山大港圖書館毀之一旦。

然而災難還遠沒有結束。西元六四一年，信奉伊斯蘭教的阿拉伯人占領埃及，亞歷山大港圖書館也遭受滅頂之災。語法學家菲洛波努斯（Phinopolus）請求阿拉伯占領軍司令阿姆魯（'Amr）將亞歷山大港圖書館送給他。當時亞歷山大港城已被阿拉伯人洗劫一空，唯一乏人問津的，就是這些在阿拉伯人看來一錢不值的圖書。

雖然阿姆魯與菲洛波努斯私交很好，阿姆魯也很想滿足這位學者的小小心願，但是他對哈里發（Caliph，阿拉伯帝國政教合一領導人）的忠誠不允許他在沒有請示哈里發之前私分任何東西。而哈里發奧馬（Umar，約五九一年至六四四年）一世的答覆因而傳世千年：「如果那些作品的內容和眞主（伊斯蘭教主神阿拉）的經書一致，那他們便沒有用，也不必保存；而如果不一致，那便是有害的東西，理應加以消滅。」凝結了人類幾千年智慧的結晶就這樣被草率地決定了命運。亞歷山大港圖書館的所有圖書被分給城內四千餘家澡堂當作燃料，因爲數量是如此巨大，以至於這些人類歷史上最昂貴的燃料，在四千餘家澡堂中燒了六個月還沒燒完。

亞歷山大港

這幅圖畫描繪了西元前四八年，亞歷山大港城被凱撒放火燒毀後的景象。

# 第五章 希臘化文化

## 馬其頓的最後一抹餘暉
## ——安提哥那王朝

亞歷山大開創了一個空前龐大的帝國。然而，隨著巨星的隕落，以武力建立起來的帝國在部將的你爭我奪中走向瓦解。安提哥那家族把握機會，建立了政權，活躍在馬其頓和希臘的政治舞臺上。

### 艱難的建朝歷程

西元前三三六年夏，馬其頓國王腓力二世在女兒的婚禮上被刺身亡，剛滿二十歲的亞歷山大成爲新的馬其頓國王。直到去世前的西元前三二三年，雄心萬丈的亞歷山大都沒有停止過征戰。他先是確立了馬其頓在全希臘的統治地位，之後整合希臘的力量開始東征，又滅掉波斯帝國，在西起巴爾幹半島、尼羅河，東至印度河這一廣袤地域建立起了一個空前龐大的亞歷山大帝國。

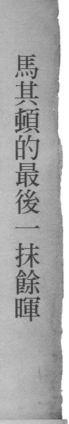

西元前三二三年，亞歷山大在病痛的折磨下辭世。此後的八月，亞歷山大大帝的兒子亞歷山大四世出生並繼位爲王。此時的帝國並不安寧，自亞歷山大大帝死後，他的部將蠢蠢欲動，都做著成爲「亞歷山大第二」的美夢。一番利益爭奪後，西元前三二○年，東侵時期留守馬其頓的將領安提帕特被任命爲攝政王，成了帝國的實際掌權者。次年，安提帕特去世，他的兒子卡山德（Cassander）祕密毒殺了年僅十三歲的亞歷山大四世，取得了馬其頓的統治權。

不久，亞歷山大大帝的部將之間發生內戰，「獨眼」部將安提哥那一世（Antigonus I，西元前三八二年至西元前三○一年）藉機於西元前三○六年稱霸小亞細亞，幾乎掌控了亞歷山大帝國東部的大部分地區。西元前三○五年，塞流卡斯和托勒密也不失時機地在敘利亞和埃及建立了塞流卡斯王朝和托勒密王朝。西元前三○二年，馬其頓的卡山德、巴比倫的塞流卡斯、埃及的托勒密和利西馬科斯（Lysimachus，西元前三六〇年至西元前二八一年）聯手，於次年率三萬聯軍在伊普蘇斯（Ipsus）與安提哥那一世及其子德米特里一世（Demetrius I，西元前三三七年至西元前二八三年）率領的馬其頓軍隊交戰，安提哥那一世戰死，德米特里一世逃回希臘，並在那裡重整旗鼓。

### 希臘化時期

亞歷山大創造出了一個劃時代的輝煌，促進了古希臘文化的傳播。他每征服一個國家，都會在那裡依照古希臘的模式建立起新的城市，並將古希臘文化傳播到他所走過的地方。這些地區融合埃及、西亞文化，被稱爲「希臘化世界」，而從西元前三二三年到西元前三〇年羅馬吞併最後一個希臘化國家托勒密王朝這幾百年時間，就被稱作「希臘化時期」。

伊普蘇斯之戰使安提哥那家族重新統一亞歷山大帝國的美夢破滅了，但安提哥那家族沒有放棄，德米特里一世的兒子安提哥那二世驍勇善戰，於西元前二七七年打敗了自高盧（Gaul，即今法國）入侵的希臘人和凱爾特人（Celts），這爲他爭奪馬其頓王位增添了籌碼。西元前二七六年，安提哥那二世獲得了對馬其頓的全部統治權，創建安提哥那王朝。從此，昔日的大帝國分裂爲希臘化的塞流卡斯、托勒密和安提哥那三個王國。

## 走向滅亡

安提哥那王朝的統治中心在馬其頓，接管了整個希臘半島。然而，安提哥那王朝的統治者並不具備亞歷山大大帝的雄才大略，因此，在對付古希臘城邦此起彼伏的反對力量時總顯得左支右絀。

西元前三一四年，希臘中部山區的游牧民族埃托利亞人（Aetolian）組成了以埃托利亞爲中心的政治同盟。之後，中希臘各城邦也都入盟。同盟內部各邦之間平等，在政治上享有獨立和自治權。通過同盟會議，聯軍在盟軍司令官的領導下發動對馬其頓的戰爭。與此同時，希臘南部也藉機展開反馬其頓的運動。西元前二八〇年，以南希臘西北部阿卡亞（Achaean）爲中心成立了獨立、自治，反對任何形式改革的同盟。

兩大同盟的目標皆是爲了打擊馬其頓和獲得獨立，並給了馬其頓王國重重一擊。兩大同盟並非孤軍奮戰，而是採聯合策略。馬其頓對兩大同盟進行了殘酷鎮壓，但卻無力除去這一隱患。兩大同盟無疑是安裝在馬其頓王國內的一枚炸彈，在適當的條件下，安提哥那王朝就會在引爆者的腳步聲中消逝於歷史長河。

西元前三世紀末，強大的羅馬開始在希臘半島縱橫馳騁，並將征服的腳步邁向了安提哥那王朝。此時的安提哥那王朝對內盡失民心，社會衝突激烈，對外無力應戰強大的羅馬。終於在西元前一六八年，安提哥那王朝被羅馬滅亡，結束對希臘及馬其頓的統治。

安提哥那王朝末代國王珀爾修斯

第三次馬其頓戰爭（西元前一七一年至西元前一六八年）以國王珀爾修斯（Perseus）向羅馬統帥保盧斯（Paulus）投降而告終。此後，珀爾修斯被囚禁在羅馬，安提哥那王朝滅亡。

# 破釜沉舟

## ——古希臘城邦的最後一搏

亞歷山大病故後，馬其頓內部混戰不休，這讓渴望自由的古希臘城邦看到了一線曙光。趁馬其頓的統治力量大大被削弱之際，諸邦聯合起來，結成聯盟，進行了此起彼伏的反抗。然而，這些抗爭只是徒勞，從內部衍生的腐敗無可避免地使古希臘走向了沒落。

### 最後的抗爭

自從馬其頓國王腓力二世征服古希臘以來，諸城邦一直沒有放棄反抗。而斯巴達更是從來就沒有接受過馬其頓的統治，他們拒絕服從強橫的馬其頓，極力消弭其影響力。民主意識在古希臘根深蒂固，渴望自由讓諸邦不惜付出生命的代價，即使是亞歷山大統治時期，他們也敢於與馬其頓作對。雖然遭到亞歷山大的殘酷鎮壓，但是抗爭的火種依然深埋在古希臘人的心中，時時刻刻都在準備挺身抵抗。

亞歷山大在巴比倫逝世的消息傳回古希臘時，各邦不敢相信正值盛年的亞歷山大會突然死去，還以爲又是謠言，因此沒有輕舉妄動。當消息被證實後，幾乎所有城邦都歡欣鼓舞，一致認爲擺脫馬其頓統治的時機終於來臨了。

### 壯志難酬

古希臘諸邦反馬其頓的戰火復燃。雅典大量招募僱傭軍，並聯合其他古希臘城邦於西元前三二三年爆發了反馬其頓戰爭，儼然有再度重當古希臘領袖之勢。在雅典決定起兵的過程中，有一個人發揮了重要作用，那就是希伯里德（Hypereides）。他以富有激情的演說號召古希臘人站起來，奪回失去的自由。

希伯里德是鼓動人心的大師，而指揮軍隊的是從海外歸來的僱傭軍領袖勒奧斯托尼（Leosthenes）。當初亞歷山大在東征期間曾經飽受古希臘僱傭軍的困擾，爲了解散這些職業軍團，他下令所有古希臘城邦必須毫無條件地敞開懷抱接納回國的僱傭軍，但沒想到這卻給他的繼任者帶來了麻煩。

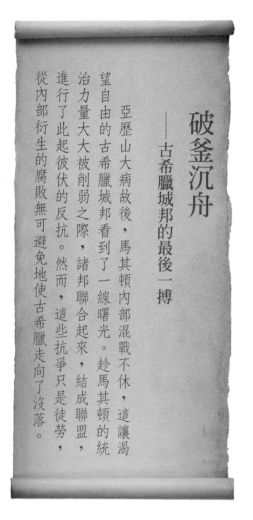

古希臘瓶畫

這幅古希臘瓶畫生動地表現了一位奴隸正在工作的情景。

在反馬其頓戰爭初期，勒奧斯托尼率領僱傭軍四處出戰，頻頻告捷，馬其頓軍隊被打得毫無還手之力。勒奧斯托尼一鼓作氣，乘勝追擊，在溫泉關附近打敗馬其頓重臣安提帕特率領的大軍，並將其圍困於北部小城拉米亞（Lamia）。在這緊要關頭，雅典內部卻出現了分歧，貴族們爭權奪利，陰謀架空了勒奧斯托尼的權力，奠定勝局的機會白白被浪費掉了。就在雅典人爭吵不休的時候，馬其頓的援軍很快便趕了過來。勒奧斯托尼無能爲力，只能眼睜睜看著馬其頓軍反敗爲勝。

及時趕到的馬其頓援軍解了拉米亞之圍，殘暴地鎮壓了僱傭軍。對於膽敢反抗的人，馬其頓人向來是不留情的，起事城邦的領袖被處死，民主政治被廢除。在馬其頓的操縱下，雅典建立起寡頭政權，從此一蹶不振，再也難尋往日的輝煌。

## 聯盟的悲劇

西元前四世紀末至西元前三世紀初，古希臘的中部和南部相繼興起了兩個影響力較大的聯盟，一個是古希臘中部的埃托利亞同盟，這個同盟曾派出軍隊協助雅典僱傭軍將馬其頓軍圍堵於拉米亞；另一個聯盟是阿卡亞同盟，它是以伯羅奔尼撒半島北部的阿卡亞地區爲中心發展起來的，而使這個同盟壯大起來的是阿拉圖（Aratus）。

阿拉圖是西基昂（Sicyon）人，他推翻西基昂的僭主統治後成爲了實際上的統治者。西元前二五一年，他率領西基昂加入阿卡亞同盟。阿拉圖智勇雙全，不出幾年便當上了同盟統帥。起初，他是個積極的反馬其頓分子，是他率軍驅逐了馬其頓在科林斯的駐軍，促使科林斯、麥加拉（Megara）等發達的城邦加入同盟；也是他爲了對抗馬其頓，聯繫埃及的托勒密三世謀求共同舉兵。然而當斯巴達進行改革時，他卻聯合馬其

無釉赤陶花瓶上的圖案

這幅圖案表現了古希臘士兵戰鬥的情景：一名士兵受傷躺在地上，大腿在流著血，其他士兵手持長矛和盾牌，正在與敵人博鬥。

頓人撲滅了斯巴達的改革。此後，他與馬其頓人互有往來，但是馬其頓仍將他視爲一個政治上的隱患。西元前二一三年，馬其頓國王腓力五世下令毒死阿拉圖。

繼雅典之後，埃托利亞和阿卡亞兩個同盟成爲了反馬其頓的重要力量。在最鼎盛時期，他們銳不可當，幾乎將馬其頓軍隊趕回了老家。然而，這兩個同盟雖然有時聯手反抗馬其頓，但更多的時候是相互爭鬥，內訌逐漸消耗了同盟本身力量。

後來，隨著古希臘城邦的社會衝突日益激烈，廣泛而深刻的社會改革運動相繼發生，同盟將更多的兵力放在鎮壓上，甚至不惜向馬其頓求助。此時，同盟成立的目的已經完全走樣了。

這一切，使古希臘各邦長期陷於內爭外患之中。古希臘已是日薄西山，奄奄一息，最終衰落了下去。

# 復興城邦的艱難歷程

## ——斯巴達的社會改革

斯巴達人個性固執而近於保守、勇猛而堅強不屈。阿基思四世、克里昂米尼三世和納比斯，紛紛在斯巴達的晚期歷史舞臺上演出了悲壯的劇目。

### 衝突不斷

伯羅奔尼撒戰爭中後期，斯巴達掠奪了許多城邦的財富。據說率領斯巴達軍攻入雅典的指揮官萊山德爾就獲得了大量金銀，並成爲斯巴達首富。在巨額財富面前，斯巴達人開始變得奢侈無度，質樸奉公的精神被奢侈腐化的風氣所替代。

斯巴達的土地國有制趨於瓦解，土地兼併盛行。西元前四〇〇年法律允許份地轉讓，但喪失份地者被剝奪公民權。萊庫古（Lycurgan）改革時，公民人數有九千戶，但到西元前四世紀下半葉，只有七百戶了（也有人估算爲一千戶）。

在斯巴達，只有公民才能成爲重裝步兵，由於戰爭中兵員損耗，再加上能夠得到公民權的斯巴達人愈來愈少，軍中士兵數量也隨之減少。

隨著社會衝突不斷，國內的暴動也逐漸增多。原先只有斯巴達奴隸，第三階級希洛人（Helots）反抗，第二階級庇里阿西（Pericecian）人偶爾參與，後來連第一階級的公民也憤而起事了。

### 阿基思四世改革

這一系列嚴峻的社會問題，引起了一些政治家的不安。他們深知如果放任事態發展下去，必將引起動盪和革命。西元前二四四年，國王阿基思（Agis）四世即位時，斯巴達國內的社會問題已經相當嚴重。阿基思四世決心改變這種不公平的現象，將斯巴達重新引導回萊庫古的黃金時代。

阿基思四世在剩餘的七百戶公民中重新劃定土地，並下令開墾荒地，分給破產的斯巴達公民和庇里阿西人。這樣一來可以緩和衝突，二來可以增加兵源。爲了表現自己的慷慨無私，他還把自己的土地和財產全部捐獻出來。

但阿基思四世的政策遭到另一位國王列奧尼達（Leonidas）二世的極

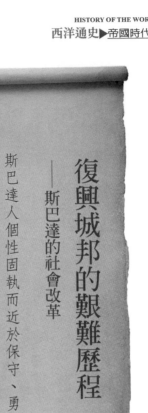

### 斯巴達的國有土地制

斯巴達城邦的最大特色，在於要求公民，特別是男性青年公民過軍營般的集體生活。爲了保證所有公民皆以脫離生產的軍事生活爲首要任務，城邦內的土地平均分給公民（即「份地」），公民再配給奴隸以負責耕作，讓公民只要負責專心當兵即可。

力反對，列奧尼達二世聯合監察院企圖放逐阿基思四世。阿基思四世卻先行一步，強行放逐了列奧尼達二世，並解散了監察院。不久，埃托利亞同盟入侵斯巴達，阿基思四世率兵出戰。被放逐的列奧尼達二世趁機率領軍隊回到了斯巴達，並與貴族集團達成了協議，密謀推翻阿基思四世的統治。

阿基思四世回國時，已經變得孤立無援了。在反對者的追擊下，阿基思四世狼狽地逃入神廟尋求庇佑。監察官許諾保證他的安全，可是當阿基思四世一走出神廟，卻立即被捕殺。

## 繼續未竟事業

西元前二三五年，繼位的國王克里昂米尼三世（Cleomenes III，西元前二六〇年至西元前二一九年）吸取阿基思四世失敗的教訓，決心以更激烈的手段推行改革。他率僱傭軍殺死監察官，取消了監察官制度。然後宣布徹底廢除債務，平分土地，並吸收一部分庇里阿西人成爲公民，使公民人數大爲增加。克里昂米尼三世還多次與阿卡亞同盟作戰，大量掠奪財富，爲國內的改革提供了財政方面的保障。在克里昂米尼三世的領導下，斯巴達生機再現，大有重新稱霸之勢。

克里昂米尼三世的內政外交政策不僅危及阿卡亞同盟在伯羅奔尼撒的地位，還威脅了各邦上層社會人士的利益。阿卡亞同盟的統帥阿拉圖向馬其頓國王安提哥那三世求援。安提哥那立即出兵伯羅奔尼撒。

西元前二二一年，在斯巴達北部的塞拉西亞（Sellasia），斯巴達軍隊與阿卡亞同盟及馬其頓聯軍展開了殊死搏鬥。斯巴達人英勇奮戰，然而終因眾寡懸殊，遭遇慘敗。克里昂米尼三世逃亡埃及，後自殺身亡。馬其頓軍入侵斯巴達，在斯巴達建立了寡頭政權。克里昂米尼三世的改革徹底宣告失敗。

## 僭主統治

克里昂米尼三世的改革失敗後，斯巴達國內社會衝突日益劇烈。西元前二〇七年，斯巴達爆發了一場激進猛烈的政變。斯巴達人納比斯

（Nabis）召集僱傭兵，和破產公民聯合發動政變奪取政權，建立了僭主政權。這對於以「僭主剋星」自居的斯巴達而言，簡直是一個莫大的諷刺。納比斯上臺後，宣布取消債務，驅逐了貴族富豪，將他們的土地分給無地的窮人，並且釋放了一部分希洛人，召回受到貴族迫害而流亡在外的斯巴達公民。

納比斯的統治延續了十五年。在他的治理下，斯巴達的形勢逐漸好轉，混亂的局面漸漸平穩下來。斯巴達的欣欣向榮不可避免地招致了阿卡亞同盟和馬其頓人的妒恨，他們時常聯手打擊斯巴達。而後，已經東進並在希臘半島站住腳跟的羅馬人也出兵征討斯巴達，納比斯政權屢屢被動搖。

西元前一九二年，納比斯被暗殺身亡，斯巴達被併入阿卡亞同盟。斯巴達人喪失了一直引以爲豪的獨立、往日叱吒風雲的歷史化爲了過眼雲煙。

火炬接力跑

奧林匹克運動會是古希臘城邦的大事，每四年舉行一次，以祭祀古希臘主神宙斯。在運動會期間，所有城邦都要放下成見，停止糾紛和戰爭，因此，這場運動會有濃濃的「和平」意涵。而自小受軍營嚴格訓練的斯巴達勇士更是各項比賽的常勝軍。

## 君主專制的埃及王國——托勒密王朝

托勒密王朝在古埃及幾千年的歷史長河中只是短暫的一瞬，但卻是古埃及悠久歷史畫卷上濃重的一筆，留下了無法磨滅的時代印記。托勒密王朝猶如一個個跳躍的音符，譜寫了獨特的旋律，使古老沉寂的埃及迸發出新時代的活力。

### 人神共治的埃及

西元前三二三年，被古埃及人稱爲「太陽神之子」的亞歷山大大帝去世後，他所建立的龐大帝國也隨之分崩離析。他手下的大將之一，老謀深算的托勒密，用武力趕走埃及總督後，成了一方之主。西元前三〇五年，托勒密以亞歷山大繼承人的身分名正言順地登上了埃及法老的寶座，建立了托勒密王朝。這個王朝歷經十四代君主的統治，在西元前三〇年被羅馬征服。

身爲一個外族人如何能得到埃及人的認可，使他們心悅誠服？睿智的托勒密巧妙地利用了埃及的宗教信仰，將自己神性化，爲王權披上神聖的外衣。「荷魯斯（Horus）、兩女神、金荷魯斯、上下埃及之王和拉之子」五個王銜是埃及法老神性的標誌和權威的象徵。亞歷山大大帝和托勒密一世都享有較正規的王銜，托勒密二世的王銜是：「荷魯斯『強健的年輕人』，兩女神『英勇的大人』，金荷魯斯『他的父親使他在讚美聲中出現』，上下埃及之王『拉神（Re）的卡（Ka）的力量，阿蒙神的鍾愛者』，拉之子『托勒密』。」

古埃及三神像

從左到右，依次是荷魯斯、奧西里斯（Osiris）和他的妻子伊西絲（Isis）。古埃及人十分重視家庭，在古埃及墓室壁畫或雕像中，常常出現以這三位神祇為主題的創作。

而且托勒密王朝國王的王銜中，還加上了個人的功績，即使埃及最強盛時期的法老王銜也沒有如此之長。例如托勒密五世的王銜是：「荷魯斯『（在讚美聲中）出現在他父親的聖座上的年輕者』，兩女神（他是）『英勇的大人，他已經重建了兩地並使可愛的土地完整，他的心對諸神是虔誠的』，金荷魯斯『他已經改善了人們的生活，像普塔赫神（Ptah）一樣的喜慶節日的主人和像拉神一樣的君主』，上下埃及之王『愛他神父的神的繼承者，普塔赫的選擇者，拉神的卡的力量，阿蒙神的形象』，拉之子『托勒密，永生者，普塔赫神所鍾愛的，他如神，仁慈的主人』。」托勒密國王和他的王后們都有著神的稱號和榮譽，如「救主」、「愛其姊妹之神」、「善行者」、「施主」、「愛其父之神」和「聰慧無誤之神」。

古埃及領土之內的神、神廟和祭司都受法老的統治，法老之所以籠絡祭司集團，只不過是爲了表示自己虔誠的信仰，有意在政治、經濟、文化上削弱他們的勢力以鞏固王權。所以托勒密國王雖然賜予神廟土地、金錢並修建宏偉的神廟，但不允許埃及宗教發展到像古埃及歷史上神權與王權相抗衡的局面。

## 登峰造極的君主專制

精神文化的高度專制，還不足以強化國家的統治。托勒密王朝將馬其頓軍事民主制遺風的君主制、希臘人的傳統觀念與埃及法老的專制統治相結合，建立了以法老爲首的中央集權制，形成了一整套希臘化的統治新模式。

托勒密王朝時代的政府，在法老之下，設有系統的官僚統治機構，主要由馬其頓人控制中央和地方的軍政大權。在地方上，托勒密王朝基本沿襲古埃及舊制，設州、縣、村三級行政區畫。埃及人可以出任州長，但實權由駐紮在各州的馬其頓將軍控制。此外，在各級行政機構中還設有穀倉和金庫，由專人負責收集穀物和稅金，上繳國庫。

托勒密王朝還建立了社會「金字塔」，居於金字塔頂端的是馬其頓人，政府的官方語言是希臘語，他們享有各種特權，托勒密王朝甚至禁止馬其頓人和當地埃及人通婚；第二階梯的是埃及本土祭司和地方貴族階層，幫助馬其頓人統治埃及；處於金字塔底端的則是廣大的平民、奴隸等被統治階級。

古希臘發達的商業文明爲埃及古老的經濟模式注入了新鮮的血液，使得托勒密王朝的經濟得到了長足的發展。壟斷、專營和稅收是托勒密王朝經濟的特點，法老控制著國民經濟

古埃及柯蒙波神廟的浮雕

此浮雕為托勒密王朝時期製作。柯蒙波神廟（Kom Ombo）是埃及唯一的雙神殿，左右對稱的建築，分別祭祀著鷹神（Horus）及鱷魚神（Sobek）。

的命脈，壟斷著主要生產部門——農業、手工業和商業的發展。

古埃及的絕大部分土地歸法老所有，也有少量的廟田、屯田、祿田、賜田和私田。農民嚴格按照國家的規定進行生產，連租帶稅繳納一半以上的收成。國家壟斷和專營幾乎囊括了各個社會生產領域，包括油料、紡織、穀物、製鹽和釀酒等，僅壟斷專營一項，每年的收入就達約一萬五千塔蘭特。

托勒密王朝的稅收可謂多如牛毛，無孔不入。古埃及稅收名目繁多，根據統計，當時的稅收種類在二百種以上，涉及社會生產、生活的各個方面，如土地稅、房屋稅、園圃稅、家禽稅、牲畜稅、奴隸稅、人頭稅等等。「即使一個人去打魚，也要有一官員監視，以保證百分之二十五的魚作爲稅收轉入國王手中。」

## 古埃及文明另一高峰

古希臘文明和古埃及文明的完美結合，在埃及這片神祕的沃土上結出了大放異彩的文明之果，使古埃及文明發展達到另一個高峰。古埃及原有的土地制度沒有改變，但先進的生產工具、耕作技術的改進，新品種的引進，新的經濟作物葡萄、橄欖樹的種植，牲畜品種的改良以及駱駝的馴養，都使古埃及的農業得到新發展。

小麥是古埃及的主要農業作物，因此古埃及在希臘化世界素有「穀倉」之稱，後來又成了羅馬帝國糧食的主要來源。尤其值得大書特書的是，托勒密二世對法雍（Fayyum）綠洲進行了大規模的水利開發，開墾出大片沃野良田，使得這一地區成為古埃及人口稠密、經濟繁榮的一個省。

托勒密時期的手工業發展尤為顯著，織布、金屬加工、製陶業、玻璃製品和造紙業取得了輝煌的成就，光毛料就有十四種不同規格。五彩透明的玻璃製品獨領風騷數百年之久，其金屬加工尤以鑲嵌花瓶名揚海外。

托勒密二世時期興修水利，農業經濟的發展、手工業的發達、貨幣標準化、對外開放的經濟政策都促進了古埃及商業的繁榮。

有「地中海新娘」之稱的亞歷山大港堪稱當時世界上最大的國際商業貿易中心。來自希臘、馬其頓、印度和世界其他地方的商人們雲集此地，將中國的絲綢，印度的象牙、珍珠和香料，阿拉伯的寶石等源源不斷地運到埃及，同時把埃及的糧食、玻璃製品、橄欖油、金銀器、紡織品和紙草等運往世界各地。

托勒密王朝相對開放的政策使原來受到破壞的埃及經濟獲得了新的發展，埃及的商業勢力因此擴展到非洲北岸、整個愛琴海、小亞細亞沿岸、黑海以及敘利亞和東非等地。

卡納克神廟

卡納克神廟經過一代代擴建，最終完成於托勒密王朝時期。卡納克神廟也是古埃及人心目中最神聖的地方。

## 東西文明的結晶

古希臘文明之光與「太陽神」之光在這裡交相輝映，東西方文明在這裡相互碰撞、融合，托勒密王朝根植於埃及文化的沃土之中，汲取埃及文明的精髓，創造出獨特的希臘化文明。

托勒密王朝的國王均十分重視文化事業，他們獎勵學術、優待學者，興建博物館和亞歷山大圖書館。圖書館藏書近七十萬卷，囊括了大部分希臘文、古埃及文、腓尼基文和希伯來文著作，館長由國王直接任命，足見當時統治者對這座圖書館的重視。

優厚的待遇、崇高的社會地位、便利的研究條件吸引了各地的學者，亞歷山大港的學者利用古希臘和東方文化的優秀成果，在天文學、地理學、動植物學等諸多領域取得了豐碩的研究成果。

阿基米德的創造性思維在這裡打開，發現了槓桿原理、比重原理、斜面定律和浮力定律等。「地理學之父」埃拉托色尼當時計算出的地球周長與實際數值僅差三百公里左右，而且是第一個提到中國的西方地理學家。數學家歐幾里得的《幾何原理》直到十九世紀還是歐洲一些學校的教科書。在醫學領域，赫羅菲魯斯（Herophilus）是「古代最偉大的解剖家」，他和「最偉大的生理學家」埃拉西斯特拉圖斯共同發現了神經系統，並且懂得區分感覺神經和運動神經。

托勒密王朝的建築藝術也令後人讚歎不已。被譽爲「古代世界七大文明奇蹟」之一的亞歷山大港燈塔由希臘著名設計師蘇思特拉圖斯（Sostratus）設計。整個燈塔用石灰石砌成，飾以白色大理石和青銅雕刻，雄偉壯麗，屬於希臘式的建築風格。燈塔內部的設計非常科學，在燈室內安裝了反光鏡，效果奇佳，夜間可以反射火光，使整個燈室更爲明亮；白天在陽光的照耀下，光芒萬丈，可爲五十公里以外的船隻導航。這種科學的設計一直沿用至今，展現了當時埃及人的智慧和高超的建築藝術。

托勒密王朝重視古希臘傳統的建築風格，如古埃及規模最大的卡納克（Kanark）神廟，歷經二千年的歷史終於在這一時期竣工了。這座神廟基本上沿襲古希臘的神廟建築風格。另外，托勒密王朝在上埃及還新建了一系列神廟，其中最爲著名的是菲萊（Philai）島的伊西絲神廟建築群。伊西絲神廟建於托勒密三世時期，有「埃及法老寶座上的明珠」的美譽，整個建築雄偉壯觀、雕刻生動，具有高度藝術價值。

# 遼闊的多民族國家——塞流卡斯王朝

亞歷山大帝國分裂後，亞歷山大大帝的部將塞流卡斯以今日的敘利亞地區為中心，創立了塞流卡斯王朝。塞流卡斯王朝幅員遼闊，土地肥沃，交通便利，商旅絡繹不絕，珠寶琳琅滿目，四處呈現一片欣欣向榮的景象。

## 王國的興起

西元前三一二年，亞歷山大部將塞流卡斯占據了巴比倫一帶。其後數年，爲了爭奪敘利亞，塞流卡斯與安提哥那展開了曠日持久的戰爭，才讓地位日趨鞏固。西元前三〇五年，塞流卡斯稱王，成爲塞流卡斯一世（西元前三〇五年至西元前二八〇年），首都爲奧倫特河（Orontes）畔的安條克（Antakya）城。

塞流卡斯控制了馬其頓帝國在中東和亞洲東部的全部地區，西到小亞細亞、敘利亞、美索不達米亞，東達印度。因爲王國中心地區是敘利亞，故又稱敘利亞王國，中國史書中稱之爲「條支」（可能是國都安條克的轉譯）。

塞流卡斯是一個狂熱的建城者，據說他修建了數十座城市，他所蓋的城市規畫都以古希臘城市爲標準。從這一點看，他的行爲作風頗似亞歷山大大帝。與亞歷山大大帝更相似的是，塞流卡斯充滿了擴張雄心。他大肆向東擴張領土，大軍一路南下直到印度河。他與印度孔雀王朝的月護王發生衝突，最後簽訂了和約。塞流卡斯繼而西進至敘利亞和小亞細亞，將大片土地收入領土範圍。

西元前二八一年，塞流卡斯企圖占領馬其頓，強渡赫勒斯滂海峽，卻在征途中遇刺身亡。其子安條克一世繼位，擊退了北方凱爾特人對小亞細亞的侵襲，又與托勒密爭霸東地中海。這時，塞流卡斯王朝的領土包括敘利亞、巴勒斯坦、小亞細亞、美索不達米亞、今日伊朗和中亞的一部分，領土面積達三百五十萬平方公里，人口三千萬，達到全盛時期。

## 普天之下莫非王土

毋庸置疑，土地是上古時代最寶貴的財富。爲了繼續發展國力，塞流卡斯王朝的統治者沿用了古老東方的土地所有制形式。國王擁有王國土地的最高所有權，與國王最親密的王室自然占有絕大多數的土地，作爲宮廷顯貴的馬其頓人、願意效忠的希臘人、戰爭中戰功顯赫的軍官、地方實力派貴族以及一些中亞部落的首領，則分別占領了剩下的廣闊土地。

要管理這樣的國家，必須要有與之相配套的政治體系，於是在權衡之後，塞流卡斯一世決定繼續沿用波斯的君主專制制度：國王專權獨斷，王權神化，受到臣民膜拜。中央機構由國王任命的各種官吏組成，其中最重要的官吏是總理一切事務大臣，輔佐國王處理各種事務。其他高級官吏有軍隊長官、財政長官等。中央還設置了一個由「王友」組成的御前會議。一切國家大事先經由會議討論，然後再由國王作出決定。地方有二十幾個行省，設總督與將軍分別掌管民政與軍事。

塞流卡斯一世頭像

塞流卡斯一世是馬其頓貴族安條克之子，西元前三三三年參加了亞歷山大大帝的東征，在戰爭中名聲大振。亞歷山大死後，他在諸多將領的紛爭中建立了塞流卡斯王朝。

軍隊無疑是舉足輕重的力量，塞流卡斯王朝的軍隊基本上是步兵，形成方陣，同時還有騎兵，由色雷斯人、尼薩人等組成。除了上述的軍種之外，還有特種部隊，其中有戰車兵和使用攻城武器的部隊，戰象也是這支部隊的一大特色。在軍隊裡服役的士兵主要是僱傭軍，至於在邊境地區則實行移民軍墾制度。移民分別由馬其頓人、希臘人和當地居民組成。移民戰士按政策能夠從政府處領取到一塊土地，作爲生活所用。這些軍隊共同構成了塞流卡斯王朝抵禦外敵的強大力量。

## 民族的熔爐

塞流卡斯王朝境域遼闊，種族複雜，各民族之間的對立十分嚴重。爲了加強控制，王國的統治者繼續推行亞歷山大時代創立的政治制度。王朝的統治者是馬其頓人，如此一來，原有的希臘城市和新建立的一些城市，如安條克、塞琉西亞（Seleucia）等擁有較大的城市自治權，居民中的馬其頓移民大都享有一些特權。而且爲了統治他們，這裡的市政機關也按照希臘城邦形式組成。

另外一些西亞的古老城市，如巴比倫等，只享有一定權利的自治。所有城市雖然實行不同程度的自治，但都受制於專制王權，由國王任命官吏來管轄。這樣一個龐大的王國如同波斯一樣，各個地區之間的經濟發展都具有自己的特色，沿著迥然不同的道路發展，相互之間並不具有牢固的經濟聯繫。

安條克三世頭像

安條克三世（西元前二二三年至一八七年在位），是塞流卡斯王朝（西元前三一二年至西元前六四年）的國王。

塞流卡斯王朝統治時期，西亞的農業、手工業和商業貿易在與外界的交流中得到了新的發展，遼闊的面積和豐富的地貌特徵爲國家的發展鋪設了一條通達的自由大道。

塞流卡斯王朝不僅東轄印度河流域，境內還有經濟相當發達的兩河流域和敘利亞。兩河流域天然的水文環境使農業有得天獨厚的優勢，除了良田沃野，還有完善的灌溉系統。敘利亞地區也毫不遜色，它生產的小麥更是馳名國外。

塞流卡斯王朝在耕作技術方面也達到了很高的技術水準，除了採用了較爲發達的輪耕制，還使用螺旋機將水提取到了臺地上。古代史學家記述西元前一世紀末的巴比倫時這樣寫道：「世界上沒有一個國家像巴比倫出產那樣多的大麥，據說收穫量是所播種子的三百倍。」

塞流卡斯王朝處於東西方的交通要塞，與外界的接觸十分頻繁，因此商業和手工業都較爲發達。連接東西兩邊的海陸要道，遍布各地的新舊城市，統一的貨幣制度和通用的希臘語，所有這一切都給工商業發展注入了新的活力。

在商業領域，塞流卡斯王朝的轉運貿易欣欣向榮，海路貿易以安條克附近的塞琉西亞爲重要港口。塞琉西亞位於奧倫特河口北岸四英哩處，築有內港和外港，是敘利亞和兩河流域在地中海的出口，也是塞流卡斯與希臘、埃及、黑海以及西地中海進行貿易聯繫的重要樞紐。陸上交通以底格里斯河右岸的塞琉西亞爲最大的集散地，從塞琉西亞向西有交通要道經過阿勒頗（Aleppo）北緣，直接通往敘利亞和巴勒斯坦。

商業的發達刺激了手工業的發展，國內有許多城市都是手工業的中心，巴比倫城製造的麻布遠近馳名，小亞細亞和中亞的城市以金屬加工業而美名遠揚。敘利亞各城的紡織業、染料業、玻璃製造業等都頗負盛名。

## 流星的光芒

塞流卡斯王朝的衰亡似乎是一種必然的趨勢。王國本身由許多經濟發展水準不同的地區組成，再加上民族成分複雜，這就使國家內部無法達到眞正的統一，建立不起穩固的統治。王國不僅內部矛盾不斷，而且在對外擴張過程中也不斷與古埃及、馬其頓發生衝突。從安條克一世到安條克三世，塞流卡斯王朝曾與古埃及發生過五次爭奪東地中海霸權的敘利亞戰爭，雙方互有勝負。這五次戰爭大大消耗了塞流卡斯王朝的實力，隨後帕加馬（Bergama）、巴克特里亞和帕提亞相繼獨立。

西元前一八八年，塞流卡斯與羅

亞歷山大大帝青銅雕像

亞歷山大大帝以卓越的政治才能和軍事天賦，建立了一個橫跨歐、亞、非三大洲的龐大帝國。

馬談判協調，向羅馬賠款，同時也答應退出小亞細亞。然而，此時國內各地接連爆發大規模的人民反抗戰爭。由於失去對東方商路的控制，致使王國經濟來源有枯竭之勢，再加之長期戰爭的花費，財政危機日益嚴重，於是統治階層便把苛捐雜稅的重負都轉嫁到人民頭上。

西元前一七一年，耶路撒冷人民掀起大規模的反抗。不久，猶太再次爆發抗爭，起事的領導人是猶大。西元前一六四年反抗者奮起攻下耶路撒冷，猶大自封為最高祭司，進行了一系列改革。安條克四世血腥地鎮壓了這次抗爭，然而耶路撒冷人民並沒有放棄，他們繼續進行不屈不撓的抵抗。終於在西元前一四二年，猶太宣告獨立。

到了西元前一二七年，塞流卡斯王朝控制的地區已經不包括兩河流域以東地區。西元前二世紀中葉以後，中央政府也在王朝內訌下處於風雨飄搖之中。西元前六十四年，羅馬的龐培兵臨西亞之下，敘利亞淪為羅馬的行省。就這樣，塞流卡斯王朝走入了歷史。

### 塞流卡斯的奴隸

在塞流卡斯王朝時代，奴隸仍然普遍存在，而且被運用於很多方面。據記載，安條克四世時一個大奴隸主狄奧尼索斯竟然派出一千個奴隸，每人各持一個價值一千德拉克馬以上的銀盤子，組成參加慶典的隊伍。奴隸主尚且如此，更何況是王室貴族了，他們在奴隸的供養和服侍下，過著錦衣玉食的奢華生活。

奴隸除了被運用於農業生產之外，在城市的各種生產部門中也很普遍，甚至說他們是城市經濟建設的主力都不過分。他們不僅要從事異常辛苦的體力勞動，還被當做商品自由買賣。當時，奴隸貿易很盛行，敘利亞和巴勒斯坦等地區有大量的奴隸買賣市場。許多埃及的奴隸就來自敘利亞、巴勒斯坦等地。

## 羅馬入侵——古希臘終結

古希臘衰落之時，西方強國羅馬興起。他們趁古希臘內亂、相互征伐之際，一舉領軍入侵，攻占了古希臘諸邦。但強悍的羅馬人雖然征服了古希臘地區，卻反過來被征服者的文化所征服。

### 第一次馬其頓戰爭

亞歷山大大帝逝世後，經過一番殘酷的爭權奪利，大將安提哥那在馬其頓和古希臘建立起了安提哥那王朝。然而，古希臘城邦不願馬其頓人凌駕於自己之上，於是分別成立了埃托利亞同盟和阿卡亞同盟。這兩個同盟時而相互抵制，時而聯合對抗馬其頓，偶爾還會聯合馬其頓來擴張勢力或鎮壓反對力量。到了西元前三世紀下半葉，古希臘的局面一片混亂，頹勢日顯。此時，義大利半島上的強國羅馬悄然崛起。

羅馬人不動聲色地向東進發，趁著古希臘內亂之際，逐漸征服了地中海一些沿海城市。羅馬入侵地中海損害了迦太基的利益，兩國很快爆發了戰爭，史稱三次「布匿克（Punic）戰爭」。

在第二次布匿克戰爭期間，安提哥那王朝的腓力五世和迦太基結盟，共同對抗羅馬，西元前二一五年，發動了第一次馬其頓戰爭。當時羅馬正與迦太基在義大利半島激戰，因此僅派出少量兵力牽制馬其頓。迦太基大將漢尼拔（Hannibal）極力勸說腓力五世向義大利派兵，可是腓力五世卻猶豫不決。一方面他有感於羅馬的強大，怕萬一迦太基戰敗，那麼馬其頓就是羅馬下一個槍口對準的對象了。再加上此時古希臘各城邦蠢蠢欲動，他忙於鎮壓，實在是分身乏術。於是，這個征服羅馬的機會就在腓力五世的優柔寡斷中被斷送了。

爲了牽制馬其頓，羅馬派人前往古希臘城邦尋求結盟。西元前二一一年，羅馬人與埃托利亞同盟聯合，約定埃托利亞同盟立即與腓力五世展開陸戰，所獲領土歸同盟所有，羅馬人負責提供海軍予以援助。不久，許多古希臘城邦紛紛加入這個聯盟。在羅馬的鼓吹利誘下，古希臘城邦展開了對馬其頓的戰爭。

腓力五世非但沒有將羅馬驅趕出

阿基米德

西元前二一二年，羅馬軍隊攻入敘拉古。相傳當時阿基米德正坐在家中研究一些幾何圖形。一名羅馬士兵走近他，他便怒喝道：「別弄壞了我的圖！」那名士兵惱羞成怒，就殺了這位偉大的科學家。

去，反而把戰火引到了古希臘，使自己陷入重圍。爲了鞏固馬其頓對古希臘的控制，他始終不敢冒險撤出古希臘的兵力，也無暇騰出手對付羅馬。西元前二〇五年，馬其頓和羅馬締結和約，大體上維持戰前局勢。

## 戰火再起

第一次馬其頓戰爭，馬其頓與羅馬可以說打了個平手。但是在戰爭之後，形勢發生了逆轉，羅馬占據了絕對優勢。在布匿克戰爭中，羅馬打敗迦太基，獲得地中海迦太基城市的控制權，取得了海上霸權，使得羅馬在古希臘城邦內部的影響力逐漸擴大。果然如腓力五世所料，好戰的羅馬將下一個目標對準了馬其頓。

目睹羅馬的勢力一天天壯大，腓力五世焦慮無比，他急需擴張勢力範圍，進而增加與羅馬作戰的資本。西元前二〇五年，統治埃及的托勒密王朝統治者托勒密四世逝世，幼主繼位，宮廷內的王公大臣相互傾軋。埃及的衰弱，引起了馬其頓王國和塞流卡斯王朝的覬覦。腓力五世和塞流卡斯國王安條克三世締結密約，合夥瓜分埃及在歐洲和亞洲的勢力範圍。

面對虎視眈眈的馬其頓和塞流卡斯，埃及人倉皇失措，於是派使者前往羅馬尋求庇佑。羅馬對埃及的請求欣然應允，並以埃及法老的監護人自居，警告腓力五世和安條克三世不得隨意進犯埃及。兩位國王對羅馬的警告置若罔聞。接著，羅馬便藉口爲埃及討回公道，悍然發動了戰爭，即第二次馬其頓戰爭。

羅馬很快便組建了一支軍隊，在執政官薩爾彼喜阿斯（Sulpicius）的率領下迅速渡海，前往雅典。薩爾彼喜阿斯派遣一支小分隊從雅典出發，洗劫了馬其頓人聚居的城市。腓力五世盛怒，立刻派兵進攻幫助羅馬的雅典。但是久攻不下，他便瘋狂地洗劫了附近的地區才返回。腓力五世此舉引發了所有古希臘城邦的憤怒，除了阿卡亞同盟還處於觀望之中，其他城邦紛紛站在羅馬人這邊，聯合起來對抗馬其頓。此後馬其頓和羅馬發生了幾次小規模的戰爭，互有勝負。

爭取到塞流卡斯的保證中立後，羅馬執政官弗拉米尼烏斯（Flaminius）率軍入侵古希臘，打算對馬其頓展開致命性的打擊。他積極地向古希臘城邦派出使者，爭取結盟。這一次，他爭取到了阿卡亞同盟，古希臘城邦基本上已經全部加入了與羅馬的聯盟。

西元前一九七年，弗拉米尼烏斯率領羅馬及同盟國軍約二萬人，與腓力五世指揮的馬其頓大軍會戰於古希臘北部的錫諾斯克法萊（Cynoscephalae）山附近。馬其頓軍慘敗，腓力五世被迫求和。翌年，雙方簽訂了和約，和約規定：腓力五世退居馬其頓地區，放棄其他所有領地；承認古希臘各邦獨立；向羅馬支付巨額賠款；馬其頓軍隊的人數不得超過五千人，未經羅馬許可不得進行戰爭。

從此，往日強盛的馬其頓淪為了一個弱小的國家，永遠失去了對古希臘地區的影響力。而古希臘各邦雖名為獨立，實際上是落入了羅馬的控制中。

羅得港

西元前三世紀的羅德是古希臘一處重要的海上力量和文明中心。

## 第三次馬其頓戰爭

西元前一七九年，腓力五世在抑鬱中逝世，由他的兒子佩修斯（Preseus）繼位。佩修斯一邊派人前往羅馬表示善意以穩住羅馬人，一邊暗中召集軍隊，增強兵力。然而，羅馬人透過間諜的刺探，知道了佩修斯的密謀。西元前一七一年，羅馬向馬其頓宣戰，進軍古希臘，這便是第三次馬其頓戰爭。佩修斯希望得到伊利里亞和色雷斯的幫助，但是都被拒絕了，只好孤軍奮戰。

起初，羅馬軍數次受挫，因為作戰地區多在山區，而羅馬人不善於山區的機動作戰，連續替換了三名將帥也無濟於事。後來，羅馬委任執政官埃米利烏斯（Aemilius）為統帥。埃米利烏斯頗具軍事頭腦，他重整軍隊，並悍然越過高山峻嶺，挺進古希臘。

伊庇魯斯

除了斯巴達和雅典，伊庇魯斯也是當時一個實力強大的城邦。伊庇魯斯王皮拉斯（Pyrrhus）曾帶領古希臘人擊敗羅馬軍隊。伊庇魯斯還曾試圖征服斯巴達，不過最終還是失敗了。

在埃米利烏斯的追擊之下，佩修斯不斷往後撤，最後率馬其頓軍三萬餘人在北部的皮德那（Pydna）安營紮寨。羅馬軍緊隨而至。同年六月二十二日傍晚，雙方在此展開了皮德那會戰。馬其頓軍率先發起進攻，擊潰羅馬軍前鋒。羅馬軍無法從正面攻破固若金湯的馬其頓方陣，於是向後方的山區撤退。馬其頓軍追擊，但是方陣在崎嶇不平的地形上難以保持嚴整的隊形。

埃米利烏斯利用馬其頓方陣出現的缺口率軍插入。方陣被衝散後，馬其頓軍開始潰敗，佩修斯的逃跑加劇了馬其頓士兵的逃竄。此役馬其頓軍大敗，二萬人陣亡，一萬餘人被俘。佩修斯在逃跑途中被擒，被判處終身監禁，次年死於獄中。

羅馬軍占領並洗劫了馬其頓，終結了安提哥那王朝。羅馬政府下令將馬其頓劃分爲四個共和國，禁止各個共和國居民通婚和商貿往來，同時命令他們每年將一半賦稅交給羅馬。馬其頓在名義上還掛有「共和國」的名號，但實際上已經成爲羅馬的行省了。

## 共抗羅馬

羅馬人的殘酷壓迫激起了馬其頓人的激烈反抗。西元前一四九年，有馬其頓人僞稱是佩修斯之後，率領馬其頓人起事。在色雷斯人和一些古希臘城邦的支持下，馬其頓人堅決反抗羅馬，但最終被羅馬鎮壓。爲了防止馬其頓人再次叛變，西元前一四六年，羅馬將馬其頓歸爲羅馬的一個行省。

正如當年不願屈服於馬其頓之下一樣，古希臘人同樣不情願向羅馬俯首稱臣。羅馬人爲了嚴懲古希臘人，摧毀了起帶頭作用的科林斯，然後攻占了所有參與反抗的城邦，拆毀他們的城牆，殺死反抗軍首領，最終將古希臘也變成了羅馬的行省。

脣亡齒寒，當馬其頓王國覆滅時，塞流卡斯王朝和埃及托勒密王朝也感覺到了危機。他們都曾與羅馬作戰，然而最終還是抵抗不了強悍的羅馬人，分別於西元前六十四年和西元前三十一年落入了羅馬人之手，成爲羅馬帝國龐大領土的一部分。至此，偌大的亞歷山大帝國徹底宣告瓦解。

羅馬人雖然在軍事上征服了古希臘人，但是在文化和思想上反而被古希臘人同化。占領古希臘後，羅馬人爲古希臘的建築、藝術、宗教、文學和哲學所折服，以至於在當時羅馬的上層社會，學習古希臘文化成爲了一種風尚。羅馬人如饑似渴地吸收古希臘文化的精華，逐漸轉化爲自身的一部分，進而以此爲基礎，創造出燦爛的羅馬文明。

# 生活的藝術——希臘化時代的哲學

征服者亞歷山大使所有城邦的美夢全然破滅，古希臘公民在這個龐大的帝國中憂心忡忡，究竟該如何面對讓人沉浮不定的命運？救世濟懷的哲人捨棄了對宇宙奧祕的探索，開始全力追尋現實中的幸福人生。

## 像狗一般的生活

希臘化時代最早出現的哲學派別是犬儒學派（Cynicism），起源於西元前四世紀中葉，由蘇格拉底的弟子安提斯梯尼（Antisthenes）所創立。「犬儒學派」這個名字的由來有兩種解釋，一種說其創立者安提斯梯尼曾經在一所稱爲「快犬」（Cynosarges）的運動場講學；另一種則認爲該學派的人生活簡樸，不修邊幅，被其他學派的人鄙視地稱爲「狗」，而他們也欣然接受，從此以「犬」自居。

犬儒主義者熱愛個人自由，追求自我滿足，主張過一種自然的生活；教導人們脫離現實社會，以世界公民的身分乞討生活，四海爲家。他們蔑視一切名譽、財富和文化風俗，主張以最簡單的方式滿足最基本的自然需求，與自然和諧便是幸福的生活。

眞正將犬儒學派發揚光大的是安提斯梯尼的弟子狄奧根尼（Diogenes）。狄奧根尼宣揚獨善其身、安貧樂道，拒絕接受一切習俗，無論是法律、宗教還是禮儀，甚至連飲食起居的一般享受也放棄了。他衣衫襤褸，像個乞丐一樣四處流浪，家就是一個大木桶，睏了就在裡面睡覺，平日裡則背著木桶行走。路人議論紛紛，他卻處之泰然。

據說，當時還是馬其頓王子的亞歷山大欽佩狄奧根尼的藐視世俗，曾前去拜訪他。當時狄奧根尼正躺在木桶裡曬太陽，亞歷山大問他想要什麼恩賜，狄奧根尼懶洋洋地回答道：「只求你走遠點，別擋住我的陽光。」

禁慾苦行的犬儒學派影響深遠，一直存在到西元六世紀，它所提倡的生活方式是獨立於文明，過貧窮的自然生活。

## 身體無痛苦，靈魂無紛擾

西元前四世紀末，雅典誕生了一

位頗有威望的哲學家，他就是伊比鳩魯（Epicurus，西元前三四一年至西元前二七〇年），他的思想被門徒完全繼承，形成了伊比鳩魯學派。伊比鳩魯一生著述頗豐，然而多數已散佚。伊比鳩魯一生孜孜以求的是快樂，即「身體無痛苦，靈魂無紛擾」，在他看來，這就是人生最大的幸福。不過，他的哲學是「道德快樂主義」，並非主張一味縱情縱慾，只有吃喝玩樂的享樂主義，而是指導個人要理性地屏除痛苦，以達到心神安寧、實現幸福這一終極目標。

伊比鳩魯的哲學充滿強烈的現實感，追尋身體健康、靈魂平靜的快樂生活吸引了許多信徒。在花園和學園裡，他們共同探討心靈安寧、群體友誼、法律和正義等等。伊比鳩魯學派的快樂主義和無神論思想廣為傳播，流行於古希臘、羅馬世界，也影響了後世的享樂主義和原子論思想。三世

狄奧根尼

狄奧根尼住在借來的大桶中，棄絕一切物質的享受與舒適的追求。

紀以後，這一學派才漸趨衰落。

## 恬靜寡慾的幸福生活

與伊比鳩魯的快樂主義相對立，塞浦路斯的芝諾（Zeno）在雅典廣場的彩色柱廊下宣講平靜的幸福之道，這個柱廊被稱作「斯多噶」（Stoa），斯多噶學派（Stoicism）的名稱便由此而來。芝諾早年學習了犬儒學派的倫理學，吸收了柏拉圖和亞里士多德的思想，形成了自己的哲學體系。

芝諾認爲「人是自己意志的絕對控制者」，當人掃除一切的私欲時，就可以達到恬靜的美好境界。斯多噶主義將世界的理性分爲善惡兩種意志，善就是美德，心靈的平靜來自美德，所以人要不斷地追求善的意志，在安寧和自由中履行自己的職責。

斯多噶是倫理至上的學派，它排斥享樂主義，鼓勵人人追求美德，如正義、勇敢、審慎等。幸福的生活就是踐行美德的一切活動，不僅爲衆人所喜愛，也與大自然相呼應。斯多噶學派在當時影響最爲深遠，在羅馬帝國時幾乎是官方哲學，許多政治家、貴族，包括皇帝都是斯多噶主義者，直到二世紀後才逐漸衰落。

## 停止判斷的無憂生活

此時的各個哲學派別都宣稱發現了眞理，皮浪（Pyrrhon）卻對眞理的存在與否猶豫不決，他決定對超出經驗的事情不作判斷，形成了懷疑學派。皮浪對外在的危險漠不關心，據說，有一次他乘船出海，遇到了風暴，同船的人都驚慌失措，他卻若無其事，指著船頭正在吃食的小豬，對人們說，這就是智慧之人所應具備的寧靜狀態。由此可見，皮浪生活在遵循自然的法則之下，不對社會習俗表達任何觀點，這就是他們的無憂生活。

懷疑主義者崇尚不作判斷消弭獨斷後的不安，以保持寧靜。後來，柏拉圖學園中出現一批懷疑主義者，他們以蘇格拉底的名言「我知道我一無所知」爲座右銘，藉以強調沒有可知的事物，因爲沒有可靠的標準。到了羅馬時代，懷疑主義仍在發展之中，三世紀以後漸漸銷聲匿跡。

**伊特魯里亞陶盤**

此盤中心繪有一手執長矛的裸體獵人，身旁有一隻獵狗。這個陶盤留有古希臘風格印記，卻不屬於古希臘陶器藝術的任何一種風格，它承先啓後，開羅馬陶藝之先河。

## 富麗堂皇——建築與雕刻之美

或許是東西方文明碰撞出了無盡的創作靈感；或許是這個狂飆多變的時代激情迴盪；又或許是巧奪天工的技藝達到了爐火純青的境界，希臘化時期的建築與藝術是人類建築藝術史上重要時期，為後世留下了無數不朽的佳作。

### 建築與雕刻藝術源泉

古希臘時代的古典文化是城邦文化，講究高貴、典雅、單純、靜穆、樸實。而希臘化時代的文化則是帝國文化，掩飾不住龐大帝國恢弘磅礴的宏大氣勢，散發著古老的埃及文明、美索不達米亞文明、印度文明、波斯文明和猶太文明的神祕、雄渾、凝重、奢華的文化底蘊。

同時，狂飆多變、動盪不安的社會背景也為當時的人們帶來了複雜的情緒波動，宗教題材已不能完全滿足藝術家多元、多變的思想與內心狂躁的吶喊，於是，現實生活中的諸多題材與意象出現在建築與雕刻藝術作品中。

### 建築師的豐碑

希臘化的建築顯示出東西文明交融後的特點，它汲取了東方建築規模宏大、裝飾奢華繁複的特色，一改古希臘古典、樸實的建築風格，追求華麗和宏偉，細節和技術上更加精益求精。華麗的科林斯柱式流行一時，取代了傳統、莊重、樸實的多利亞（Dorians，即斯巴達）和愛奧尼亞式柱子。也出現愈來愈多的拱形建築（包括拱形門道、圓形屋頂和拱廊）、波斯式和埃及式柱頭。此外，城市規畫和公共建築的繁榮也是這一時期重大的建築成就。大量的圖書館、博物館、露天劇院和廣場出現在希臘化的城市之中，豐富了人們的社會生活。

古代「世界七大文明奇蹟」中有四個奇蹟都誕生於希臘化時代，他們分別是亞歷山大港的燈塔（Lighthouse of Alexandria）、羅德島上的太陽神（Colossus of Rhodes）、以弗斯的阿忒密斯神殿（Temple of Artemis at Ephesus）和哈利卡拉蘇的摩索拉斯國王的陵墓（Mausoleum of Halicarnassus）。

這四個建築中最為雄偉壯觀是

亞歷山大港的燈塔，這座燈塔位於法羅斯（Pharos）島上，建於西元前三〇〇年的托勒密二世時期。燈塔高約一百二十公尺，在當時可算是一座摩天大樓了。塔分為四層，底層是四邊形，高六十公尺，用四百多塊巨石建成，內有倉庫和牲口廄，還有燈塔守衛的住處；第二層是八角層，高三十公尺；最上一層是塔頂，圓柱形的周身加一個錐頂，有一個坡道和螺旋環形階梯通往塔頂。另外在塔尖還有一個高七公尺的希臘海神神像。

整個建築是古希臘式的建築風格，塔身用石灰石砌成，柱子由花崗岩造成，用青銅和白色大理石裝飾。燈塔中央有一個升降機用來添加燃料，塔尖還安裝有反光鏡，白天反射太陽光，晚上則能反射火光，使整個燈室日夜燈火通明、光輝四射，為數十海里外的船隻導航。

## 雕刻藝術奇葩

最能引起現代人青睞、也最讓後人歎為觀止的是希臘化的雕塑藝術。「高貴的單純、靜穆的偉大」是對古希臘古典雕塑的高度評價，但希臘化的雕塑追求的是澎湃的激情、自然的情感、悲劇的渲染、個性的張揚和姿勢的韻律感，是自然主義、現實主義和浪漫主義的完美融合。希臘化的雕塑藝術是對古代多種文明的藝術風格的融合和發展，更是對時代的謳歌和對現實生活細緻入微的探索。

在希臘化時期，雕刻家刻畫的人物比以往更廣泛，孩子、老人和異邦人也成為雕刻家關注的對象。從這一時期開始，人物的雕刻不再是神聖的安靜，而是轉向了對現實的探討，表現老年、貧窮、病痛甚至死亡的題材。

在希臘化時期我們既可以欣

自殺的高盧人

這尊雕塑表現了一個戰敗的高盧人不甘做俘虜，先殺死妻子，然後再用劍自刎的情景。

賞到希臘古典風格的集大成之佳作——《米洛斯的維納斯》（*Vénus de Milo*）和《勝利女神像》（*La Victoire de Samothrace*），又能領略《垂死的高盧人》（*Dying Gaul*）、《宙斯祭壇》（*Altar of Zeus*）、《拉奧孔群像》（*The Laocoon and his Sons*）氣勢的恢弘、英雄史詩般的悲壯。

而《努比亞少年》、《老年女販》、《舞女》、《拳擊師》和《抱鵝的少年》等作品則把我們帶入了希臘化時代的埃及、希臘、小亞細亞等地，看到飽經風霜的老年女販，拎著水果籃和小雞去市場，曼妙身姿的舞女翩翩起舞，一旁是活潑可愛的嬉戲的孩子。

《拉奧孔群像》

**《拉奧孔群像》**是希臘化時期最偉大的雕塑作品之一。在特洛伊城被古希臘聯軍攻破的前夕，裝滿軍隊的巨大木馬被送到城下。祭司拉奧孔識破了他們的計策，卻觸怒了庇護古希臘聯軍的神靈。於是兩條巨蛇突然出現在拉奧孔面前，將他和他的兩個兒子纏絞至死。目瞪口呆的特洛伊人相信了木馬的神力，將它拖入城內，最終導致了特洛伊城的滅亡。

《勝利女神像》因一八六三年在愛琴海北部的薩摩色雷斯小島上被發現而得名。雕像出土時已成碎塊，經過精心修復，才重新站立起來，但頭部和手臂已經佚失。女神展開翅膀迎風而立，衣服隨風飄舞，儘管已經失去了頭與雙臂，但不論從哪個角度都能感受到勝利女神展翅欲飛的雄姿。此雕像約雕刻於西元前二五五年，是馬其頓國王爲紀念他在一次海戰中大敗托勒密王朝的艦隊而創作。

《米洛斯的維納斯》，又稱爲《斷臂維納斯》，一八二〇年發現於愛琴海中的米洛斯（Milos）島。學術界關於這座雕像的製作年代一直存在爭議，現在大多數研究者認爲這幅作品創作於西元前二世紀左右。雕像是用兩塊大理石合雕而成的。

女神典雅的臉龐，秀麗的笑容，S形的站姿，（即人體的頭、軀幹和下肢自上而下形成三個自然的轉折），充滿了曲線美。雕塑家還利用了大理石質地的特點，表現了女性肌體的細膩豐潤。雕像的雙臂儘管殘缺，但反而引起了人們的美好想像，使其成爲讚譽於世的傑作，被稱爲「古代的神品」。

帕加馬（Pergamon）創作的《宙斯祭壇》代表了希臘化時代建築雕塑藝術的最高成就。它修建於西元

**勝利女神雕像**

法國羅浮宮館藏。勝利女神雙翼高展，張力十足；身上裙紗隨風飄逸，身體曲線若隱若現，彷彿可感受到衣紗的透明細緻。這座由法國外交官於十九世紀自希臘運回法國的珍寶，雖有所損壞，但雕像的神祕及氣勢仍然令人震懾。

PHAROS
Cursibus extruxit ratium Ptolemæe regundis
Nocturnis Pharon, vt quum nox tenebrosa sileret,
6
Clara vicem in Phœbes vomerēt funalia lucem,
Infida vt Nili sic tutius ora subirent.
Crisp Pass excud.

亞歷山大港燈塔

俊秀而挺拔的亞歷山大港燈塔美麗得像個傳説，「以自己的光明照亮了古代文明的燦爛」。

前一八〇年，是一組大型的精美建築雕塑。長約三十公尺，高九公尺，長長的基座平臺上聳立著一圈愛奧尼亞柱廊。令人歎爲觀止的是基座周圍的飾帶上雕刻了近二百個人物，還有一些巨蟒、鷹和獅子等動物近乎圓雕的高浮雕。

宙斯祭壇描繪的是神與巨人大戰的情景，人物上下翻騰和左右掙扎，以緊張的肢體、腿部和手臂的肌肉組織、張開的嘴巴、深陷的眼睛、緊鎖的眉頭以及凌亂的頭髮渲染著激烈拚殺的戰鬥氣氛和動盪不安的視覺衝擊力。巨人臉上痛苦、憤怒和猙獰的表情，擰成渦卷狀的衣服褶皺、穿插於其間的動物造型使整個構圖富有戲劇性。眾神和巨人的戰爭雖然仍是希臘化時代雕刻的傳統題材，但雕刻家在這裡刻意表達的是粗獷而激動人心的效果，已經很難找到早期古希臘雕刻的和諧與精緻的風格了。

# 第六章 羅馬帝國

## 母狼育嬰的傳說——羅馬建城

這是一座「永恆之城」，在二千多年的風雨歲月裡發生了無數傳奇故事；這是一座「露天歷史博物館」，每一條古街、每一塊城磚都散發著神祕的氣息。在滔滔的歷史長河中，只有羅馬永恆。人們不禁要問：神祕古城是如何建成的呢？

### 母狼育嬰的傳說

走進今日義大利首都羅馬市政廳所在地，坎比多里奧（Campidoglio）山頂廣場的博物館，你會看到一尊著名的「母狼育嬰」雕像，訴說著羅馬建城的神話。

據說，羅馬人的祖先是特洛伊人。西元前一一八四年，古希臘聯軍運用「木馬計」攻陷小亞細亞名城特洛伊，並將此城夷爲平地。而特洛伊英雄埃涅阿斯（Aineías）逃了出來，歷盡艱辛後終於在義大利的拉丁姆（Latium）地區登陸，並在此建立了阿爾巴・龍加城（Alba Longa）。埃涅阿斯的後代在此地建立了統治。

到國王努米托爾（Numitor）在位時，其弟阿穆利烏斯（Amulius）發動政變推翻努米托爾，當上了國王。努米托爾有兩個孩子，阿穆利烏斯不顧親情，將姪子殺害，又強迫姪女西爾維亞（Rhea Silvia）擔任費爾塔（Vesta）女神的祭司。然而幸運的是，西爾維亞得到了戰神馬爾斯（Mars）的愛戀，生下一對孿生兄弟。阿穆利烏斯又氣又恨，處死了西爾維亞，還命僕人將兩個男嬰裝入籃筐扔進臺伯（Tiber）河。

當時臺伯河河水氾濫，僕人不敢下去，只將籃子放在岸邊。結果，暴漲的河水並未將籃筐吞沒，而是把它衝回了岸邊。孩子的哭聲驚動了河邊的母狼，母狼非但沒有吃掉這兩個男嬰，反而用奶水餵養他們。不久，一個牧人發現了兩個男嬰，將他們帶回去撫養，並分別取名爲羅慕路斯

（Romulus）和雷穆斯（Remus）。

羅慕路斯和雷穆斯長大後成了牧羊人的首領。一次偶然的機會，在與另一群牧羊人的衝突中，羅慕路斯和雷穆斯碰到了他們的外公努米托爾。兄弟倆得知眞相後無比憤怒，率領手下的牧羊人攻打阿爾巴・龍加城，殺死了仇人，爲外公奪回了王位。兄弟兩人爲了紀念母狼的哺育之恩，決定在臺伯河畔建立新城。

然而，在爲新城命名時，兄弟倆發生了爭執，結果羅慕路斯失手殺死了弟弟。隨後，羅慕路斯將雪白的公牛和母牛套在犁上，驅使他們圍繞帕拉丁（Palatino）山丘耕出一道深深的犁溝，以犁溝爲界將這塊地方圍了起來建立了新城，並用自己的名字「羅慕路斯」爲其命名，這一年是西元前七五三年。

後來，「羅慕路斯」慢慢演化成「羅馬」這個名稱。

## 褪去神話色彩的古城

撇開這些動人的神話和傳說便是眞實的歷史。然而，由於至今未能發掘出令人信服的考古實物，關於羅馬的起源，歷史家仍然沒有整理出一個清晰的脈絡，仍需藉助神話傳說以及文字記載等進行推測。因此，「母狼育嬰」的傳說雖不足爲信，但它仍然保留了某些歷史眞實性。褪去神話的面紗，羅馬城並不是一日建成的，它是附近的各部族逐漸融合的結果。

二〇〇五年，考古學家在古羅馬的廢墟中發掘了一座古代宮殿遺址。依據黏土測試結果顯示，宮殿建成於西元前八世紀，與傳說中的羅馬建城時間大致吻合。此時正處於由拉丁部族移民融合先前的文化而建立的維蘭諾瓦（Villanovan）文化時期，他們已經開始使用鐵器，從事

母狼育嬰青銅像

這座青銅像表現的是羅慕路斯和雷穆斯吸吮母狼奶水的場景，也因此成為了羅馬的象徵和城徽。

農牧業，散居在臺伯河畔帕拉丁（Palatine）等小山丘，彼此間有著自然屏障，各自組成公社。

到西元前七世紀初，這些分散的部眾逐漸走向聯合，其中以帕拉丁爲中心的部族在臺伯河畔帕拉丁等七個美麗的山丘上建立了聯盟，並稱爲「七丘聯盟」，而羅馬城也被稱爲「七丘之城」。後來「七丘聯盟」與薩賓（Sabines）部落合併，至西元前六世紀初伊特魯里亞（Etruria）人統治了羅馬，修築了城牆，眞正建成了羅馬城。

羅馬建城是羅馬輝煌歷史的開始，此後便以這個點爲中心，憑藉戰爭橫掃地中海，征服周邊地區，成爲一個橫跨亞、非、歐三大洲的龐大帝國，創造出輝煌燦爛的文明。

古羅馬城全景復原圖

當時羅馬城中居住著上百萬居民，城市街道又細又長，神廟、浴場、競技場和劇院散布在各處。

## 見證法的歷程——平民與貴族之爭

德國法學家耶林（Rudolf von Jhering，一八一八年至一八九二年）曾說：「羅馬第三次征服世界是靠法律，而法律成為羅馬征服世界唯一最持久的工具！」的確，不同於武力和宗教征服留給世界的傷痛記憶，羅馬共和國時期的法律成就了羅馬法系的輝煌。而這些法律的制定得從平民與貴族的對立說起。

### 兩個對立階層

偉大的羅馬用武力埋葬了昔日輝煌的馬其頓帝國，開始登上歷史舞臺。西元前五〇九年時，羅馬王政時代最後一代君主——高傲專橫的塔克文（Tarquinius，西元前六一六年至西元前五〇九年），被羅馬人驅逐出去。羅馬開始進入充滿希望的共和國時代。

平民與貴族間的衝突並沒有因爲王政時代的終結而消失，反而更加激烈。政治上，由貴族組成的元老院穩坐權力的第一把交椅，貴族執政官把持著國家的最高行政權力，貴族內部還實行聯姻，逐漸發展成爲一個完全排他的等級。經濟上，貴族不僅占有更多的土地，還享有對共有地的分配和使用特權，這種特權對平民來說，簡直是遙不可及的夢想。

此外，貴族們還將沉重的戰爭負擔強壓在平民身上，使他們成爲失去土地後，一無所有的破產者和債務纍纍的奴隸，或充當貴族致富的籌碼被賣往國外。在社會、法律地位上，貴族凌駕於平民之上。他們巧立名目，玩弄手腕，肆意欺凌平民。無休止的壓迫使平民與貴族之間的衝突日漸白熱化。

### 出現第一道曙光

平民反對貴族的抗爭最早發生在西元前四九四年。這一年，羅馬與鄰近部落發生戰爭，參戰的平民以撤離來反抗貴族的壓迫，羅馬軍隊的戰鬥力被大大削弱。面對敵兵壓境，羅馬的貴族統治者如熱鍋上的螞蟻，陷入了極大的恐慌。

爲了使平民重歸軍隊，貴族統治者採取了妥協政策，答應減輕當時已經負債纍纍的平民負擔，並達成了一項對後世影響深遠的協議，即平民每年可以在特里布斯（Tribus）平民大

描繪羅馬奴隸市場的畫作

一位裸體的女奴站立著，臺上的賣主待價而沽，臺下的競買者正在出價和琢磨她價值幾何。在古羅馬，奴隸和牛羊一樣，是可以買賣的商品。

會上選出兩名「保民官」，主要職責是保護平民免受貴族的橫暴欺壓，對於凡是損害平民利益的行爲、法令和選舉，保民官都有否決權。

平民雖然有了自己的保民官，但是保民官的權利在當時只限於法律規定的範圍之內。共和國初期，羅馬並無成文法，習慣法的規範十分含糊，法條的最終解釋權和司法權都被牢牢地把持在貴族手中，貴族仍然常常濫用職權謀取私利。西元前四六二年，平民保民官提出了不應再遵循習慣法，應該制定成文法。

在平民組織的壓力下，西元前四五一至西元前四五〇年間，古羅馬歷史上的第一部成文法誕生了。由於法律條文是被刻在十二塊銅表上公之於世，所以又稱爲「十二銅表法」。

這項法律的內容相當廣泛，包含公法和私法、刑法和民法、實體法和程序法、得分法和罰金、氏族繼承和遺囑等等。十二銅表法是傳統習慣法的條理化和大熔爐，並因地制宜，根據社會發展的狀況適時作了調整。雖然這部法律仍然保障了貴族的利益，但是在審判和量刑定罪時，明確的法律條文剝奪了貴族可以濫用職權任意曲解的特權，眞正做到「有法可依」，無辜的平民因而避免再度成爲貴族意志下的犧牲品。「十二銅表法」也成爲羅馬法系的源頭。西元前四四五年，由於平民的強烈抗議，《十二銅表法》取消了禁止平民與貴族通婚的法令。

## 平民勝利的里程碑

在西元前四世紀初，高盧人蠢蠢

欲動，羅馬再次陷入戰爭的泥沼。平民和貴族團結對敵，雙方的對抗一度沉寂。不過，在高盧戰爭之後，也就是西元前三七六年至西元前三六七年之間，平民和貴族再次展開了激烈的對抗。

最後，保民官李錫尼（Licinius）和綏克斯圖（Sextia）勇敢地站出來爲平民說話，針對土地、債務和擔任高級官職的問題提出了李錫尼和綏克斯圖法案：一、全體公民都可以占有和使用公有土地，但占有的最高數額不得超過五百尤格；公民在公有牧場上放牧，大牲畜不得超過一百頭，小牲畜不得超過五百頭；二、平民所欠債款一律停止付息，已付的利息應作債款的本金計算，尚未還清的本金，分三年償還；三、任兩名執政官中，必須有一名由平民充任。

該法案提出後，遭到了貴族的竭力反對。平民堅持抗爭了十年，在這十年裡，平民總是選舉李錫尼和綏克斯圖爲保民官，而他們也連續十年提出該項法案，直至第十年（西元前三六七年），綏克斯圖才當選爲西元前三六六年的執政官，成爲羅馬歷史上第一個平民出身的執政官。

在平民可以就任執政官後，其他原有和新設的官職如高級市政官、獨裁官（Dictator）、監察官、執法官等也都先後向平民開放了。西元前三二六年，羅馬通過了《波提利阿法案》（*Lex Poetelia*），禁止以人抵債，實際上廢除了債務奴役制。西元前三〇四年，市政官弗拉維烏斯（Flavius Claudius Iovianus，三三二年至三六四年）把訴訟程序和法庭術語彙編成冊公之於眾，這使貴族失去了對法律和司法知識的壟斷，平民在法律方面開始享有實際平等的權利。

西元前三〇〇年，羅馬政府通過了《瓦列利烏斯法案》（*Lex Valerius*），重申公民對包括獨裁官在內的所有高級官員的判決有向公民大會上訴的權利。同年，還通過了保民官歐古爾尼烏斯兄弟法案，將大祭司和占卜官各由四人增至九人，所增之人皆從平民選出。宗教職務在羅馬歷來被認爲是神聖的，一直爲貴族長期把持，現在平民也可以分享了。至此，平民和貴族在擔任國家公職方面已經沒有什麼太大的區別。

## 霍騰西阿法案

平民與貴族之間最後一場大規模的抗爭發生於西元前二八七年，據說起因與第一次一樣，仍然是債務問題。平民舉行了最後一次撤離，占據了臺伯河右岸的雅尼庫魯姆（Krlum）山。此後，平民出身的霍騰西阿（Hortensia）被任命爲獨裁官，他公布了一項法律安撫了平民：

古羅馬元老院中的元老會議圖

元老院在羅馬共和國和羅馬帝國的政府中扮演著極為重要的角色。

特里布斯平民大會上通過的平民決議，不必經過元老院的批准即對全體公民具有法律效力。部落大會分部落開會，每部落以人人投票的方式表決出一種意見，然後由當時的三十五個部落各投一票，十八票即爲多數。

因爲平民在各部落中占有多數，所以特里布斯大會比森都里亞會議（Comitia Centuriata）更加民主。該法案的類似提案以前也曾不止一次提出，但貴族強烈反對，加以種種限制，如規定特里布斯平民大會上通過的決議需取得元老院批准再提交森都里亞大會通過。

一般認爲，霍騰西阿法案的頒布象徵平民與貴族在法律上平等地位的確立，平民在法律上成了共和國的主人。從此，平民大會也就成了羅馬共和國具有最高立法權的公民大會，羅馬共和國早期平民反對貴族的抗爭至此結束。

隨著平民地位的提高，特別是國家高級官職對平民開放以後，平民的富裕上層透過聯姻的方式與原有貴族融合起來，形成了所謂「新貴」。他們一旦當選爲高級官員，便有機會遴選入元老院，他們竭力攀附貴族，二者逐漸融爲一體，獨攬大權，並利用職權侵吞大量公有地。據說，李錫尼和綏克斯圖法案通過不久，這些人便首先成爲「新貴」。此後，新貴陸續增加，還有來自外邦的顯要人物。

上層平民變爲新貴從平民中分流出去，餘下的平民主要是貧窮的少地農民。但隨著羅馬對外侵略擴張的發展和軍事殖民地的建立，以及政府分配少量的公有地，他們對土地的要求也得到部分的滿足。平民成爲羅馬軍隊的主要來源，他們積極參與羅馬對外擴張並分得少許利益。

正是這種對外侵略，維持了羅馬國內所謂「公民間的團結」，而這種「團結」也使得羅馬在對外戰爭中屢屢得勝。同時，在對外戰爭中源源不斷獲得大量奴隸，各行各業開始大規模使用奴隸，大土地所有制更加發展，農民逐漸喪失了土地和工作機會。他們流入城市，與原來的城市貧民會合而成無產者。

隨著富有平民和貴族融合爲新貴，共同把持政權，羅馬也從氏族貴族專權的國家轉變爲新興貴族專政的國家，從此，平民的概念也和之前不同了，開始主要指城鄉居民中的下層民眾（包括無產者）。另外，在平民反對貴族的過程中，隨著各種機構和官職以及法律制度的改進，羅馬的國家制度也日益完善起來。

古羅馬圓形劇場

## 棋逢對手——布匿克戰爭

西元前三世紀上半葉，羅馬已經征服義大利半島，由一個小城邦發展成了新興的強國。這一時期的羅馬共和國內政平穩，並數次擊敗入侵者，羅馬人對自己的政治制度和軍事實力滿懷信心。為了爭奪西地中海霸權，羅馬將戰爭矛頭指向了迦太基，由此開啓了布匿克戰爭。

### 利益之爭

由腓尼基人移民建成的迦太基（位於今北非突尼斯）當時是一個海洋強國，控制了大多數海上貿易要道，從北非一直到伊比利半島。迦太基軍事力量不容小覷，尤其精於海戰，因此成了羅馬向海外擴張的勁敵，而西西里島則是雙方爭奪的焦點。

西元前三四八年，迦太基和羅馬訂立了一個協議，規定迦太基不得干預羅馬的事務，但可以在義大利沿岸購買奴隸；羅馬承認迦太基在西地中海的貿易霸權，只保留對西西里東部和對迦太基本土的貿易。可是在西元前二六四年以後，羅馬業已取得了義大利半島的統治權，雙方開始在西地中海的霸權問題上發生衝突。

西元前二六四年，西西里島東部城邦敘拉古的僱傭兵起義，並強占了西西里海峽的要地——麥散那（Messana）。這伙僱傭兵自稱是不朽戰神之子「瑪爾美提」（Mamertines）。不久，敘拉古大將希耶羅（Hiero）出兵包圍了麥散那。瑪爾美提人分成兩派，分別向迦太基和羅馬求救。迦太基與羅馬先後派兵予以援助。迦太基無法容忍羅馬撕毀協議插手西西里，兩個強國正面針鋒相對，於是爆發了布匿克戰爭。

### 第一次布匿克戰爭

羅馬人首先利用了迦太基人和希耶羅間的猜忌，分別打敗了希耶羅和迦太基大軍，幫瑪爾美提人解了麥散那之圍。勝利之後的第二年，即西元前二六三年，羅馬又出兵西西里向希耶羅問罪，這一次雖然沒有獲勝，但誘使希耶羅與羅馬結盟，合力趕走迦太基人。接連的勝利，讓羅馬人逐漸開始關心義大利本土以外的利益，準備把迦太基人徹底趕出西西里島，爲此羅馬人決定建立一支強大的海軍。

西元前二六〇年，在南義大利希臘聯盟邦的幫助下，羅馬建成了一四〇艘五排槳大船。同年，在西西里島東北的米雷（Muret）海角，羅馬人新建的海軍遭遇迦太基艦隊，發生了一場海戰。羅馬人發明了一種帶鐵鉤的登船吊橋，這幫助羅馬軍能迅速登上敵船打交手仗。此戰迦太基大敗，損失了五十艘戰船，除了保有西西里西端幾個重要據點外，不得不退出了西西里水域，西西里島諸城也紛紛歸附羅馬。

由於迦太基在西西里島的據點極其難攻，羅馬決定進攻迦太基位於非洲的本土。西元前二五六年，羅馬大軍由兩名執政官率領開赴迦太基，在西西里島南面的艾克諾姆斯（Ecnomus）海角遭遇迦太基艦隊，雙方於此地進行了一場大規模海戰，羅馬人發明的吊橋在此發揮了優勢，迦太基軍敗退，羅馬人隨後踏上了非洲。

登陸之初，羅馬人打了一些小勝仗，但對迦太基的圍攻卻徒勞無功。後來，由於執政官列古魯斯（Regulus）的輕敵急戰，羅馬軍大敗，列古魯斯本人被俘，僅二千人倖存。自義大利本土趕來的羅馬援軍不幸遭遇了大風暴，三百餘艘戰船和十萬名士卒大都遇難。

此後，雙方的戰鬥又延續了十餘年，羅馬重新建立海軍，幾次進攻迦太基在西西里的據點，損失慘重卻沒有任何進展。迦太基一邊抵擋住了羅馬的猛攻，一邊派大將哈米爾卡·巴卡（Hamilcar Barca，西元前二七五年至西元前二二八年）組織軍隊侵襲義大利沿岸，羅馬不得不建立許多沿海殖民地以防禦。戰事的拖延導致雙方都很疲憊，雙方曾試圖和談，但沒有成功。

西元前二四二年，羅馬組織大軍再攻西西里島，封鎖圍困了兩個據點，並在埃加特斯群島（Aegates Islands）附近擊敗了迦太基援軍。此時，迦太基內部又發生了內訌，無力再進行對外戰爭，雙方於西元前二四一年舉行和談，訂立了對羅馬有利的和約。迦太基人被完全趕出西西里，無償交出一切俘虜，同時還需交納巨額賠款。拖延二十年之久的第一次布匿克戰爭（羅馬人稱腓尼基人爲「布匿克」）便如此結束了。

羅馬一躍而成海上強國，西西里島除敘拉古、麥散那幾個大城擁有獨立權之外，其餘都轉而成爲羅馬屬地，由羅馬派行政長官統治，西西里島也因此成爲羅馬海外屬地的第一個行省。

## 第二次布匿克戰爭

迦太基戰敗之後國內發生了內

亂，大將哈米爾卡・巴卡鎮壓暴亂之後，力主向西班牙發展以彌補西西里島的損失。哈米爾卡・巴卡在西班牙發展了九年，為迦太基在西班牙打下了統治基礎。哈米爾卡・巴卡死後，女婿哈斯德魯巴（Hasdrubal）和兒子漢尼拔繼承了他的事業，建立了首都新迦太基。古西班牙人以勇武著稱，再經由哈米爾卡・巴卡及其繼承者的訓練，迦太基擁有的兵力變得比以往更強大。

當迦太基殖民者在西班牙逐步發展壯大之時，羅馬人正在忙於對付高盧和伊利里亞，無暇顧及西班牙。西元前二二一年，哈斯德魯巴逝世，年僅二十五歲的漢尼拔繼任。當漢尼拔獲悉羅馬忙於伊利里亞戰爭，便於西元前二一九年包圍了羅馬盟國薩貢圖姆（Saguntum）。羅馬未派援兵，薩貢圖姆被攻破。西元前二一八年，漢尼拔大軍備戰，羅馬預料他將越過埃布羅河（Ebro，雙方曾有協議，迦太基人不得越過此河），便派使者要求迦太基政府交出漢尼拔，被迦太基政府予以嚴拒，雙方再次開戰。

羅馬對戰爭形勢作出了錯誤估計，戰略戰術基本依舊，主力進攻迦太基本土，另派一支軍隊奔赴西班牙。然而，天才統帥漢尼拔打亂了羅馬人的部署，率領大軍從北方翻越阿爾卑斯山直搗義大利。羅馬對漢尼拔的動向一無所知，直到漢尼拔在西班牙的馬西里亞（Massilia）登陸時，科爾涅利烏斯・西庇阿（Cornelius Scipio，大西庇阿之父）才得知情報，此時已來不及堵截，西庇阿連忙率領一部分艦隊迅速返回義大利。

漢尼拔在阿爾卑斯山南曾與高盧人小有摩擦，但很快便獲得對羅馬統治不滿的高盧人熱烈歡迎，沿途實力受損的漢尼拔從高盧人中獲得了人馬補充。回軍義大利的西庇阿在波河（Po）流域遭遇了漢尼拔，漢尼拔大勝，西庇阿退守亞平寧山腳。這時派往非洲的森普羅尼烏斯（Sempronius）軍也被急速召回，與西庇阿軍會師之後，兩位執政官聯軍進攻漢尼拔，結果還是大敗，四萬大軍僅餘一萬。此次大戰之後，羅馬人

在北義大利的勢力不復存在，大批高盧人加入了漢尼拔的軍隊。

羅馬人在大敗之後，採取全力防守的策略，派新選任的兩位執政官分守兩條大道以阻止漢尼拔南下。漢尼拔再次出人意料地穿越亞平寧山和沼澤地區，突然出現在羅馬大軍的背後，在特拉西美諾（Trasimeno）湖與羅馬急速調回的弗拉米尼努斯（Flaminius）大軍遭遇。漢尼拔設伏兵之計，大敗羅馬軍，執政官弗拉米尼努斯戰死，士兵陣亡一萬五千人，其餘大部分都成了漢尼拔的俘虜。當時另外一位執政官的軍隊距離遙遠，未能及時來援，漢尼拔得以繼續揮軍南下。他沒有直接進攻羅馬，反而兵行東南，意圖煽動南義大利諸城反叛，但是未能成功。

特拉西美諾湖戰役之後，羅馬的局勢岌岌可危，元老費邊（Fabius，又譯法比烏斯）當選爲獨裁官。老練的費邊採取拖延戰略與漢尼拔周旋，儘量避免與漢尼拔正面交鋒，而是迂迴阻截漢尼拔的後路和側翼，還時常出動小股部隊進行騷擾。當時義大利各地都不歸順漢尼拔，他急於決戰，多次挑釁羅馬人進行大規模陣地戰，但費邊總是按兵不動。至西元前二一七年底，漢尼拔雖然洗劫了義大利許多城池，但沒有一個能夠牢固占有。

在費邊的獨裁官六個月任滿之後，兩執政官不再沿用拖延戰略，開始準備一場大規模的會戰。這正合漢尼拔心意，他將羅馬人誘至阿普里亞（Aprilia），因爲漢尼拔在此地擁有較大的據點。

布匿克戰爭士兵

左邊六名是漢尼拔軍隊中各種士兵的形象，分別是：高盧士兵、聖團步兵、努米底亞騎兵、西班牙士兵、聖團騎兵和非洲士兵。右一為羅馬軍團士兵。

西元前二一六年，在奧菲杜斯河（Aufidus）附近的坎尼（Cannae），雙方進行了著名的坎尼戰役。據說羅馬軍人數遠遠超過漢尼拔軍，步兵比漢尼拔多一倍，但漢尼拔的一萬騎兵占有絕對優勢。漢尼拔發揮了騎兵多速度快的優勢，以六千人的代價將羅馬五萬大軍全數殲滅。在世界戰爭史上，坎尼戰役是一次非常有名的以寡擊眾而大勝的戰役。

坎尼之戰大敗之後，羅馬一時眾叛親離，許多城邦開始背叛，其餘城邦則採取靜觀其變的態度；但羅馬還保有義大利中部和南部的多數城市。之後，羅馬動用全國財富，擴充軍隊，到西元前二一二年基本上恢復了元氣。漢尼拔則處境日危，他在南義大利能得到的人馬補充有限，與北義大利的高盧人又聯繫不上，母邦迦太基中的反對派又占了上風，不肯派兵支援。漢尼拔依然是尋求決戰，但羅馬採取了費邊的拖延戰略，漢尼拔無法速戰，而羅馬則愈戰愈勇，逐漸將漢尼拔驅趕到南義大利一隅。

西元前二〇七年，漢尼拔在西班牙的兄弟哈斯杜魯巴（Hasdrubal）獲准援助他，哈斯杜魯巴從西班牙出發越過阿爾卑斯山抵達義大利，在行至翁布里亞（Umbria）時與羅馬發生大戰，迦太基大敗，哈斯杜魯巴戰死。

西元前二〇六年底，羅馬名將西庇阿（通稱大西庇阿）把迦太基趕出了西班牙。這對漢尼拔的打擊不亞於哈斯杜魯巴之死，因為西班牙畢竟是他的根據地。大西庇阿也因為在西班牙立下不世之功，年僅三十歲便破例被選為執政官。大西庇阿認為只有攻打迦太基本土，才能令迦太基召回漢尼拔，在輿論支持下，他獲得元老院的允許組織遠征北非。西元前二〇三年的大平原一役，大西庇阿以騎兵制勝，迦太基主力幾乎被全殲，此後不久迦太基求和，召回了漢尼拔。

據說，當漢尼拔及其弟瑪哥（Mago）的部隊從義大利回來後，迦太基元老院主張再戰。西元前二〇二年，雙方在迦太基南部的扎瑪（Zama）附近舉行了一次大規模會戰，漢尼拔和大西庇阿棋逢對手展開大戰，羅馬因為得到馬西尼撒（Massinissa）的騎兵援助，取得了羅馬對漢尼拔的首次大勝，第二次布匿克戰爭再次以羅馬的勝利結束。

西元前二〇一年的和約對迦太基來說極為苛刻，迦太基喪失了非洲以外的一切領土，除了保留十艘巡邏艦，不再擁有海軍，不經羅馬許可不得與任何國家開戰，另外還負擔一萬塔蘭特的巨額賠款。

## 第三次布匿克戰爭

第二次布匿克戰爭以後，羅馬不

再奉行保守自衛的政策，在隨後的半個多世紀裡開始積極對外擴張。在對高盧、西班牙和馬其頓進行戰爭的同時，羅馬從未對迦太基放鬆警戒。西元前二〇一年的和約大大削弱了迦太基的軍事力量，同時也剝奪了迦太基的一部分主權，但是迦太基依然擁有不可小覷的經濟實力。

據說在戰後，漢尼拔推行改革，整頓吏治，迦太基的農業和商業迅速恢復了繁榮。然而就在這時，漢尼拔的政敵密告羅馬元老院，說漢尼拔和塞流卡斯國王安條克三世（羅馬在東地中海的敵人）暗中勾結。漢尼拔得知消息後，趕在羅馬人來抓捕他之前逃離了迦太基。

在與迦太基的戰爭中，努米底亞（Numidia）酋長馬西尼撒（Masinissa）的騎兵曾極大地幫助了羅馬軍，因此戰爭勝利之後，羅馬人封馬西尼撒爲全努米底亞的國王。馬

羅馬－迦太基古城遺址

布匿克戰爭最終以迦太基戰敗而告終，迦太基古城也被夷為廢墟。此後，新的羅馬－迦太基古城在原來的廢墟上建立起來，成為僅次於羅馬城的古羅馬第二大城市。

西尼撒逐漸呑併了其他努米底亞部落，開始覬覦迦太基富饒的農業區。西元前二〇一年的和約剝奪了迦太基的自衛權，馬西尼撒便趁機不時騷擾，奪取迦太基的土地。迦太基告到羅馬元老院，可馬西尼撒卻一面爲羅馬遠征軍送糧送大象表示忠心；一面進讒言加深元老院對迦太基的猜忌。羅馬總是偏袒努米底亞，導致迦太基被奪去許多領土，最後竟只能保有今日突尼斯海邊的一角。

羅馬元老院對迦太基的態度分爲兩派：一派以西庇阿家族爲代表，主張保護漢尼拔，限制努米底亞的擴張；一派以加圖（Marcus Porchs Cato）爲代表，對迦太基心有餘悸，不斷呼籲徹底消滅迦太基。主戰派提出，迦太基與努米底亞作戰違反了西元前二〇一年和約，是迦太基正在逐漸恢復武力的證據。

在主戰派的壓力下，羅馬於西元前一四九年正式向迦太基宣戰，迦太基自然無力抵抗，只能投降求和。羅馬要求迦太基交出三百名顯貴少年做爲人質並解除一切武裝，當迦太基服從之後，羅馬人仍不罷休，甚至提出把迦太基人全體遷往內地然後毀滅迦太基城的計畫。

迦太基人在悲憤之下，奮起反抗，誓與國家共存亡。羅馬大軍圍困了迦太基一年多，但由於迦太基城防牢固，迦太基人拚死守城，一直無法突破，同時羅馬大軍還常常遭到腓尼基人游擊隊的侵襲。

西元前一四七年，羅馬人以強大兵力突破了迦太基城的外城防線，進行了持續一週的巷戰，最後以飢餓和疲憊迫降了迦太基人。據說，此戰約五萬迦太基人被賣爲奴隸，迦太基城被夷爲平地。羅馬在迦太基故地設置了一個行省，名爲阿非利加行省（Africa）。

## 帝國崛起

持續一百一十八年的布匿克戰爭，最後以羅馬的最終勝利與迦太基的滅亡而告結束，戰爭時間之長、規模之大在世界歷史上空前絕後。強大的羅馬爲戰勝海上強國迦太基而建立海軍；迦太基統帥漢尼拔在沒有制海權的情況下翻越天險阿爾卑斯山深入羅馬腹地，這些都是戰術史上的傑作，對歐洲陸戰和海戰產生了深遠的影響。

羅馬在征服迦太基之後，繼續向地中海東部擴張，控制了東地中海地區，建立起了橫跨亞、歐、非三大洲的帝國。布匿克戰爭使羅馬打開了通向稱霸世界的大門，之後的各代統治者不斷地擴充自己的勢力範圍，逐漸實現輝煌的帝國之夢。

## 悲壯事業——格拉古兄弟改革

西元前一三三年至西元前一二一年，格拉古兄弟先後在羅馬推行以土地問題為中心的改革，也因此被反對改革的元老貴族置於死地。格拉古兄弟的被害意味著共和原則的廢棄，從此，羅馬政壇上籠罩著暴力與血腥，共和國覆滅在即。

### 名門才俊

提比略・塞姆普羅尼烏斯・格拉古（Tiberius Sempronius Gracchus）和蓋約・塞姆普羅尼烏斯・格拉古（Gaius Sempronius Gracchus）兄弟是羅馬史上的悲情英雄。二人都是羅馬共和國傑出的演說家和政治家，最終也爲政治獻出了生命。

格拉古兄弟出身於塞姆普羅尼烏斯的顯貴之家，他們的父親老格拉古是當時社會上赫赫有名的人物，曾擔任過執政官、檢察官等高級職務，以足智多謀和處事嚴謹著稱，最難得的是他身居要職卻能廉潔儉樸。老格拉古晚年時與古羅馬著名統帥大西庇阿的女兒科爾涅利亞（Cornelia）結婚，共生下十二名子女，但只有二子一女存活下來，其中的兩個男孩就是格拉古兄弟。

西元前一五四年，德高望重的老格拉古離開了人世。格拉古兄弟的母親把所有的時間和精力都放在了悉心教子上，她的高潔品行同樣爲孩子們樹立了良好的榜樣。在這樣的家庭教育環境下，兄弟倆都具備了一個優秀羅馬貴族青年所應有的文化和修養。

### 兵源危機

在當時，成熟的共和制度有效地整合了羅馬國內各階層的利益，使國家內部政治穩定，國家利益也能透過這套制度有效地轉化爲個人利益，使得羅馬人民結成了一個利益共同體，大大增強了人民的愛國心和對國家的責任感。由於國內的政治清明和羅馬軍團的英勇善戰，羅馬人在對外戰爭中連連獲勝，對外擴張的腳步愈走愈快，羅馬人在擴張的殖民地上也瘋狂地推行著行省制度。

但隨著羅馬疆土的擴大，威脅共和制生存的因素開始出現。首先就是兵源問題。疆土的擴大和行省的建立需要愈來愈多的羅馬軍隊來鎮守。同

時又由於羅馬人在各行省強奪人口，搜刮賦稅，使巨額財富流入自己的口袋，導致各行省人民與羅馬的對立愈來愈激烈。於是，鎮壓各地的反抗也需要大量兵員。

格拉古兄弟銅像

小農是羅馬共和城邦政治制度的重要基礎，也是確保這一社會結構穩定的關鍵。但羅馬勢力的擴張，使農民破產而導致兵源匱乏人民暴動，格拉古兄弟於是主張限制占有公有地份額，加強羅馬國家統治。

當時羅馬實行徵兵制，公民按財產分級編入軍隊，愈是富有的人所承擔的兵役就愈重，沒有土地財產的羅馬公民不必服兵役。而隨著社會貧富差距的兩極化和其他各種原因，窮人和無產者愈來愈多，符合徵兵條件的公民愈來愈少，造成了羅馬兵員的嚴重不足。一些具有遠見的政治家試圖解決這一問題，他們的構想是恢復分配份地，即讓無地公民得到土地，進而擴大兵源。

## 臺伯河的眼淚

西元前一三三年，提比略・格拉古（大格拉古）當選爲保民官，就職後，他就抛出了自己的土地法案：恢復一條古老但並未認眞實行過的法律，即私人占據公有土地不得超過五百尤格。但附加了一個條款，兒子可以各再加二百五十尤格，一家總數不得超過一千尤格。超出部分由國家收回，再分給無地公民，且不得出賣或轉讓，只能世襲使用。

這個法案自然遭到富人的強烈反對，他們造謠說大格拉古要製造國家混亂，還拉攏另一個保民官馬可・屋大維，唆使他運用否決權阻止法案通過。大格拉古和馬可・屋大維這兩位保民官之間發生爭執，引起很大騷動，公民請求將爭執提交元老院判決。在元老院，大格拉古遭到了富人的一致譴責，他提請人民大會表決「一個違反了人民利益的保民官是否可以繼續擔任保民官的職務」，結果馬可・屋大維被剝奪了保民官的職位，此後土地法案通過了。

西元前一三三年夏，帕加馬國王阿塔洛斯（Attalos）三世遺囑將其王國贈給羅馬，大格拉古提出法案主張把阿塔洛斯的金庫作爲貧農的補助基金。反對派乘機造謠說，帕加馬爲大格拉古帶來了國王的紫袍和王冠，誣稱大格拉古有稱王的野心。

爲了不使改革半途而廢，大格拉古決定參加競選以連任保民官。選舉當日，羅馬民眾集會於卡皮托爾（Capitoline）山丘廣場，反對派混入其中造成糾紛，發生鬥毆，保民官們都從他們的座位上驚惶逃走，祭司關閉了神廟的門。此後謠言四起，由於其他保民官都消失了，人們甚至傳言大格拉古罷免了其他保民官。

元老院也聚會於卡皮托爾山丘的神廟，大祭司長西庇阿．那西卡（Scipio Nasica）向執政官提議殺死大格拉古，但遭到了拒絕，他便高呼著「凡要挽救祖國的人跟我來」，率領一群元老、門客及侍從衝入群眾集會的會場。大格拉古的擁護者看到那西卡及其身後的元老們，出於對高貴公民的尊敬，便屈服了。元老們從大格拉古的黨羽手中搶走棍棒，舉起板凳，開始毆打他們。一場混戰之後，

**古代羅馬圖**

十八世紀義大利畫家貝尼尼（Giovanni Lorenzo Bernini）繪製。在畫家的眼中，一部古代羅馬史同時也是一部藝術史，從拉奧孔到受傷的希臘戰士，從圖拉真（Trajan Column）紀功柱到君士坦丁凱旋門，一部古羅馬歷史以一種藝術的形式精彩地呈現在後人眼前。

大格拉古在神廟門口諸國王雕像旁被殺，他的擁護者三百餘人也遭殘殺。夜間，所有屍體都被拋入了臺伯河。

## 光榮事業的終結

大格拉古被殘害之後，民眾對那西卡非常憎惡，那西卡後來出走小亞細亞，客死異鄉。元老院也沒有貿然廢止土地法案，但是土地分配的困難愈來愈大，公有地已近枯竭，占有土地的人利用各種藉口拖延不肯分配土地。

這時有人建議，應當允許全體義大利人爲羅馬公民，使他們出於感激而不再爭執土地，而且這樣一來也可以解決公民兵員匱乏的問題。但是元老們堅持反對讓臣屬民變爲和他們平等的公民一事。在西元前一二五年，執政官兼三委員之一的弗拉庫斯（Flaccus）就提出給義大利人公民權的法案，未獲通過，以致引起叛亂。在這樣的形勢之下，大格拉古的弟弟蓋約．格拉古（小格拉古）上臺了。

小格拉古在十五歲的時候就從軍，哥哥慘死的時候他遠在西班牙。小格拉古忍受著巨大的悲痛悄然返回羅馬，深居簡出。與他的哥哥大格拉古相比，小格拉古性情比較急躁，演講時更是慷慨激昂，容易發怒，以致需要特意安排一位僕人立於身後提醒他息怒。他的辯論天才曾一度讓貴族再次心驚膽戰，因爲他們似乎在他的身上看到了大格拉古當年的風采。

西元前一二六年，小格拉古至撒丁（Sardegna）島任財務官。他忠於職守，聲望益高，元老院對他猜忌頗深，不想讓他返回羅馬。

羅馬廣場復原圖

古羅馬人沿襲亞平寧半島上伊特魯里亞（Etruria）人的建築技術，並繼承古希臘建築成就，進而開創了一種新的建築風格。古羅馬建築在一世紀至三世紀時達到極盛時期。

小格拉古抗命而遭到控告，他據理力爭，因爲法律規定財務官任滿一年即可回羅馬（小格拉古已任職兩年）。小格拉古獲得了勝訴，並且趁勢競選西元前一二三年的保民官，被選爲第四保民官。小格拉古就任之後，由於他的非凡才華，很快就成了實際上的第一保民官。他開始有計畫地反對元老院，提出了一個史無前例的提案，主張政府每月免費供應公民穀物，他因此得到了空前支持，獲得了人民領袖的地位。

此後不久，小格拉古成功連任保民官，他又利用元老院法官們公開收受賄賂導致普遍人民不滿，提出了一個有利於騎士階層（元老多爲大土地所有者，騎士多掌握大量貨幣財富，在經濟上不弱於元老，但在政治上處於劣勢）的法案，提議法官從騎士階層中選任。

小格拉古還先後提議授予拉丁人和義大利同盟者以羅馬公民權，提議要建立殖民地安置無地貧民。元老院非常恐慌，他們鼓動另一個保民官德魯蘇斯（Drusus）提出更加誘人的法案以取悅和籠絡人民：在義大利本土建十二個殖民地，每個殖民地遣送三千貧民，並豁免分得公地的農民應交的租金。平民被這個無法實現的法案迷惑了，開始嘲笑小格拉古的法案。

小格拉古第三次競選保民官失敗，而他的宿敵，奧庇米烏斯（Opimius）卻當選爲西元前一二一年的執政官。他一上任就開始著手廢除小格拉古所提的其他法案，包括：在土地法提案方面，基本上延續大格拉古的土地法案；在軍事方面，規定了服兵役年齡下限爲十七歲，並且改由國家供應軍裝；修改了執政官行省法。

小格拉古的政敵們決定利用迦太基殖民地問題反對小格拉古，保民官盧福斯（Livius）提出取消迦太基殖民地法案，爲此在卡皮托爾召開了公民大會。集會之時，執政官的一個侍從稱小格拉古黨人爲流氓，並裸露臂膀侮辱他們，小格拉古的部下暴怒之下當場刺死了這個侍從。次日，元老院舉屍遊行，指示奧庇米烏斯鎮壓小格拉古黨人。

元老院一派占領了卡皮托爾山丘。小格拉古派則占領了阿芬丁（Aventine）山丘，並兩次派使求和。小格拉古派無法抵擋武裝部隊的攻擊，不多久便呈潰散之勢，小格拉古在朋友幫助下逃至臺伯河對岸。但是，追兵很快便趕至，小格拉古不甘被俘，命隨從奴隸把自己殺死。在這次內亂之中，慘遭屠殺的小格拉古黨人有三千人之多，他們的屍體如同十年前的大格拉古一樣被扔進了臺伯河。

# 軍事強人——馬略和蘇拉

布匿克戰爭之後，羅馬帝國在地中海的霸主地位逐漸鞏固。隨著外部敵人的減少，古羅馬社會內部的各種問題日益凸顯。以元老院為中心的共和制度可以應對從前小國寡民時期的諸多問題，可是當國家的版圖不斷擴大時便顯得力不從心。古羅馬歷史上的兩位軍事統帥馬略和蘇拉則加速了共和國大廈的坍塌。

## 馬略改革

格拉古兄弟相繼過世後，元老院迫於平民的壓力，並沒有全部廢除格拉古改革中頒布的法律。但元老院又通過了一份顛覆改革的法律，這樣一來，用恢復小農份地的方法來解決兵源問題就不可能了。但羅馬的兵源問題卻在戰爭中日益暴露。

西元前一一〇年，羅馬與同盟國努米底亞國王朱古達（Jugurtha）之間爆發戰爭，史稱「朱古達戰爭」。戰爭中，羅馬軍隊紀律鬆弛，軍心渙散，連遭挫敗。次年，執政官昆圖斯·西西利阿斯·麥特魯斯（Quintus Caecilius Metellus）被派赴非洲。他大力整頓軍隊，提拔了許多出身低微但有才幹的人擔任副將，蓋約·馬略（Gaius Marius）便是其中之一。

馬略西元前一五七年生於阿爾平努姆（Arpinum）城一個普通家庭，他的少年時光都是在鄉村度過，並沒有受過什麼教育。後來，馬略投身行伍，曾隨小西庇阿（大西庇阿之孫）赴今日西班牙參與努曼提亞（Numantia）戰爭。在戰爭期間，他由於英勇作戰得到了重視和提拔，戰後出任參將和軍隊財務官。依靠多年的軍功，馬略轉入政界，並於西元前一一九年當選爲保民官，由於處事鐵面無私，被稱爲「反對元老貴族的鬥士」。

西元前一〇七年，馬略當選爲執政官，並擔任軍隊統帥。面對兵員匱乏的燃眉之急，元老院同意馬略改革軍事制度，以自己的方式招募新兵。馬略的軍事改革涉及內容較多，其中有幾項重要措施對羅馬軍事制度和政治制度影響相當深遠。

一、以募兵制代替公民兵制。馬略不再按財產等級進行徵兵，而允許任何公民志願參軍。

二、實行軍餉報酬制度。這是第一項改革的配套制度。馬略規定，普通士兵每年從國家領取一千二百阿司，百人隊隊長加倍，騎兵爲三倍。國家提供士兵的武器裝備。老兵退役後，還能從國家那裡分得一塊土地作爲補償。

三、依照傳統的公民兵制度，羅馬軍隊只在戰時開始徵召，戰後就解散。一個公民一生通常參加十六次出征。然而在募兵制下，士兵的服役年限延長至十六年。

實行募兵制後，長期困擾共和國的兵員匱乏問題終於得到解決，馬略很快就招募到一支戰鬥力極強的軍隊。到了北非之後，馬略又加強訓練，使軍隊適應當地酷熱缺水的條件。依靠這支軍隊，朱古達戰爭很快便以羅馬的勝利告終。

蓋約・馬略

馬略處於共和國的轉折時期，他的軍事改革令羅馬軍隊恢復強盛。他也因為多次使義大利免遭外族入侵，而被譽為「羅慕路斯第二」。

按照公民兵的原則，士兵和公民是緊密聯繫的，公民拿起武器即爲士兵；放下武器即爲公民，他們所保衛的就是自己的財產。以後的幾百年裡，羅馬就是靠這樣的軍隊維持著一個龐大的帝國。

但募兵制與共和國的基本原則格格不入，事實證明，募兵制帶來的嚴重後果正是共和國覆滅的重要原因。募兵制下，軍隊從國家領薪。這樣一來，士兵利益和公民利益日益脫離，軍隊成爲獨立於公民之外的一股力量，有時他們非但不保護公民，反而蔑視和威脅公民。例如，西元前八十三年，蘇拉（Sulla）率領軍隊從希臘回到義大利，向馬略控制下的羅馬發起進攻，並在第二年奪下羅馬。羅馬被自己的公民攻陷，這在公民兵制度下簡直令人難以想像。

另外，在募兵制度下，軍隊成爲一個相對獨立的利益集團。參加軍隊的人大多是無產者，他們投入軍伍的目的是爲了謀生和發財，因此他們非常好戰，而且追隨出手慷慨的將領。如此一來，野心家就可以通過慷慨的贈與來收買部隊，使之成爲僅效忠自

**蘇拉頭像**

人稱蘇拉「一半是獅子，一半是狐狸」，意指他不但勇敢而且狡詐。他首創「公敵名單」，對政敵毫不留情。在激烈的權利爭奪中，他總能幸運地成為勝利者。

己的嫡系部隊，進而實現自己的政治軍事野心。馬略軍事改革的二十多年後，羅馬就出現了第一個軍事獨裁者——蘇拉。這正是這一改革的必然結果。

## 強者的交鋒

蘇拉的全名是盧基烏斯・科爾涅利烏斯・蘇拉（Lucius CorneLius Sulla），西元前一三八年出身於羅馬一個家道式微的貴族家族。一個富有的名妓（他的情婦之一）臨終將財產悉數遺贈給他，之後他還繼承了繼母的遺產，經濟狀況的改善開始讓人們對他刮目相看。

西元前一〇七年馬略首任執政官時，蘇拉被任命爲財務官並隨馬略渡海去阿非利加參加朱古達戰爭。西元前一〇五年，蘇拉活捉朱古達，戰爭由此結束。但這件事傷害了馬略的虛榮心，兩人之間就此結下怨仇。此後，馬略在反擊日耳曼人入侵的戰爭中仍然重用蘇拉，而蘇拉也頗有建樹。

馬略對蘇拉的成功日益不安，開始不再提供他立功晉級的機會，蘇拉便轉到了馬略的同僚卡圖魯斯（Catulus）麾下。此後，蘇拉和馬略的對立因在神廟爲蘇拉豎立雕像一事而達到一觸即發之勢，不過突然爆發的同盟者戰爭（Social War）使內訌暫時平息。在同盟者戰爭中，許多羅馬將領節節敗北，蘇拉卻頻頻告捷，他打敗了能征慣戰的馬爾西人和薩莫奈人（Samnites），逐漸成爲時人所公認的優秀統帥。

西元前八十八年，同盟者戰爭接近尾聲，時年五十歲的蘇拉由於赫赫戰功當選爲執政官，此時他還舉行了第四次婚禮，迎娶大祭司之女、顯貴遺孀麥特拉（Metella）爲妻，進而與顯貴結成政治聯盟，成爲貴族派的領袖。而此時，東方局勢發生了驟變，在羅馬人忙於義大利戰爭而無暇東顧之時，本都（Pontos）王國的擴張嚴重威脅了羅馬對小亞細亞和巴爾幹半島的統治，羅馬決定派兵進剿。

在元老院主持下，蘇拉獲得了軍隊指揮權。當他準備離開羅馬時，在馬略的鼓動下，保民官盧福斯突然向公民大會提出四個法案，其中一個法案便是要剝奪蘇拉對本都戰爭的指揮權，重新任命馬略爲這次戰爭的總司令。盧福斯法案在公民大會上通過後，盧福斯立即派遣兩名軍事保民官前往本都，力圖在蘇拉到達前接管他的部隊。但是蘇拉還是搶先一步，率領這些政府準備用來東征的六個軍團轉而攻打羅馬，羅馬公民入侵羅馬，這在羅馬史上還是頭一遭。最終，蘇拉大軍攻下了羅馬，馬略和盧福斯等人兵敗逃亡。

## 蘇拉獨裁

之後，蘇拉開始在羅馬實行恐怖統治，對馬略派進行全面報復。蘇拉廢除了盧福斯法案，還通過了一項新

**加爾橋**

加爾橋（Pont de Gard）位於法國加爾省（Gard），由羅馬人開鑿建造，建造目的是向城市運輸淡水。加爾橋也是羅馬水道橋中規模最大的一座，充分表現出羅馬帝國建築的輝煌氣勢和精湛工藝。

法律：凡是元老院沒有事先考慮的問題，不得向公民大會提出，國家的一切法律都由森都里亞大會表決通過才能生效。這樣一來，民主的特里布斯大會形同虛設。保民官的權利也受到了嚴格限制，被剝奪了否決權。三百名蘇拉的擁護者也被選入改組後的元老院。

此外，蘇拉發表了著名的「公敵宣告」，共擬定三批公敵名單，被宣布爲「公敵」的人可不經審判而被殺死。他並被宣告爲無限期獨裁官，幾乎掌握了全部國家權力。蘇拉成爲羅馬史上第一個無限期獨裁官，這實際上已否定了共和國的基本原則。

然而，蘇拉卻一直竭力維持共和國的形式，不僅他的所有官職和榮譽都是通過公民大會合法授予的，而且他允許繼續選舉執政官及全部原有官職以處理日常政務，議案仍然提交公民大會，經批准後開始成爲法律。

西元前七十九年，蘇拉突然宣布辭去無限期獨裁官，隱退到坎佩尼亞（Campania）的濱海別墅，終日過著怡然自得的田園生活。對於他的引退，古往今來眾說紛紜，有人說他利用獨裁手段完成了恢復貴族共和制的憲政改革，因此遵守諾言還政於民；也有人說他因改革無望知難而退；也有人說他在滿足了權勢欲望後感到厭倦而嚮往田園生活；還有人說他困擾於嚴重的皮膚病，所以無法親執權柄。

蘇拉引退後，又和以前一樣，依然窮奢極欲，沉溺酒色，間或涉獵詩文，撰寫記述他傳奇式生涯的二十二卷集回憶錄（並未傳世）。西元前七十八年，蘇拉在濱海別墅安靜地死去，終年六十歲。此後，蘇拉的許多政策都被取消，但他爲日後的野心家提供了先例，共和國的精神在這些野心家一波又一波的衝擊下逐漸淡化，最終蕩然無存。

關於蘇拉的遺體問題，在羅馬城中馬上發生分歧，卡塔拉斯（Catullus）和蘇拉黨人主張舉行公葬，但雷必達（Marcus Aemilius Lepidus）和他的黨羽反對，最終前者勝利了。蘇拉的遺體被抬在金輿上，聲勢浩大地遊行義大利，他的士兵從四面八方攜帶著武器跑來參加遊行。當遺體到達羅馬時，因爲害怕這些聚集起來的士兵，全體元老院和高級官員都全副武裝參加葬禮。

蘇拉的遺體最後陳列於廣場中的講壇上，由當時最善於言辭的羅馬人發表了葬禮演說，再由元老中強健的人抬起棺架運往瑪爾斯廣場，這是過去埋葬國王的地方。據說蘇拉爲自己留下這樣的墓誌銘：「沒有一個朋友曾給我多大好處；也沒有一個敵人曾給我多大危害——但我加倍回敬了他們！」

# 與命運抗爭——史巴達克

史巴達克，這個二千多年前的色雷斯角鬥士領導了古羅馬歷史上規模最大的一次奴隸抗爭，他以生命為代價，對不公平的社會進行了一次最壯烈的抗議。

## 爲自由而戰

「殺死他，殺死他！」羅馬競技場內所有的觀眾都在瘋狂地叫喊著，同時將自己右手的拇指朝下，一個競技失敗的角鬥士就這樣被草草決定了死亡的命運，勝利者毫不猶豫地將匕首插入失敗者的胸膛。

羅馬競技場，一座代表古羅馬最高建築水準的宏偉建築，見證了古羅馬奴隸制背後的血腥與殘酷。奴隸主將奴隸的血腥決鬥當做一種「飯後消遣」，角鬥士的鮮血染紅了競技場的每一寸土地。終於有一天，古羅馬歷史上規模最大的奴隸抗爭暴發了，一個名叫史巴達克（Spartacus）的角鬥士帶領覺醒的奴隸譜寫了古羅馬歷史上最悲壯的篇章。

史巴達克是希臘北方的色雷斯人，在反抗羅馬的戰爭中被俘，之後被賣到加普亞（Capua）的角鬥士學校。角鬥士都是由奴隸、戰俘和囚犯組成，他們在學校裡接受使用各種武器的訓練，同時受到了嚴格的看管，過著暗無天日的生活，他們存在的意義就是爲了取悅貴族而搏殺到死。

西元前七十三年的一個深夜，史巴達克和同伴們不得不反抗起事，因爲他們密謀逃跑的事情不慎洩露了。史巴達克帶領逃出來的七十七人來到維蘇威火山安營紮寨，史巴達克被推選爲領袖，高盧人克里克蘇（Crixus）和日耳曼人埃諾瑪依（Oenomaus）爲他的助手。很快地，維蘇威火山附近的逃亡奴隸和貧民都前來投奔史巴達克，反抗軍迅速發展到了近萬人。

此時，羅馬正忙於對付強悍的西班牙人，誰也沒有把角鬥士學校的「學員」當一回事。但當史巴達克的軍隊多次襲擊奴隸主莊園，震動了整個坎佩尼亞後，元老院意識到了問題的嚴重性，於是派克勞狄烏斯（Claudius）率領三千人前往鎮壓。克勞狄烏斯封鎖了通往維蘇威火山的唯一道路，企圖把史巴達克的軍隊困死在山上。

為了突破重圍，史巴達克率領部下對山上地形進行反覆勘察，發現山上另一側的懸崖處沒有羅馬軍隊。於是他命人砍伐大量籐條，編成八、九百英呎長的軟梯，從懸崖直垂谷底。待到夜幕降臨，史巴達克的軍隊順著梯子滑下懸崖，繞到羅馬軍營側後方發動進攻。面對從天而降的進攻者，大部分羅馬士兵還在夢鄉中就不明不白地做了俘虜。經此一戰，史巴達克的軍隊獲得了大量武器和輜重，並趁機占領了瑙拉（Nola）。

## 內部分裂，外有追兵

戰敗的消息傳到羅馬，朝野為之震動。元老院急忙調集兩個軍團，由行政長官瓦列努斯（Varinius）率領前往維蘇威。

瓦列努斯從一開始就犯了錯誤，他將本就不多的軍隊一分為二，計畫一隊在正面吸引奴隸軍，另一隊繞到奴隸軍背後突襲。這個計畫看起來很是完美，但前提是史巴達克和他的軍隊必須待在瑙拉束手就擒。

當史巴達克得到瓦列努斯分兵的情報後，就猜出了他的意圖，於

**在角鬥場上**

一名角鬥士若能在五年的搏殺中倖存下來，就能獲得徹底的自由。但這種機率是微乎其微的，戰敗的角鬥士通常會被戰勝者殺死。因為當勝利者將長矛刺入失敗者的咽喉時，看臺上觀眾的情緒才會達到頂峰。

**人獸搏殺**

角鬥場中的表演，除了人與人搏鬥之外，還有人獸搏鬥、獸獸搏鬥，野獸在廝殺中的吼叫讓那些嗜血的羅馬人感到刺激和滿足。

是採取了避強擊弱、各個擊破的戰法。戰爭一開始，史巴達克的軍隊在卡其陵（Garganus）遭遇瓦列努斯的副將利烏斯（Lucius）率領的羅馬軍隊，經過約兩小時的激戰，羅馬軍隊被全數殲滅。而此時的瓦列努斯並不知道副將利烏斯率領的軍隊已被擊潰，依然按原計畫前進瑙拉。

史巴達克從俘虜口中得知了瓦列努斯的行軍路線，迅速率軍於法爾杜納斯河河谷截擊瓦列努斯。瓦列努斯被突然而至的奴隸軍打了個措手不及，羅馬軍大敗，瓦列努斯險些被捕。

當奴隸軍上下被一種盲目樂觀情緒所包圍時，史巴達克很清楚，在義大利本土自己即使擊敗羅馬軍團一百次，也無法消滅羅馬。而羅馬擊敗自己一次，奴隸軍離滅亡就不遠了。史巴達克召集部將開會，認為往北越過阿爾卑斯山，避開即將到來的羅馬軍團主力是目前唯一可行的計畫。奴隸軍中的大部分奴隸也同意這一觀點。但是以克里克蘇為代表的自由民表示反對，他們不願意離開義大利，希望藉由戰爭奪回他們失去的土地。分歧的結果就是克里克蘇竟然帶著一支三萬人的隊伍從史巴達克的隊伍中分離出來。

而此時，羅馬執政官倫杜魯斯（Lentulus）和吉里烏斯（Gellius）已分兵兩路向奴隸軍撲來。不久，當史巴達克的軍隊正與倫杜魯斯的軍隊激戰時，吉里烏斯在阿普利亞（Apulia）北部的加爾干（Garganus）山附近包圍了克里克蘇的部隊。埃諾瑪依身中二十七刀陣亡，他的軍隊也覆滅了。

史巴達克率軍向北推進，計畫翻越阿爾卑斯山，離開義大利。西元前七十二年，奴隸軍在義大利北部的南阿爾卑斯高盧省擊潰了二萬羅馬軍隊，順利抵達阿爾卑斯山腳。然而接下來，史巴達克並沒有按原計畫行事，而是率領已經發展到約十二萬人的奴隸軍南下，準備渡海前往西西里島。後人猜測，他們臨時改變路線可能是由於翻越阿爾卑斯山的困難或是未獲得義大利北部富裕農民的支持。

在得知奴隸軍向羅馬進軍的消息之後，羅馬城內人心惶惶。元老院對即將到來的災難束手無策，新當選的西西里島總督克拉蘇（Marcus Licinius Crassus Dives）主動請纓。元老院於是授予克拉蘇徵集六個軍團和足夠輔助兵的權利，同時發布約束令——執政官無權干涉軍事。元老院把最後的籌碼壓在克拉蘇身上，而克拉蘇也確實沒有讓元老院失望。

奴隸軍為了避開羅馬軍團主力，揮師南下前往盧卡尼亞（Luconia）。克拉蘇於是派遣副將穆米烏斯（Mummius）率領兩個軍團為前鋒立即追擊，並特別叮囑在大軍到來之前千萬不要和奴隸軍開戰。但是穆米烏斯第一次碰上奴隸軍就發起了進攻，結果遭到慘敗。為了挽回敗局，克拉蘇恢復了二百多年前的「十一格殺令」（在打敗仗的軍團中將士兵分成十人一組，每組處死一人），對潰逃的兩個軍團進行懲罰。

## 英雄末路

正當奴隸軍與克拉蘇的軍隊相持不下時，史巴達克焦慮萬分，他知道待在義大利本土的時間愈長，就會遭遇愈多的羅馬軍團。西元前七十二年底，史巴達克開始與在第勒尼安（Tyrrhenian）海沿岸出沒的海盜談判，希望他們把奴隸軍運到西西里島。史巴達克花了三十塔蘭特的傭金，使海盜答應他的要求。

奴隸軍主力集結至海邊，等待海盜的到來。但見利忘義的海盜被西西里總督重金收買了，不肯幫助史巴達克運送士卒。史巴達克曾試圖自製木筏強渡，但終因水勢兇猛、風浪太大而未能成功。奴隸軍不得不重新北上，另尋突破口。

但此時，克拉蘇已經在奴隸軍身後構築了一條長約五十五公里，寬和深均為四．五公尺的壕溝，又在溝邊築起了高壘的防護牆，打算將奴隸軍困死在半島南端。不過，奴隸軍用土和樹木填平了壕溝，又強攻築壘，終於脫困，但卻損失了約三分之二的兵力。

之後，奴隸軍很快便補充了新兵，人數再一次達到七萬餘人。但是龐培（Pompeius）與盧古魯斯（Lucullus）分別從西班牙和小亞細亞趕了回來，而且盧古魯斯已經在布隆（Brutium，今稱 Calabria，在義大利南部）的西岸登陸，情況萬分危急。爲防止羅馬三大主力會合，史巴達克決定提前與克拉蘇決戰。

西元前七十一年春，雙方在阿普利亞（Appian）境內激戰。在這場殊死搏鬥中，大約六萬名奴隸軍士兵戰死沙場。史巴達克也在戰鬥中流盡了他的最後一滴血，但他用自己的生命實踐了當年的誓言：「寧爲自由戰死在沙場，也不願貴族取樂而戰死於角鬥場！」這場戰爭結束後，被俘的六千餘名奴隸軍士兵全都被釘死在從加普亞到羅馬的大道兩旁的十字架上。

古羅馬大競技場

這座大競技場始建於西元七十二年，歷時八年才完工。據說在當時可容納七萬名觀眾觀看角鬥表演。

# 壯士未酬身先死——凱撒大帝

凱撒雄韜偉略又才華出眾；戰績卓著又殺人如麻；做風強硬卻不失虛與委蛇，而他的結局又是帶有一些悲劇色彩。儘管如此，他的豐功偉績仍為歷史所記載下來，受千秋萬代人景仰。

## 非同一般的凱撒

西元前二世紀下半葉，隨著羅馬經濟的發展，軍事力量的壯大，羅馬共和國原有的共和制度已無法適應新的歷史形勢，政治危機與社會對立屢屢發生，加強統治權成了勢在必行的趨勢。從西元前一三〇年代起，就不斷有人從不同的角度提出種種改革方案，但都因爲觸犯共和貴族的利益，而受到元老院中一小撮所謂貴族共和派的反對。凱撒正是出生於這樣一個時代。

西元前一〇二年七月十二日，凱撒出身於羅馬一個古老而高貴的家族，他的父親先後擔任過財政官、大法官以及小亞細亞的總督，母親則來自權勢很大的奧萊利・科塔（Aurelia Cotta）家族。凱撒的姑母茱莉亞嫁給了羅馬赫赫有名的執政官、元老院民眾派領袖馬略。這樣顯赫的身世，爲凱撒日後踏上政壇提供了絕佳的背景。

凱撒接受的是羅馬貴族式的傳統教育，七歲時便進入專門培養貴族子弟的學校。他頭腦靈敏，勤奮好學，哲學、歷史、地理、法律無不涉獵，尤其喜歡古希臘文學，除了師從雄辯術教師學習演講辯論技巧，他還接受軍事技術方面的教育，包括閱讀各種歷史、攻城術和戰術等方面的著作，參加各種軍事和體育訓練。

凱撒的文治武功均十分出色，他不僅能寫一手好文章，還同時精通劍術與騎馬等武藝。少年時代的凱撒具有浪漫文人的氣息，他將自己的家譜上溯到很遠，利用詞源學硬是把愛神與特洛伊英雄安基西斯（Anchises）的兒子埃涅阿斯（Aeneas）之子攸里利昂（Julus）與自己的家族扯上了關係，而他就成了愛神的後裔，也是羅馬城締造者羅慕路斯的後代傳人。這個說法雖然有些牽強，但爲凱撒後來的獨裁統治發揮了助力。

十五歲那年，按照羅馬的習俗，凱撒穿上象徵成年人的白色長袍。十七歲時，凱撒迎娶元老院民眾派秦納的女兒科涅莉亞（Cornelia Cinnilla）為妻。由於他與馬略和秦納（Cinna）的親緣關係，青年時期的凱撒就一直受到元老院民眾派成員的支持，同時也受到貴族共和派的排擠，這使他從一開始就只能站在民眾派一邊，並逐漸成為民眾派的領袖。

西元前八十六年和西元前八十四年，馬略和秦納先後去世，凱撒一下子失去兩個保護人。西元前八十二年，馬略的舊部蘇拉在內戰中取勝，他開始以鐵血方式清除民眾派成員。蘇拉要求凱撒與科涅莉亞離婚，但凱撒拒絕並離開了羅馬，也因此險些被蘇拉所殺。據說蘇拉在同意寬恕凱撒時曾跟為凱撒說情的屬下說：「你們要知道，這個年輕人將比馬略可怕百倍！」

## 初出茅廬

離開羅馬後，凱撒前往東方避難。西元前八十一年，他謀得小亞細亞行省總督侍從的職位。期間，他被派往比提尼亞（Bithynia）招募船隻，初出茅廬的他圓滿地完成了任務，顯示了出色的外交才華。並開始立下戰功，充分表現了他軍事作戰的天分，為此，他獲得總督授予市民花環的獎勵。

蘇拉去世後，凱撒回到了闊別數年的羅馬。期間，他處事低調，極少關心政治。西元前七十五年，凱撒再次來到希臘羅德島，拜師至米隆（Myron）之子、雄辯大師阿波洛尼奧斯（Apollonius）的門下，學習雄辯術。次年，他返回羅馬並繼承了舅舅的祭司職位。兩年後，凱撒獲得了第一個通過選舉產生的低級職位——軍事保民官（羅馬官職體系中最低的一級）。

二十六歲的凱撒從此步入政壇，

**凱撒與埃及女王克麗奧佩脫拉第一次見面**

西元前四十八年，凱撒追擊龐培來到埃及。克麗奧佩脫拉為了在埃及王位爭奪戰中獲得凱撒的支持，乘船於夜間潛入亞歷山大港，以毛毯裹身，由人抬到凱撒房門前。她的勇氣、智慧和美貌深深打動了凱撒的心，成了這名羅馬當權者的情婦。

他的雄辯之才發揮了作用，他在大庭廣眾面前呼風喚雨、鼓動人心的演說本領爐火純青，除了西塞羅（Cicero，羅馬雄辯家）外，無人可與之匹敵。

西元前七〇年，三十二歲的凱撒順利當選財務官，這是羅馬官職體系中第一個正式官職，任期一年，獲勝者將自動獲得元老院議員的資格。凱撒於次年前往西班牙作爲總督的副手主管財政。有一天，在赫庫利斯（Heracles）神廟中，凱撒看到了亞歷山大大帝的塑像，想到亞歷山大在自己這個年齡就已征服世界，而自己還無所作爲，不禁感慨萬千，隨即請求解除職務，離開了西班牙。

西元前六十五年，凱撒當選爲市政官。次年，凱撒被推舉爲審理謀殺案件的法官。兩年後，凱撒再獲大法官職銜，地位僅次於共和國最高長官——執政官。這時，凱撒在羅馬的權勢地位已經非往昔可比。

西元前六十一年，凱撒被委以西班牙總督之職。一抵達伊比利（Ibérian）半島，凱撒就發動討伐獨立部落，他屢屢用兵，所向披靡，收繳戰利品無數。凱撒將收繳的錢財交予國庫，在元老院一時傳爲佳話。經過數年來的累積，凱撒已經具備了相當的政治實力，因而，他提出的「爲凱撒舉辦凱旋式慶祝和競選執政官」的要求也得以通過。不過，最後凱撒等不及總督繼任者前來，便馬不停蹄地趕回羅馬。由於時間緊迫，凱撒放棄了凱旋式慶祝，以普通公民的身分進城以贏得時間積極備選執政官。

## 前三頭同盟與高盧之戰

西元前六〇年，凱撒在森都里亞大會上被推選爲羅馬共和國的執政官。四十二歲的凱撒從此成爲羅馬最高行政長官。此時的他，除了在一般民眾中擁有巨大的號召力以外，沒有別的政治資本，元老院的貴族共和派馬爾庫斯・畢布路斯（Marcus Bibulus）也在賄選的情形下獲選另一執政官職位。爲此，凱撒十分需要組建政治同盟，以穩固自己的執政地位。

那時，在軍隊中擁有極大勢力的龐培在元老院爭取安置他的退伍老兵的土地時遭到失敗；代表富豪即騎士階層的羅馬首富馬古斯・克拉蘇（Marcus Licinius Crassus）也正在爲獲得對抗帕提亞（Parthia）所需的軍隊控制權而犯愁；執政官凱撒則正好需要龐培的聲望和克拉蘇的金錢。三個人代表的三個不同利益的集團，只是因爲同樣受到把持元老院的貴族共和派的排擠，而最終聯合在一起。

由於龐培和克拉蘇在西元前七〇年那次共掌執政官之後結怨，擅長外交術的凱撒出面化解，成功地使兩人言歸於好。三個人由此結成一個穩固的鐵三角，訂立盟約之時，即明確目的是「使這個國家的任何一項措施都不得違反他們三人之一的意願」〔史家蘇維托尼烏斯（Gaius Suetonius Tranquillus）語〕。

獻上龐培的頭

西元前四十八年，逃亡途中的龐培被托勒密王朝的大臣殺害。圖為埃及人將龐培的頭顱獻給凱撒。

歷史學家將這個聯盟稱爲「前三頭同盟」。爲了鞏固此一政治聯盟，五十歲的龐培還娶了凱撒年僅十四歲的獨女茱莉亞。三人結盟後，勢力大增，令元老院貴族共和派大驚失色。畢布路斯在凱撒獨攬大權的情形下，退出所有的政治活動。

動盪的局勢令凱撒清醒地意識到武裝力量的重要性，只有利用武力，才能在政治上施展作爲。在執政官任期屆滿之後，凱撒竭力爭取到高盧行省去擔任行省長官，目的是想在那裡訓練自己的軍隊，作爲政治上的後盾。

西元前五十八年，凱撒揮師北上前往高盧。當時高盧正處於社會動亂之中。不穩定的政治環境加上北歐日耳曼人跨過萊茵河逼進高盧造成的壓力，爲凱撒提供了一個絕佳的機會。在高盧的第一年，凱撒阻止了海爾維基（Helvetii）人遷入羅馬行省，命令他們回到故土，又趕走了日耳曼人，占據了高盧中部。

西元前五十七年，凱撒迎戰定居於今日比利時的日耳曼諸部於北高盧。第三年，凱撒橫掃大西洋沿岸。西元前五十五年底，大致吞併整個高盧。羅馬軍隊所到之處，大肆掠奪，戰利品堆積如山，成千上萬的戰俘被賣爲奴隸。西元前五十六年，高盧終於被元老院劃爲羅馬的一個軍政區。兩年後，凱撒出其不意地攻入不列顛島，在得到不列顛統治者納貢的承諾後，凱撒才班師回到高盧。

西元前五十三年春，高盧部落的首領維辛格托里克斯（Vercingetorix）聯合其他各部，組成統一陣線，高呼「爲獨立而戰」，誓將凱撒趕出高盧。這一次凱撒幾乎陷於絕境，幸而在第二年冬天，凱撒憑藉機智的軍事策略圍困高盧人，最終迫使他們投降。維辛格托里克斯被處死，他的士兵則淪爲凱撒軍團的奴隸。

阿萊西亞（Alesia）城一戰，高盧軍隊近二十五萬之眾竟敗在凱撒僅六萬的軍隊手下。凱撒的威望達到了空前的高度。九年內，他爲羅馬擴充了相當於兩個義大利的疆域，爲義大利和地中海一帶帶來了長達四個世紀的安定，也將古羅馬文明散播在西歐這片土地。當然，後者無意之間成爲古羅馬文明的傳播者、法蘭西文明的締造者。征服高盧後，凱撒還以優美的古希臘文把他在此間的所作所爲撰寫成書，名爲《高盧戰記》（*Commentari de Bello Gallico*）。

## 羅馬的獨裁者

高盧之戰的勝利使凱撒在民眾聲望上漸漸超出「三人同盟」中的其他兩人——龐培和克拉蘇。他藉高盧作爲練兵場所，訓練起一支當時共和國最能征善戰的部隊，而且是一支只知有凱撒，不知有國家的部隊。

凱撒的成功刺激了克拉蘇，他在西元前五三年發動「安息之戰」，不料在卡萊戰役（Battle of Carrhae）中全軍覆沒，安息人用熔化的黃金灌進他的喉嚨，殺死克拉蘇。原來鼎足相峙的「三人同盟」，至此只剩下凱撒和龐培並立。三角政治出現變化，元老院順勢拉攏龐培，最終龐培與凱撒關係破裂。

西元前四十九年一月一

西元前五十二年，高盧首領維辛格托里克斯與凱撒的羅馬軍團在高盧的阿萊西亞展開戰鬥。最後，維辛格托里克斯不敵凱撒，開城投降。

日，元老院命令凱撒回羅馬，凱撒回信表示希望延長高盧總督任期，元老院不但拒絕，還發出最終勸告，表示果凱撒不立刻回羅馬，將宣布視爲國敵。

一月十日，凱撒帶軍團到國境線盧比孔（Lubikone）河。按照羅馬法律規定，任何指揮官皆不可帶著軍隊渡過盧比孔河，否則就是背叛羅馬。凱撒思索半天，講出一句名言，「渡河之後，將是人世間的悲劇；不渡河，則是我自身的毀滅。」最後兵不血刃地進入羅馬城，要求元老院議員選舉他爲獨裁官。凱撒大膽的舉動超出了元老院共和派的想像。十八日，龐培率領一批元老和兩名執政官急忙帶著家當逃離義大利半島。奪得羅馬政權後，凱撒對政敵實行寬大懷柔的政策，贏得了一部分元老貴族和士兵的好感。

同年秋天，凱撒出兵西班牙，終於迫使龐培麾下兩員部將的軍隊投降，鞏固了自己後方的勢力。西元前四十八年六月，凱撒又在法薩羅（Pharsalus）打敗龐培，龐培逃到埃及後被殺。凱撒藉追擊龐培之機進兵埃及，幫助依附於他但當時被逐出埃及的克麗奧佩脫拉七世建立政權。兩年後，凱撒又平定了阿非利加支持龐培的力量，並鎮壓龐培之子在西班牙的反抗。

西元前四十六年秋，凱撒自阿非利加戰場歸來。羅馬人爭相湧上街頭，參加元老院爲凱撒舉辦的凱旋式慶祝。西元前四十四年，凱撒被推舉爲終身獨裁官。他擁有了執政官、保民官、大祭司等職權；控制著國庫以及元老院議員的選舉和罷黜權；唯一留有表決權的議會，也被操縱在凱撒的副官安東尼（Marc Anthony）和多拉貝拉（Dolabella）手裡。

羅馬大權終歸凱撒獨掌，但他始終不肯接受帝王之名。凱撒忙著制訂一系列改革計畫和許多宏偉目標。僅用幾個月時間，便將傷痕累累、社會混亂、問題重重的羅馬，改造成一個自由平等、思想開明、繁榮昌盛的全盛國家。

不過，凱撒最終因觸犯貴族利益而在同年三月十五日被陰謀者暗殺，

凱撒半身雕像

凱撒被一些歷史學家視為羅馬帝國的無冕王，甚至有些歷史學家將他視為羅馬帝國的第一位皇帝，以他就任終身獨裁官的日子為羅馬帝國的誕生日。

## 凱撒之死

西元前四十四年三月十五日，凱撒被一群共和派反對者刺死在龐培議事廳，爲首的是共和派分子布魯圖（Marcus Junius Brutus Caepio）和卡西約（Cassius）。據傳布魯圖是凱撒的私生子，凱撒對共和派的布魯圖十分寬容，而布魯圖卻從來不把自己看做是凱撒的兒子，他聲稱「我們的祖先教我們不該忍受暴君的存在，即便這名暴君是我們的父親」。那天正是由他去勸說凱撒參加元老院這次會議。在龐培議事廳，凱撒正要宣讀手裡的紙條，謀殺者一擁而上。當凱撒發現布魯圖竟然也手拿匕首向他刺來時，他不無悲傷地喊道：「孩子，你也這樣！」之後，他扯起衣袍裹住頭，不再抵抗。

死時年僅五十八歲。他的遺囑指定自己姐姐的孫子屋大維（Gaius Julius Caesar Octavianus）爲第一繼承人。屋大維後來即在凱撒奠定的基礎上，徹底完成締造羅馬帝國的任務。

凱撒功業彪柄，人們把他列入眾神行列，稱其爲「神聖的尤利烏斯（Julius）」，崇拜他的人則稱呼他爲「凱撒大帝」。

### 凱撒被刺

凱撒是一位集軍事、行政、司法、宗教各項大權於一身的無冕之王，引起了元老院貴族的嫉恨和反對。西元前四十四年，凱撒終於被他們刺殺身亡。但刺殺者幾乎沒有誰在他死後活過了三年，所有人都被判有罪，並以不同方式死於非命。

## 愛江山更愛美人——安東尼

輝煌燦爛的羅馬有太多將帥人物、太多英雄傳奇故事，在共和國後期更是群星璀璨，其中就有一位被後人稱為「溫情英雄」的安東尼。他曾是凱撒軍隊中最重要的指揮官之一，在凱撒被刺後與屋大維、雷必達結成了「後三頭同盟」。在當時，他極有可能成為羅馬的統治者，但他卻偏偏遇見了埃及豔后。

### 玩世不恭的少年

西元前八十三年，安東尼誕生在羅馬一個平民家庭。在共和國後期，他的家族發展成爲權勢最顯赫的家族之一，家族成員曾不只一次地向世人宣稱：「我們是希臘神話中最偉大的英雄海克力士之子，安東尼的後代」，這爲他們的家族蒙上了一層傳奇色彩。

安東尼的父親馬克·安東尼·克里斯提是著名的辯論家奧雷托爾（Marcus Antonius Orator）的兒子，母親茱莉亞·凱撒是凱撒的親戚。安東尼幼年時，父親就離開人世，母親後來也改嫁了。據羅馬傳記史學家普魯塔克（Plutarch）的描述，安東尼早年因爲缺少父親的管束，在羅馬和朋友過著花天酒地的生活，不僅嗜賭成性，而且還不時介入各種桃色事件。據說他在二十歲之前已經負債纍纍，欠債高達二百五十塔克。

當安東尼漸漸長大以後，他開始反省先前輕狂的生活方式，重新規畫人生道路。在古希臘學習辯論術時，他作出了一個大膽的決定——成爲一名羅馬騎兵。不久，在一次行動中，安東尼表現優異，並獲得賞識。從那時起，安東尼的命運發生了變化。

### 凱撒大帝的臂膀

西元前五十四年，安東尼有幸加入了凱撒在高盧的參謀部。在高盧戰役中，他卓越的將帥才能得到了充分的施展和肯定，從此以後，他逐漸成爲凱撒政權的追隨者。

西元前五〇年，當凱撒爲期十年的高盧總督任期滿後，他要求延長任期。然而，羅馬元老院中龐培領導的保守派擔心凱撒建立獨裁統治，要求凱撒必須在此之前放棄總督和軍事指揮官的職務。誰都明白這將是一步險棋，如若他放棄了兵權，很可能在他被允許延長任期之前就遭到迫害了。因此凱撒拒不執行這一決定。

於是安東尼站了出來，他提出了一個讓雙方都放棄兵權的建議，但這個建議遭到了強烈的反駁，他本人也被驅逐出元老院。無奈之下，安東尼離開羅馬投奔凱撒的軍隊。此時，凱撒已經帶領軍隊到達盧比孔河畔。當他得知與龐培無法達成和平協議之時，毅然發動內戰。在這場大規模的戰役中，安東尼的軍事才能再一次彰顯出來，在所有與龐培對陣的過程中，他一直都是凱撒左翼軍隊的指揮官。

西元前五〇年六月，凱撒在希臘的法薩羅徹底打敗了龐培，龐培逃到埃及。凱撒終於力挫群雄，登上了獨裁者的寶座。此時安東尼的地位也如日中天，被凱撒封爲騎兵統帥。然而，具有軍事天賦的他卻沒有出色的管理才能。

西元前四十七年，凱撒奔赴阿非利加與龐培的殘餘勢力作戰，將義大利半島交給龐培管理，結果卻出乎凱撒意料之外。安東尼屢次動用武力，使羅馬城陷入一片恐慌和混亂。凱撒得知後怒不可遏，憤然解除了安東尼的所有權力。直到西元前四十四年，安東尼再度被任命爲凱撒的第五任執政官助手時，兩人之間的衝突才得以化解。

西元前四十四年三月的某一天，凱撒被元老密謀殺害。身爲凱撒忠實追隨者的安東尼害怕受到牽連，於是化裝成奴隸迅速逃離羅馬城。待政變結束後，元老院爲穩定大局，決定特赦刺殺者，並爲凱撒舉行了葬禮。返回羅馬的安東尼在葬禮上致悼詞的時候，痛斥了刺殺者的罪行，發誓與他們勢不兩立，同時憤怒地扯下裹在凱撒身上的寬袍來顯示凱撒身上的傷痕。擁護凱撒的士兵和羅馬市民對刺殺者的仇恨被安東尼激發了出來，人心沸騰，反對凱撒專政的人士在萬般惶恐之下選擇了逃亡。

安東尼的演講

在凱撒的葬禮上，安東尼怒斥刺殺者的醜惡罪行，並顯露出凱撒身體上的傷痕，激發了凱撒擁護者的憤怒。

## 宏圖霸業

凱撒之死造成政治眞空，這爲後來的安東尼、屋大維和雷必達帶來了絕好的時機，另一場內戰一觸即發。

而此時，陰謀者又在東方聚集力量。在內憂外患愈演愈烈的境況之下，經過數月的艱難協商，三人最終決定組織成立「後三頭同盟」。

西元前四十三年，同盟正式成立。通過一個法規後，他們獲得了此後五年裡的所有權力。後三頭同盟將羅馬西部行省一分爲三，安東尼統治高盧地區，屋大維控制阿非利加、西西里和撒丁尼亞（Sardegna），雷必達則統帥西班牙，剩下的義大利由他們三人共同管理。

此外，他們的任務也有所不同，雷必達擔任西元前四十二年的執政官，安東尼和屋大維負責征討占領東方行省的共和派。這個同盟成立後迅速追捕逃亡於東方的刺殺者，西塞羅就是在這場迫害中被殘酷殺害的。他們進軍羅馬，無情地剷除政敵，據說大約三百名元老和二百名士兵被殺。在與

安東尼初遇克麗奧佩脫拉

西元前四十一年夏天，埃及女王克麗奧佩脫拉應安東尼之召來到西里西亞的塔爾蘇斯。她精心布置了一艘金片包鑲的彩船，扮成女神的模樣，用迷人的風姿和優雅的談吐以及機智學識令安東尼神魂顛倒。

共和派的征戰取得勝利之後，安東尼赴小亞細亞嚴厲地懲罰了一些當初支持共和派的城市，於當地徵集賦稅來充當軍費。

安東尼之妻富爾維亞（Fulvia Bambaliae）是一個頗具政治野心的女人，看著屋大維的勢力日益壯大，她害怕這會影響到自己和安東尼的政治地位。趁著屋大維治理義大利時，因爲將土地分給老兵引起了人民的不滿，富爾維亞遂與安東尼的弟弟魯基烏斯（Lucius）動用八個軍團進攻羅馬，讓屋大維措手不及。

正當他們沾沾自喜的時候，屋大維的大軍如潮水般襲來。經過一番激烈的混戰，富爾維亞被趕出羅馬。後來，她被困於佩魯賈（Perugia），在萬般無奈之下，因爲饑荒而不得不投降。最終，富爾維亞被流放西克由（Sicyon），在對安東尼的翹首期盼中憂鬱而死。而屋大維與安東尼

安東尼與克麗奧佩脫拉的宴會

這幅畫由十八世紀義大利畫家提耶波羅（Giovanni Batti Tiepolo）所創作，描述安東尼和埃及豔后的豪奢生活。

再次協商之後，決定政治聯姻。安東尼娶了屋大維的姐姐奧克塔維亞（Octavia），再次結成「後三頭同盟」。

## 悲情英雄的絕唱愛情

在「後三頭同盟」再次穩固之後，安東尼開始攻打安息，這時他曾傳訊給埃及女王克麗奧佩脫拉，希望能夠得到她的支持來解決軍隊補給的問題。於是克麗奧佩脫拉應邀坐著金碧輝煌的大船來了。

安東尼在克麗奧佩脫拉的美貌和智慧面前丟失了自己的驕傲、豪情，最後是江山。有人曾說：「如果克麗奧佩脫拉七世的鼻子長一寸或者短一寸，或許世界歷史就會改寫。」的確，克麗奧佩脫拉曾經用自己的美貌和智慧征服了凱撒，如今她又再次征服了安東尼。

西元前四十一年，安東尼在塔爾蘇斯（Tarsus）對克麗奧佩脫拉一見鍾情。此後，安東尼跟隨女王來到埃及，一待就是兩年。這個驕傲的英雄在他愛的女人面前唯命是從，甚至不惜將敘利亞等羅馬占領的土地賞賜給埃及。消息傳至羅馬，全民嘩然，他們沒有想到自己崇拜的英雄居然做出了讓眾人無法接受的賣國行爲。

當安東尼與克麗奧佩脫拉的孩子出生時，安東尼更是喜出望外，又作出了一項讓羅馬人瞠目結舌的決定，將西西里島和北非的所有土地作爲這個孩子繼承的土地。這嚴重地觸犯了羅馬法，因爲羅馬殖民地的轉讓必須經過元老院和公民大會的批准才可以。更令羅馬人覺得不可思議的是，安東尼將克麗奧佩脫拉和凱撒的兒子凱撒利安說成是凱撒的合法繼承人。

在安東尼一味沉溺於美人溫柔鄉的時候，屋大維正在建功立業，在羅馬聲勢日隆，成爲羅馬共和國實際的統治者。對於凱撒的養子屋大維來說，按照凱撒的遺囑，他才是凱撒財產和權力的繼承人。於是屋大維以安東尼的一系列荒誕行爲爲理由，向他奪取羅馬政權的最後一個敵手安東尼發動了戰爭。

西元前三十三年至西元前三十二年，雙方開始互相指責，安東尼更與妻子奧克塔維亞離了婚。西元前三十一年，戰爭正式爆發。在亞克興（Actium）海戰中，克麗奧佩脫拉因一時害怕，竟先行逃回埃及。正在指揮大軍與羅馬軍團作戰的安東尼因爲掛念心上人的安危，也臨陣離開，返回埃及，導致戰敗。西元前三〇年，屋大維率軍侵入埃及。面對兵臨城下的危機，安東尼無計可施，自殺身亡，克麗奧佩脫拉在絕望中也引毒蛇自殺了，羅馬政權全入屋大維之手。

## 「至聖至尊」——屋大維的元首政治

屋大維是羅馬由共和制轉向帝制的關鍵人物，被授予「奧古斯都」的尊稱。他撫平了內戰的劇痛，創造了折中政體——元首政治；他小心翼翼地推動各項改革，奠定了羅馬之後五百年帝業的基礎。

### 韜光養晦的政治謀略

古羅馬的政體經歷了兩次轉型，第一次是從王政到共和國，第二次是從共和國到帝國，屋大維在第二次轉型中扮演的角色舉足輕重。他出生於羅馬，父親是一介平民，母親是羅馬貴族，因母親與凱撒有親戚關係而被凱撒收爲義子，並在凱撒的遺囑中被立爲繼承人。屋大維並不具備凱撒的超人精力和才能，但他膽識過人，冷靜謹慎，善用謀略。西元前四十四年，凱撒被刺身亡，消息傳出後震動了整個羅馬。埃及女王克麗奧佩脫拉立自己和凱撒的兒子爲繼承人的美夢落空後，連夜逃回埃及。

這時的羅馬政壇，由誰來執政成爲亟待解決的問題。年僅十九歲的屋大維挺身而出，但他沒有豐富的作戰經驗，沒有強大的支持者，而且凱撒過世後情勢異常複雜，國家走向令人擔憂。大將安東尼又軍權在握，戰功赫赫，他曾半嘲半諷地質問屋大維：「年輕人，除了凱撒的名號外，你還想要什麼呢？錢，我已經沒有了。難道你還想要凱撒的政權嗎？」

在夾縫中生存的屋大維，巧妙利用凱撒的聲望和大量遺產招攬人才，爭取凱撒舊部的支持。他深知凱撒遇刺的原因在於共和觀念深植人心，因此處處製造安東尼獨裁的假象，煽動不滿情緒，自己則以維護共和制度自居。

在凱撒遇刺的同年，安東尼操縱公民大會委任他出任高盧總督，遭拒後擅自出兵穆提那（Mutina），元老院雖然立即宣布他爲全民公敵，但仍無力制止安東尼的行徑。屋大維在緊要關頭站出來，被授予副執政官，在穆提那大敗安東尼。

西元前三十一年，亞克興海戰中，屋大維又在元老的支持下大敗沉迷於與埃及女王克麗奧佩脫拉纏綿愛情的安東尼，爲共和國贏得了榮譽。這是一場傳奇的海戰，爲年輕統帥屋大維的奪權創造了難得的良機。次年，屋大維率軍侵入埃及，安東尼兵敗被迫自殺。

西元前二十九年，屋大維從埃及勝利歸國，飽受內戰折磨的羅馬人以盛大的集會、無數的鮮花迎接他，元老院三次關閉亞努斯（Janus）神廟以示慶賀。著名的奧古斯都凱旋門就是這時建造的，上面刻著「是他保存了共和國」。亞克興海戰勝利日、屋大維的生日及屋大維進入埃及亞歷山大港的日子都被奉為神聖節日。

屋大維把從埃及和東方掠奪的財富犒賞軍民，每位士兵賞一千塞斯退斯（Sesterce），每位市民賞四百塞斯退斯。為擴大就業，他還興修神廟和公共設施，給退役士兵豐富的薪金，努力營造內戰過後的和平昌盛局面。

大權在握的屋大維懂得吸取凱撒的教訓，他沒有立即採用「君主」名

亞克興海戰

西元前三十一年，為了爭奪羅馬最高統治權，屋大維和安東尼在亞克興海角發生海戰。這幅油畫現藏於倫敦國家海洋博物館。

義，而是採用「元首」稱號，即「普林斯」（Principatus），意爲第一公民、首席元老。當時，共和制的各機構仍然存在，公民大會定期召開，執政官依法任命，各種官職照常選舉。

屋大維沒有清算內戰中的公敵，而是宣布大赦，取消緊急指令，還從士兵、商人、職業軍人中提拔官員，把羅馬公民權授予外省人，擴大帝國的統治基礎。對一般平民則採用「麵包加競技場」的方法，發放救濟糧食、舉辦宴會及娛樂活動以籠絡民心。羅馬一切都在和平的面具下井然有序地進行著。

羅馬史學家塔西佗（Publius Cornelius Tacitus）評價說：「奧古斯都（Augustus，即屋大維）用獎金誘惑軍隊，他所推行廉價實物的政策對市民來說也是成功的誘餌。實際上，他用和平的禮物吸引了每一個人。然後，他漸漸地向前推進，把元老院、官吏甚至是法律的功能都集於一身。沒有人反對他的統治。」

## 急流勇退

西元前四十二年，羅馬鑒於國內情勢混亂，建議授予屋大維、安東尼和雷必達處理國家事務的全權，任期五年，後來被延長五年，共計十年。至西元前三十二年一月一日，三人必須交出權力。而屋大維又將其延長了幾年。

西元前三〇年，屋大維獲得終身保民官資格。西元前二十九年，屋大維東征凱旋後終身享用「大元帥」的稱號。西元前二十八年，

屋大維雕像

屋大維身披甲冑，手執權杖，舉起右手，腳向前跨出一步，似乎在向歡呼的群眾答禮。這尊雕像成功地塑造出一個在民眾之前能言善辯的皇帝形象。

他藉口元老院名聲不好而改組元老院，驅逐安東尼派元老二百人，安插自己的親信，並以首席元老發號施令。從西元前四十三年至西元前二年，屋大維共擔任執政官十三次，實爲終身執政官。

屋大維頭上的榮譽早已多得不計其數，終於在西元前二十七年一月十三日那天，不可思議的一幕發生了。威風凜凜的屋大維早早等候在元老院裡，待人們坐定後，他向人群深深地鞠了一躬。元老們愣住了，這位承集眾多輝煌於一身的共和國英雄竟如此謙卑地低下他高貴的頭顱。

隨後，屋大維莊嚴地發表了長篇演講：「今天，我將辭去我的全部職位，將軍隊、法律和行省的權力歸還給你們。這些權力有些是你們賦予我的，有些是我後來向你們索取的。他們屬於人民……。」元老們回過神來後，致以熱烈的掌聲，他們想要留住這位共和國的功臣，懇求他鑒於和平與安寧來之不易，收回成命。屋大維貌似勉強地接受了這一請求。

三天後，心懷感激的元老授予他「奧古斯都」的稱號，這個稱號具有宗教含義，意爲「至聖至尊」。屋大維成了共和國半人半神的英雄，他去世的月份是凱撒改曆後的八月，也就是英語中「八月」（August）的由來。

**奧古斯都接見臣民**

奧古斯都屋大維接見臣民之後，在他們的注視中離去。這幅油畫創作於一八九七年，繪者為英國畫家阿爾瑪·苔德瑪（Alma-Tadema）。

屋大維通常在早晨定時接見百姓，一絲不苟地發表演講，他也經常召開元老會議，出席典禮和宴會，訪問邊疆。他小心翼翼地參加官職選舉，儼然一位勵精圖治、謙虛大度的明君。元老院會堂中金盾上的撰文這樣描述他：「英勇無畏，寬厚仁慈和公正篤敬。」他還把六十個軍團整編爲二十八個精銳軍團，設立職業常備軍，對外繼續開拓疆土，尋找天然的山川和河流作爲帝國的疆界。

屋大維在執政期間建成了許多不朽的建築，阿波羅神廟、奧古斯都廣場、屋大維廊柱，甚至完善的城市供水系統等等，都成爲羅馬文化的明珠。西元前十二年，屋大維名正言順地繼任大祭司長，西元前二年被尊爲「祖國之父」。

羅馬的雕刻家不惜耗費大批青銅和雲石爲屋大維塑像，保存至今的「奧古斯都胸像」極富明暗變化，是羅馬的藝術珍品。人們在屋大維家的房門上飾上花冠表示愛戴，他生前就被許多城市奉爲保護神，羅馬廣場上豎著一尊他的黃金雕像，像上的銘文是：「他恢復了陸地上和海上長期以來被破壞的和平」。

## 共和之下的勃勃野心

時至今日，我們仍能看出屋大維在共和粉飾下的專權圖謀。在官職選舉中，沒有人能與他競爭，他集眾多頭銜於一身，牢牢地掌控國家行政、立法、司法和軍事大權。他對元老院和公民大會的決議有否決權，並充分利用提名候選人的機會安插親信。

與此同時，屋大維創立了中央集權的官僚制度，由效忠元首的十五名元老、二名執政官組成「元首顧問會」，成立元首金庫等皇家辦事機構，由同僚及被釋放的奴隸掌管。他還把行省分爲兩類，一類是元老院行省，如科西嘉（Corsica）、撒丁尼亞、西西里島、帕加馬等；一類是元首直轄省，如高盧、西班牙、敘利亞等，埃及則屬於元首私產。這種行省制度絕不是皇帝與元老平分秋色的二元政治，元老院行省的地理位置相對次要，總督任期一年，無駐軍；元首直轄省的地理位置則比較重要，物產富饒，總督任期三年。此外，元首有權派全權代表到元老院行省中招募軍隊、徵收軍稅及管理地產，甚至隨時更換總督。

在屋大維當政時期，羅馬共和國政權的性質悄悄地發生了變化，元首制神奇般地紮了根，並存續二百年之久，它適應了龐大帝國統治的需要，創造了和平昌盛的「黃金時代」，被稱爲「羅馬和平」，而這正是「奧古斯都」屋大維政治智慧的結晶。

西元十四年，七十七歲的屋大維百病纏身，巡視南義大利時病逝於康帕尼亞（Campania）。據說他臨終前留下這樣幾句話：「不知我在生活的喜劇中扮演了怎樣的角色，我的戲已經演完了。如果我演得不錯，就請爲我鼓掌吧！」

## 恐怖的暴君——尼祿

浩瀚歷史長卷中有兩種君主讓人永久銘記，一種是功名卓著的曠世明君；一種是暴虐成性的嗜血魔王。尼祿顯然屬於後者，他突發奇想要建立一個嶄新的羅馬城，成爲神一樣的統治者，但卻終結了一個顯赫的王朝——朱利亞．克勞狄（Julio Claudian）王朝。

### 離奇的個性

西元三十七年，尼祿．克勞狄烏斯．凱撒（Nero Claudius Drusus Germanicus）出生在羅馬附近的城市安齊奧（Anzio），他的父親是羅馬官員，母親阿格里庇娜（Agrippina）是位美若天仙且善用謀略的女人。尼祿三歲時父親去世，阿格里庇娜被沒入宮中，嫁給了羅馬皇帝克勞狄（Tiberius Claudius Drusus Germanicus）。她積極排除異己，扶植親信，逐漸在王室站穩了腳跟，而尼祿在十一歲時也被克勞狄過繼爲子。在說服克勞狄立尼祿爲繼承人後，阿格里庇娜便毒死了丈夫，並用重金收買宮廷衛隊，宣布尼祿爲新的羅馬皇帝。那一年，尼祿十六歲。

年輕的君主統治羅馬初期，政治清明，文化昌盛，是羅馬帝國最興旺的時期。尼祿師從哲學家塞涅卡（Seneca），養成謙虛仁慈的品德，文學、藝術才能出眾，熱愛詩歌、戲劇、體操、賽馬。尼祿繼位後，曾召見當時著名的豎琴大師特爾普努斯（Terpnus），連續數天在午飯後聽他彈琴，直至深夜。他還十分注意接濟窮人，撫恤老人，降低關稅，嚴守邊防，使帝國呈現出欣欣向榮的景象。

但尼祿長大後日益驕奢，揮霍浪費，並愈來愈不滿於母親阿格里庇娜涉政。他沉溺女色，強行與母親爲他挑選的妻子屋大維亞（Claudia Octavia）離婚，並與貴婦波培亞（Poppaea Sabina）結婚。遭母親反對後，尼祿下決心除掉她。他假裝舉辦盛大的宴會宴請母親，用特製的船送她回宮。當夜，船被海浪撕成碎片，但阿格里庇娜僥倖脫險。最後，尼祿直接採取了栽贓誣告的方式命近衛軍處死了母親。尼祿輕鬆地排除了親政的最大障礙，然而，弒母的良心不安一直困擾著他，讓他常常在噩夢中驚醒，這使他事事多疑。

說到尼祿後來的統治，不得不提到西元六十四年羅馬城裡的那場大火，它直接釀成了這個統治王朝最後的厄運。夏天裡某個颳風的夜晚，大火整整燒了六個晝夜，幾乎所有的木製建築都慘遭劫難，火勢蔓延速度極快，羅馬的十四個城區僅保全了四個，五十萬人無家可歸，數千人慘死，城中一片火海，美麗的都城化爲了一片焦土，到處是痛苦絕望的人。

傳聞說這次災難是尼祿爲了欣賞大火燃燒時的美感，及不滿舊城的建築而策畫的。但此說法缺乏足夠依據，火災發生在滿月，沒有什麼「美學」效果，而且火災發生時尼祿確實盡全力制止，他當即下令開放私人花園，留出空地讓人們避難。

尼祿殺害母親阿格里庇娜畫作

沒有了母親的羈絆，尼祿更加肆意妄行、恣意縱慾。而尼祿最為人所詬病的兩項罪行就是火燒羅馬和殘酷迫害基督徒。

災難過後的尼祿悲痛不已，他走上廢墟大呼：「什麼都沒有留下！我，我還能做些什麼？」有人小聲嘀咕說羅馬完了，有人建議說只能遷都。這位年輕的皇帝遇到了前任所未曾遇到過的難題。爲了躲避民間的指責，他控訴當時剛興起的基督教徒爲縱火兇手，對他們加以殘酷迫害。

## 竭澤而漁的龐大工程

在老師塞涅卡和妻子波培亞的鼓勵下，尼祿振作起來，他決定用大理石和磚塊建立一座新城。他不願按照原來的方式生活，而希望徹底改變羅馬的面貌，建造一座嶄新的「藝術之都」。

大量的青銅、巨石從各地運往羅馬，藝術家、雕塑家、工匠雲集城內，尼祿常常親臨施工現場考察，看著一項項巨大工程順利完工。過程中，人們發明了水泥，使得工程建設速度飛快，寬闊的道路、花園、浴場如雨後春筍般矗立起來，廣場上高高聳立的雕像訴說著那個時代的輝煌與奢華。

尼祿還爲自己建造了獨具一格的金屋，後人稱爲「尼祿金殿」，金屋極其寬闊，僅三排柱廊就有一羅里長（約今日的一．五公里），占據了羅馬最中心的地帶。這座金屋用黃金、寶石、珍珠、貝殼裝飾而成，內置如海一般的人工湖和水流不息的浴場，農田、葡萄園、林苑和牧場相間其中，極盡自然之趣。

然而，龐大工程耗盡了帝國的財富，國庫日益緊縮，再加上官員搜刮掠奪，貧困席捲了整個城市。但尼祿卻置之不理，他根本不願意停下已經展開的宏偉計畫，只願意聽從手下建議，尋找新的斂財之路，把罪惡的魔爪伸向唯一的財富集中地——神廟。

之前，羅馬人在每次凱旋後都向神廟獻祭以乞保佑，尼祿竟下令搶劫神廟。頃刻間，財富被掠奪一空，金銀塑像也被熔化帶走。這是對羅馬神威的公開褻視，引起了更多人不滿。塞涅卡久勸未果，告老還鄉。

六十五年，憤怒的元老決定除掉

尼祿觀看表演瓶畫

陶瓶畫的圖案表現了尼祿觀看裸體的歌妓舞女表演的場景。這位暴君似乎把所有的精力都用來肆意妄為，他發明了許多性遊戲，與身邊的男男女女肆意荒淫。

尼祿另立新君。由於尼祿沒有子嗣，元老在另立新君上猶豫不決，加上元老的行動遲緩與疏漏，計畫還沒來得及實施就暴露了。尼祿用嚴酷刑罰處置落網者，逼他們供出所有密謀者的名字。許多無辜者被牽連致死，歸隱山林的塞涅卡也被賜死，全國上下一片恐慌。政治大肅清使司法系統陷於癱瘓，無需審判，任何被指控有叛國罪的人都被立即處死。

工程的巨大開支與王室的奢華生活又一次帶來了財政危機。但尼祿仍不罷手，他強迫貴族立下遺囑，答應死後將一定數目的財產交付國庫。之後，迫不及待的尼祿乾脆殺死大貴族，直接掠奪他們家產。尼祿還以提高糧價來漁利自己，憤怒的人們在他雕塑的頸部繫上一個口袋，並在石頭上刻下這樣的文字：「我做了我所能做的一切，但你卻贏得了這個口袋！」

## 奔向滅亡

面對各地此起彼伏的反抗浪潮，尼祿卻毫不在意，反而愈加肆無忌憚。他終日尋歡作樂，賽馬、表演、角鬥，消磨整個晚上練習豎琴，在眾人吹捧中做著「最偉大藝術家」的美夢。

尼祿有極強的表現欲，常常等不到規定日期就急於登臺表演。他親自舉辦各種大型藝術節，把自己的節目排在第一位，還詆毀誹謗他的對手。尼祿還曾戴上厚厚的白色面具在大劇場表演滑稽劇，按劇情癱倒在地，並按傳統習俗跪在舞臺上求得眾人喝彩。他還強迫元老參加演出、加入比賽或假扮優伶演唱，這使元老們極爲不快。

尼祿極力追求演出的完美，每次都在臺下花費大量時間演練、編排。一次演出後，由於妻子波培亞一句口誤，尼祿認爲這是對他表演的大不敬，就喪心病狂地當眾對她拳腳相加，把當時已有兩三個月身孕的妻子活活踢死。西元六十六年，尼祿竟置國事於不顧，藉參加奧林匹克競技之名，在希臘各地長時間巡迴演出，頻頻登臺展示歌喉，只爲博取藝術家的美譽。

尼祿的倒行逆施終於釀成了惡果。高盧與西班牙的貴族反叛，他被迫返回羅馬。回到羅馬後，面對元老的質問，尼祿認爲要用藝術來平息叛亂，而不是用劍。他想用輕聲哭泣或歌聲來震懾叛軍的心靈以恢復和平，於是坐上裝載舞臺道具的大車，精心挑選一百名歌手出發了。戰爭的結果可想而知，這位異想天開、失去理智的「藝術家」最終激怒了所有人，眼見大勢已去的羅馬軍隊及近衛軍都背叛了他，元老院也投票認定他爲全民公敵。

尼祿這時眾叛親離，四面楚歌，連夜逃竄到羅馬郊外一個奴隸家裡。臨死前他發誓說，如果能夠保住權力，將在慶祝勝利的賽會上表演豎琴、長笛和風笛，在賽會結束那天登臺跳維吉爾（Virgil）的圖爾努斯舞。他還爲自己挖了一個簡單的墓坑以備不測。

第二天黎明，馬蹄聲響起，尼祿知道自己的末日已經來臨，他一面痛哭流涕，一面感慨地說道：「一個多麼偉大的藝術家就要從世界上消失了！」爲了避免活捉將帶來的屈辱，他聽從部下的建議，將匕首刺進了自己的喉嚨。這一年，尼祿三十一歲。

遊戲人生的一代暴君就這樣離開了被他嘲弄的世界。雖然他惡貫滿盈，但羅馬還是爲他舉行了盛大的葬禮，因爲他畢竟是凱撒家族最後一位君主。

尼祿死後，群雄混戰，直到六十九年才恢復和平。羅馬人也吸取了沉痛教訓：不該僅在一個狹隘的貴族家族中選擇統治者，偉大的君主必須擁有美德，而不僅僅是高貴的出身。

聖彼得畫像

傳說因為暴君尼祿迫害基督徒，彼得只好逃離羅馬。在離開途中，他碰到扛著十字架的耶穌。彼得問道：「主啊！你要去哪裡？」耶穌答道：「因為彼得遺棄了信仰他的群眾，所以我將回去被釘死在十字架上。」彼得於是返回，並且因此而殉道，後來被尊為教會首領和第一任教皇。

# 「人類最幸福的年代」

## ——五賢帝統治時期

安東尼王朝是古羅馬歷史上值得一提的重要時期，涅爾瓦及之後的幾位君主勵精圖治，鞏固邊防，發展經濟，開創了帝國六十多年繁榮鼎盛的局面，因此，十八世紀英國著名歷史學家吉朋在《羅馬帝國衰亡史》中將這段時期譽為「人類最幸福的年代」。

### 知人善任，政治清明

涅爾瓦（Marcus Cocceius Nerva）是安東尼王朝的第一位君主，他與後繼者圖拉真（Marcus Ulpius Nerva Traianus，九十八年至一一七年在位）、哈德良（Publius Aelius Traianus Hadrianus，一一七年至一三八年在位）、安東尼（一三八年至一六一年在位）、馬可·奧里略（Marcus Aurelius，一六一年至一八〇年在位）共同締造了帝國輝煌強盛的局面，這五人也因此被尊爲「五賢帝」。

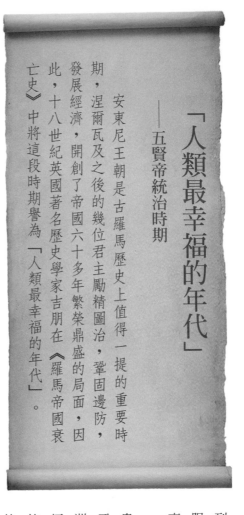

安東尼王朝的統治者十分重視選官用人制度。早在涅爾瓦當政時期就立下誓言：不經元老院公開審判與表決，不得處死任何元老。這一政策受到後來幾位繼承者的認可，這實際上賜給了元老們一枚免死金牌，那些德高望重的元老的權威受到極大尊重。

涅爾瓦頭像

涅爾瓦出身於貴族元老階層，九十六年圖密善（Titus）被刺殺之後，元老院推選他為羅馬帝國元首，但兩年後就去世了。

涅瓦爾去世後，英勇善戰的行省貴族圖拉真被立爲帝。他生於西班牙，父親擔任過執政官及敘利亞等亞洲行省的總督。圖拉真從小隨父出征，足智多謀，知人善任。圖拉真繼位爲帝意味著羅馬和義大利貴族對王位的壟斷被打破了，各省的傑出之士都有機會掌握大權，如此一來便提高了行省的經濟、政治地位，擴大了帝國的統治基礎。圖拉眞遵守涅爾瓦尊重元老的政策，還從東方和希臘化的行省中挑選新的元老成員，以增強活力和凝聚力。

哈德良是圖拉眞的表姪和同鄉，隨軍時就深得圖拉眞賞識。他繼位後進一步放寬士兵的財產資格限制，把一些有軍功的將士、文官晉陞爲騎士，還注意提高政府行政效率，把元首顧問會變成官僚機構，爲官員發放薪水，建立官階晉級制度和官員薪金制度，一切官員由皇帝直接任免。

哈德良委派法學家朱利阿努斯（Iuilanus）把行省長官的所有法令整編爲「永久敕令」，以作爲以後的量刑基礎。一批精通法律的學者被授予重權，他們有權解釋法律，並效忠君主，於是君主就掌握了行政權和部分司法特權。哈德良本身是一位喜歡長途旅行的君主，他熱衷於行省的城市建設，在他執政二十一年的生涯

聖天使古堡

聖天使古堡（Saint Angelo Castel）位於羅馬城內的臺伯河畔，是羅馬皇帝哈德良於一三五年至一三九年間為自己及家人建造的陵墓，後來的歷代羅馬皇帝也都安葬於此。

中，有十年以上在巡視行省中度過的，帝國的四十四個行省有三十八個都留下了他的足跡。

繼任哈德良的安東尼也是位仁慈開明的君主，他在位時期行省進一步發展，許多富裕的行省貴族以掌握中央政權為榮，紛紛利用各種機會和手段加入元老院，羅馬在整個地中海地區的統治趨於穩定。安東尼並善用賢能之士治理國家，使帝國日益強大，經濟空前繁榮，他去世時國庫的節餘竟達二十七萬塞斯退斯。

## 開疆拓土

這一時期的對外征伐同樣不容忽視。圖拉真對外戰爭的指導思想是用積極進攻來達到主動防禦。一〇一年至一〇六年，他對多瑙河下游的達西亞（Dacian）人進行了長達五年的戰爭，最後將此地列為帝國行省，他並命小亞細亞和多瑙河沿岸的老兵和殖民者駐守。得勝後，圖拉真興高采烈

**哈德良長城**

哈德良長城又名羅馬長城，全長一百二十公里，一二二年至一二八年由羅馬皇帝哈德良下令在今日的英格蘭北部建造，目的是為了防禦北方游牧民族的侵略，以鞏固羅馬帝國對英格蘭的統治。

地舉行了持續一百二十三天的盛大慶祝儀式，在卡皮托爾山和克維利納里斯山之間的新廣場上立柱紀念，柱上的浮雕生動地再現了達西亞戰爭的激烈場面。

但野心勃勃的君主不滿足於眼前的戰果，圖拉真又把戰火引向東方。一〇五年至一〇六年，他下令進攻巴勒斯坦與阿拉伯沙漠間的大部分地區及西奈半島，在那裡建立阿拉伯行省，控制商路要道。一一四年，圖拉真挑起帕提亞（Parthia）戰爭，建立亞美尼亞（Armenia）行省、亞述行省和美索不達米亞行省。至此，帝國版圖空前廣闊：東起幼發拉底河，西至大西洋沿岸及不列顛，北越萊茵河，南達埃及、北非，整個地中海成了羅馬內海。

一一七年，圖拉真在班師回朝途中去世。哈德良繼位後試圖建立寬容、和諧、公正的大帝國，對外轉攻爲守。他重新界定羅馬邊境，在安提奧尼亞與科斯洛伊斯和帕提亞締結合約，主動退出亞述和美索不達米亞，廢除亞美尼亞行省，將之作爲藩屬國。他在北部及不列顛修建「邊牆」，並延長萊茵河與多瑙河間的防線，使其連成一片，這就是著名的「哈德良長城」（Vallum Hadrianus），它是帝國抵制外族、守衛西北邊防的重要屏障，遺跡保存至今。這是帝國常年征戰後的明智之舉，此政策被皇位繼任者安東尼繼承。

然而，戰爭的硝煙一度再起。安東尼過世後，馬可．奧里略繼位。此時羅馬的對外形勢已發生重大變化，百餘年來羅馬帝國對外主動征伐的絕對優勢喪失了，首次出現了外族入侵的局面。

一六一年，帕提亞國王入侵敘利亞，開啓了外族入侵羅馬的序幕。起初帕提亞軍隊遭遇慘敗，後來由於羅馬軍隊感染瘟疫等原因，帕提亞國王取得勝利。多瑙河流域的日耳曼部落也屢屢騷擾羅馬帝國，甚至在一六八年攻入義大利北部。奧里略親征獲勝後，只得採取「以夷制夷」的政策。帝國表面上維持原有疆界，但大量日耳曼人被允許爲帝國服役、守衛邊防，這加速了羅馬軍隊的外族化，爲帝國埋下了隱患。

## 國泰民安

五賢帝時期，羅馬政府重視興辦社會慈善撫養機構和提高人民生活水準。涅爾瓦曾從國庫支出一筆財產，低息向地主提供小額貸款，讓他們經營農業。利息收入則納入地方財庫，以向貧苦孩子或孤兒發放補助金。

圖拉真還把國庫財產及私人募捐作爲地方基金，爲窮苦孩子及孤兒提供補貼，並立法規定每個男孩每月有十六謝斯鐵爾提烏斯，女孩有十二謝斯鐵爾提烏斯。透過這項法令，羅馬的五千名貧窮兒童領到了政府發放的免費糧食、黃油和葡萄酒。

涅爾瓦還盡力挽救西元前一世紀以來屢受戰爭破壞的農業，下令減輕賦稅，每名元老至少拿出三分之一的財產在義大利購買土地，以刺激農業發展。哈德良上任後免除近十五年來義大利和行省居民欠下的大量租稅，進一步推廣圖拉真的慈善措施，有利於促進社會穩定。

五賢帝時期還出現了擴大奴隸自身權利的法律。一八〇年，哈德良曾立法禁止售賣奴隸爲角鬥士或殺害奴隸。安東尼下令主人殺死奴隸等同於犯殺人罪。二世紀時，主人濫殺奴隸的狀況有了明顯改觀，奴隸的嚴重過失不得由主人決定，而由行政長官裁決，奴隸還享有控訴權。雖然這些規定不能被嚴格執行，但卻是羅馬法制的重大革新，奴隸開始被當作平等的人看待。

五賢帝時期的經濟成就也可圈可點。手工業方面，種類增多，行業分工更細，中小作坊遍布各地，現今出土的龐貝古城展示了義大利手工業發展的盛況。帝國東、西部行省發展迅速，埃及的麻紗、腓尼基的染料、高盧的金屬及陶器遠銷各地。大帝國的建立與政治上的和平帶來了商業的興盛，廣闊的交通網爲經濟流通創造了條件，非洲索馬里（Somalia）的乳香和象牙、中國的絲綢都出現在羅馬市場上。

羅馬成爲吸納周邊各地商品的龐大消費中心，儼然一座豪華的時尚之都。一些新興城市，如不列顛的倫丁尼姆（Londinium）、高盧的盧格敦（Lugdunensis）、多瑙河流域的文都也納（Vedunia）快速興起，他們分別是倫敦、里昂和維也納的前身。

在農業方面，奴隸常常被送去師傅那裡學藝，學成後有一定的經營自主權，依法獲釋的奴隸還往往能躋身縉紳、騎士等社會上等階層。另外，從歐洲引進的園藝品種、埃及引進的亞麻種植技術給羅馬農業帶來了新氣象，刺激了農業的繁榮。

然而，繁榮的外表下也隱藏著危機。哈德良時曾對猶太人實行高壓政策，聲稱要在耶路撒冷建立朱庇特（Jupiter，即希臘主神宙斯）聖堂。一三二年二十多萬猶太人暴動，皇帝用兵三年，付出了慘痛代價才鎮壓下去。一六二年，安息戰爭爆發。之後，外族入侵一再發生，帝國的安全受到威脅。一八〇年，馬可・奧里略去世，其子康茂德（Lucius Aurelius Commodus Antoninus）繼位。他沉溺於享樂，酷愛觀看角鬥，致使大權旁落，帝國由盛轉衰。

## 鼎新革故的君主——戴克里先

三世紀時的危機全面暴露了羅馬帝國統治的腐朽，隨後繼承羅馬皇位的戴克里先承擔了挽救帝國危亡的重任。他實行「君主制」，開創「四帝共治制」，改革軍事、經濟，展現出這位亂世中的君主復興帝國的努力及鼎新革故的勇氣與魄力。

### 君主專制的確立

三世紀時，羅馬帝國經濟的衰退帶來了政治上的混亂。在內戰中取勝的塞維魯（Septimius Severus）王朝（一九三年至二三五年），面對國內此起彼伏的奴隸動亂以及外部哥德人（Goths）、法蘭克人（Franks）、波斯人等異族入侵，而變得十分重視軍隊，使得軍權過於強大，操縱王位，光是二五三年到二六八年間稱王者就有三十餘人，史稱「三十僭主」。二七〇年帝國暫時統一，但儼然已是千瘡百孔。戴克里先（Gaius Aurelius Valerius Diocletianus，二八四年至三〇五年在位）就是在這種情況下登上歷史舞臺。

二四五年，戴克里先出身於今克羅埃西亞（Croatia）南部達爾馬提亞（Dalmazia）的小鎮戴克里亞。由於身分低微，早年的戴克里先以普通士兵的身分於軍中服役，但他天資聰穎，勇猛善戰，不斷得到晉陞，成了羅馬皇帝努美里安努斯（Numerian）的親衛隊長。不久，一個改變戴克里先命運的機會來臨了。

二八四年，努美里安努斯被近衛軍長官阿培爾（Aper）暗殺，引起一部分人不滿。同年十一月二十日，戴克里先在尼科米底亞（Nicomedia）舉行的士兵集會上痛斥阿培爾，並親手殺死他。在歡呼聲中，戴克里先被推舉爲皇帝。隨後，他打敗帝國西部的政敵卡里努斯（Marcus Aurelius Carinus），鎮壓了高盧和阿非利加的叛亂，成爲帝國的唯一統治者。

這位出身低微的軍人領袖對羅馬的共和傳統毫無興趣，而鍾情於東方的專制統治。在如願當上皇帝後，戴克里先效仿波斯君主，以神在人間的代言人自居，頭戴象徵永恆而又充滿神祕色彩的皇冠，身穿飾滿珍珠和寶石的紫袍。在各種樂器聲中，人們排成整齊的隊形迎接他，飽受危機折磨的民眾舉手歡呼。

戴克里先傲慢地仰起頭，穿過擁擠的人群，登上豪華寬大的金殿，腳踏金光閃閃的腳凳，威風凜凜地坐上寶座。隨即，戴克里先又下令，今後臣下覲見他時一律匍匐在地，行跪拜吻足之禮。在戴克里先的授意下，宮廷禮儀、皇族標誌以及臣民對皇帝的敬畏都從波斯國王那裡被移植到西方這塊廣大的土地上。戴克里先嚴格按照羅馬傳統參拜神廟，向朱庇特神致以最高的敬意，並宣稱自己就是主神朱庇特在世間的代表。

至此，羅馬的「元首制」正式被「君主制」取代，公民變成了帝王治下的臣民。羅馬人長達數個世紀的民主抗爭以這樣的方式告一段落，戴克里先的王朝是東西方文明交融的新階段。

## 四分天下

當時，元老院還保有一定影響力，過去的所有君王，即使大權在握，也未能突破元老的防線。這令戴克里先痛苦不堪，如何維護自己剛剛建立的至高權力成爲亟待解決的問題。

戴克里先想出了一個絕妙辦法：挑選一名有識之士與他共同治理國家，用分權代替元老院的公議。最終，他選定了自己的生死之交馬克西米安（Marcus Aurelius Valerius Maximianus Herculius），此人生性暴烈，有傑出的軍事才能，戰功赫赫。更令他滿意的是，馬可西米安對政治毫無興趣，不會對自己的獨裁大業造成任何影響。馬可西米安被授予「凱撒」稱號，不久直接被封爲「奧古斯都」。而戴克里先也同時被尊爲「奧古斯都」。

但憑藉兩人的力量仍無法平定國內外的危急形勢。二九三年，戴克里先進一步分散權力，兩位皇帝各選一名助手，稱爲「凱撒」。戴克里先提拔了出

聖塞巴斯蒂安教堂內的壁畫

在基督徒還飽受羅馬帝國迫害的年代，身為戴克里先弓箭手的塞巴斯蒂安（Sebastian）卻是一個虔誠的基督徒。他說服帝國士兵信仰基督教，終於被戴克里先處死。據說他在幾天後復活了，並再次找到戴克里先以展示他的傷痕。

戴克里先宮殿
這是戴克里先退位後居住的宮殿，位於克羅埃西亞的海濱城市斯普利特（Split）。這座宮殿的風格表現出了明顯的羅馬帝國君主專制強化的特色，建築方整嚴密。

身卑微但頗有將才的伽萊利烏斯（Galerius），馬可西米安選中了擁有貴族血統的瓦羅魯斯．君士坦烏斯（Flavius Valerius Constantius）。這樣一來，兩位凱撒恰好彌補了他們的「奧古斯都」身上缺少的貴族氣質。在強大的權力面前，兩人被迫與元配妻子離婚，一個娶了戴克里先的女兒，一個娶了馬可西米安的兒媳。隨後，通過「收養」方式，這兩個凱撒成爲兩位奧古斯都的繼子。

帝國的最高統治權一分爲四，兩位凱撒分別協助兩位奧古斯都統轄著廣闊的土地，立法權與行政管理權理論上由兩位奧古斯都共同執掌，但實際上戴克里先仍是最高決策人。

同時，法律規定：如有一位奧古斯都去世或退位，他的助手凱撒可以馬上繼位成爲奧古斯都，並另外任命凱撒；奧古斯都的最長任期爲二十年；四帝的首府分別設在尼科米底亞、米蘭（Milan）、西爾米伊（Sirmium）和特里爾（Trier）。從此，羅馬城作爲「永恆之都」的地位一落千丈，元老院的立法權與議政權被剝奪，共和國時期的執政官、行政長官等職位形同虛設。

## 改革內政

為了挽救奴隸制的危亡與帝國的衰落，除四帝共治制外，戴克里先還在各方面實施了改革。

行政方面，縮小行省規模，將原先的四十七個行省劃分為一百個行省。每十個至十二個省組成一個行政區，地方總督不兼軍職。這加強了皇帝對地方的控制，削弱了行省長官僭位的力量。

軍事方面，把軍隊分為邊防軍和巡防軍兩種，前者用於抵禦外族，後者用於鎮壓反抗和軍事遠征。同時，他把軍團的數目增加到七十二個，士兵總數從四十五萬人增至六十萬人，大量吸納「外族」與奴隸進入軍隊，這改變了軍隊的組成分子，尤其是邊防部隊「外族」人數居多，成為一大隱患。

財政方面，改變實物稅與現金稅混雜的狀況，實施新稅制。對全部農村居民一律課以實物為主的人頭稅和土地稅，對城市居民徵收以貨幣為主的人頭稅；成年男子納全稅，婦女納半稅。

由於仔細測算土地與人口需要大批稅吏，再加上稅吏營私舞弊，人們負擔加重。為了逃避稅收，人們只得過著流浪的生活。為保證稅源，戴克里先下令任何人不許荒廢土地，手工業者必須加入協會或社團，又派大量官員對下層公民施行監視，使得人人自危。軍隊和宮廷的供應獲得保障，但沉重的賦稅搾乾了人民的血汗，使得社會衝突空前激烈。

在幣制改革方面，鑒於當時貨幣貶值，戴克里先下令增加貨幣的含金量，每個標準金幣的含金量為五．四五克。但由於黃金和物資缺乏，新金幣發行後很快就被富人收藏，物價依然上漲。三〇一年，戴克里先頒布「物

**聖喬治與戴克里先**

聖喬治於二六〇年出生於巴勒斯坦，是一名驍勇善戰的羅馬騎兵軍官，後來因試圖阻止戴克里先迫害基督徒，在三〇三年被殺。

價敕令」，對生活必需品和工資標準進行了最高限價。然而商人依舊囤積大量物品，高價出售，國家由於力量衰落無力進行調劑，法令流爲一紙空文，引起經濟與社會混亂。

宗教方面，戴克里先強調羅馬皇帝的神性起源，尊崇朱庇特神，壓制基督教。因爲當時的基督教在社會上頗有影響，且不承認皇帝爲神，拒絕向朱庇特獻祭品。有一種說法認爲戴克里先迫害基督徒的導火線是尼科米底亞宮的行宮被焚。這座城市多年來一直受戴克里先的鍾愛，他費時多年想把它建成東部繼安條克和亞歷山大港之後最美麗的城市。在斷定縱火者是基督徒後，戴克里先就開始了嚴酷的迫害行動。

三〇二年，戴克里先下令「搗毀教堂，焚燒《聖經》」。三〇三年，他又連下三道敕令，禁止基督教徒擔任政府官員，並呼籲毀壞聖書。三〇四年，他頒布第四道敕令，將帝國境內所有的基督徒囚禁起來，許多基督徒或屈服，或被判死刑。

## 虎頭蛇尾的悲涼

改革加強了國家干預，其中許多政策頗有創見，但仍未能解決複雜的社會問題，屋大維和「五賢帝」時期創造的太平盛世一去不復返。

行政、軍事改革大大增加了人民的負擔，重疊的官僚體系、龐大的軍費開支、成千上萬的宮廷奴僕、四位帝王的豪華皇宮都需要大量金錢來維持，無一不使得帝國財政問題加劇。

四世紀時有一位作家寫道：「稅收空前提高了，收稅人的數目超過了納稅人的數目，以致破產的奴隸拋棄了土地，耕地上則長滿了雜草。」由於缺乏管理經驗，一些輕率的經濟政策多以失敗告終。

宗教上，在基督教已發展壯大的情況下，用行政命令阻止傳播必定適得其反，戴克里先明目張膽地攻擊教堂、毀壞聖書及屠殺信徒，更激起基督教勢力的反抗與增長。

三〇五年十一月，倦於政事的戴克里先舉行完二十週年慶典和凱旋儀式後決定退位。爲避免內亂，早在二九三年，他就要求馬可西米安立誓將來與他同時退位。於是，在三〇五年，戴克里先在距離尼科米底亞約三英哩的一塊開闊平原上舉行了退位儀式。同一天，馬克西米安也依約在羅馬辭去了皇帝聖職。戴克里先原本希望兩位凱撒能順利繼位，但由於一位凱撒突然病逝，其子君士坦丁（Constantinus I Magnus）企圖武力奪權，一場長達十八年的內戰爆發了。戴克里先費盡心力開創的「四帝共治」時代被迫戛然而止。

## 基督教的合法化——君士坦丁的雄才大略

戴克里先去世後，四帝共治制難以維持，繼承人之間爆發了激烈戰爭。與此同時，帝國西部也戰亂不已。最終，君士坦丁以勝利者的姿態成為唯一的統治者，同時又因為皈依基督教而彪炳千秋，使得這一宗教隨著羅馬帝國傳遍整個歐洲，成為歐洲文明的基石。

### 離奇的神蹟

根據與君士坦丁同時代的主教尤西比烏斯（Eusebius）在《君士坦丁傳》（*A Life of Constantine*）中的記載，君士坦丁結識基督教始於一次神奇的幻象。

三一二年十月的一天，君士坦丁率軍向羅馬進軍，當時人困馬乏，夕陽殘照，飢渴折磨著年輕戰士的心，他們邁著沉重的步子走在通向羅馬的漫漫長路上，但戰事不允許他們有片刻停歇。突然，一團火球劃過天際在遠處燃燒起來，隨後天空中的雲幻化出多種形態，一個巨型的十字架出現了，然後是由X和P組成的圖案，旁邊還有一串字母組成的話：「憑這個標記取勝。」驚亂中的人群安定下來後，君士坦丁陷入了沉思，當夜他還夢到了耶穌的告誡。

沒有人知道那天君士坦丁和他的軍隊究竟看到了什麼，有學者說當時怪異的天象可能是隕石墜落引起的。尤西比烏斯在著作中說，他描述的這個故事是君士坦丁親口對他講述的，君士坦丁曾對天發誓絕非虛言，士兵們也是見證人。

雖然這個傳說難辨眞僞，但此後，君士坦丁開始採用X、P交叉的標誌作爲軍隊徽章，XP是「耶穌」（ΧΡΙΣΤΟΣ）一詞的開頭兩個字母。它在戰前被畫在每一位士兵的盾牌上，君士坦丁還下令把這一標誌鑲上金邊和珠寶，掛在巨大的戰旗上。起初士兵並不願意這麼做，因爲數百年的文化傳統告訴他們，誰違背了羅馬眾神，誰就將死於朱庇特的劍下。但君士坦丁勃然大怒，他衝出營房，抓起白色刷子在盾牌上畫上醒目的標誌，然後大叫：「我死了嗎？朱庇特之劍在哪兒？」在他的威嚇下，整個軍隊照做了，耶穌的徽章便迅速傳播開來。

### 兩大梟雄的激烈角逐

三一二年，君士坦丁與馬克森提烏斯（Maxentius）的決戰在

進軍羅馬的要道臺伯河密爾維安（Milvian）橋上展開。這本是馬克森提烏斯設計好的方案，先過橋進攻

君士坦丁大帝銅像

君士坦丁在位時的主要措施有四項：廢除四帝共治制、將帝國劃分成四大行政區、遷都君士坦丁堡、頒布米蘭敕令將基督教地位合法化。

敵人再佯裝脫逃，把對方軍隊引到橋中間後，再利用事先設好的機關把橋摧毀。但出乎意料的是，這一計謀被君士坦丁軍中一位大將當場識破，他看見有一名士兵在橋邊拉繩，就一箭射死了他，致使機關失靈，還沒等到君士坦丁的士兵追過橋，橋就斷了，剛撤退到橋中央的馬克森提烏斯軍隊倉皇逃竄。

君士坦丁乘勝追擊，無數士兵落入洶湧的河水中，呼喊聲、慘叫聲亂成一片，河水一片血紅，遍地是丟盔棄甲的士兵屍體，馬克森提烏斯也溺水身亡，他的首級被砍下來高高地頂在長矛上示眾。

君士坦丁在人們的歡呼中進入羅馬，忍受了馬克森提烏斯六年殘暴統治的羅馬人民擠滿城樓和街道，他們將紅色的花瓣拋向這位英勇的將軍，整個羅馬沸騰了！君士坦丁站在高高的臺階上，手持權柄，發表激昂的演講：「羅馬的榮耀屬於你們，羅馬的公民！我將帶給你們土地、自由，還有和平，永久的和平！」人們高聲應和。君士坦丁轉身對身著長袍的元老們說：「還有你們，我將歸還你們應得的權力！」元老們頻頻點頭致敬。

## 通向統治者之路

此時的君士坦丁還有一個強有力的勁敵，也就是羅馬帝國西部的李西尼（Licinius）。君士坦丁把妹妹嫁給他，與他訂立盟約，約定由李西尼平定西部，成功之後平分帝國。

李西尼照約定而行，他率軍打敗了西部各支有野心的軍隊。但君士坦丁的宗教政策引起人們的不滿。基督徒力量的日益增長削弱了敵視基督教的李西尼的權力，這使他痛苦不堪，元老院也無法容忍羅馬眾神遭到褻瀆。李西尼與元老院迅速聯合起來商談共同對付君士坦丁，但事情很快敗

露。君士坦丁殺死了元老院元首，平定了叛亂，並從此不再信任元老。

君士坦丁與李西尼的爭鬥既漫長又殘酷，整整持續了八年。三二四年，雙方展開決戰，勢均力敵，結果兩敗俱傷，士兵成批倒下，血流成河，戰事僵持不下。這時，君士坦丁亮出了最後的絕密武器，他命令士兵升起巨大的軍旗，旗的上面是耶穌徽章，下面是一幅巨畫，繪有耶穌與兩位門徒，徽章的金邊與畫像的白色所折射的光芒無比刺眼。

當時基督教的力量已很強大，羅馬軍隊中已有不少基督徒。有學者指出，三世紀時基督教宣稱已有六百萬信眾，不少上層顯貴也加入教會，君士坦丁的母親也是信徒。寒光中熠熠生輝的耶穌徽章令李西尼麾下的士兵驚慌失措。儘管將領極力命令士兵保持隊形，但卻徒勞無功。李西尼的大軍潰敗了，君士坦丁又一次藉著耶穌的神力取得了輝煌的勝利，成爲羅馬唯一的統治者。

## 新興帝國悄然崛起

三一三年，君士坦丁頒布「米蘭敕令」（*Edict of Milan*），宣布基督教爲合法宗教。他給予教會免稅權，賜予土地，興建教堂，讓兒子接受正統的基督教教育。但在十二年後，多元文化影響下的教會內部發生分裂，源於他們對四福音書和使徒書（the Epistles）的不同理解。

君士坦丁親自主持尼西亞（Nicene）大會，耐心聆聽三百一十八位主教的辯論。在他的努力下，教會達成協議，形成固定性的教義。從此，一種植根於新宗教之上的富有活力的新興文明在羅馬帝國的廢墟上建立起來，它使古老帝國獲得重生，並在之後的十幾個世紀成爲歐洲思想文化的主流。

三三〇年，君士坦丁在東方古城拜占庭（Byzantium）另立新都，定名爲君士坦丁堡，意思是君士坦丁之城。這裡能遠眺博斯普魯斯海峽歐洲

東正教聖物的複製畫作

畫中五個人都與基督教有密切聯繫，左上角的人物是君士坦丁大帝。他是羅馬帝國歷史上第一位信仰基督教的皇帝，在基督教從一個受迫害的宗教轉變為在歐洲占統治地位的宗教的過程中，發揮了重大作用。

一邊的古希臘城，有利於恢復東部對帝國的擁戴，君士坦丁堡很快成爲帝國統治中心和連接東西方的最大城市。另外，這裡有百年革命中最優秀的羅馬軍團，幾代人皆爲皇帝服務，誓死捍衛皇權，由此可見君士坦丁的遠見卓識。

一道道宗教敕令接踵而至，基督教帝國建立。三三七年，君士坦丁召開了在位三十年大慶。之後，這位疲憊不堪的君主走到了生命的盡頭。臨終前，他脫去雍容華麗的紫袍，換上基督信徒所穿的白色長衣，接受了洗禮，安詳辭世。

其實，君士坦丁是否是徹底的基督徒還有待考證，或許他對基督教的態度更多是從實用主義出發。在當時，基督教已深入社會各階層，羅馬帝國與其一再鎮壓施以迫害，不如利用基督教打擊舊勢力以擴大帝國統治基礎。

君士坦丁是否眞心皈依也值得懷疑，三〇八年他依然向太陽神阿波羅神廟獻上大量貢品，細心的人們還會發現，當時的鑄幣正面仍是太陽神的形象，這種鑄幣一直保留到他去世。在銘文和錢幣上他仍以大祭司自稱，還曾主張把耶穌加入萬神殿（Pantheon）。因此，我們不能說基督教在當時已經取得徹底勝利，也許君士坦丁根本不在乎多神還是一神，他更在乎的是，誰能幫助他取得帝國的強大權力。

君士坦丁這位雄心勃勃的皇帝，在大展鴻圖的歷程中，改變了整個世界的命運。一個新的時代已悄然開始。基督教的興起與古典文明的衰落是相伴的，歷史翻開了新的篇章。

君士坦丁凱旋門

君士坦丁凱旋門建於二一三年，是為了慶祝君士坦丁大帝戰勝強敵馬克森提烏斯並統一帝國而建造。這座凱旋門高二十一公尺，深七點四公尺，上面保存著羅馬帝國各個重要時期的雕刻，是一部生動的羅馬雕刻史。

## 洗劫「永恆之城」——西羅馬帝國滅亡

主宰世界的羅馬鐵蹄終於在歲月無情的流逝中失去了光澤與力量，羅馬的戰車再也無力前進。曾君臨天下五百年的大帝國陷入四分五裂，在外族入侵中無法自拔。

### 統一與分裂

戴克里先與君士坦丁大帝費盡心力的改革暫時穩定了局勢，但仍無力扭轉帝國的命運。西元四世紀至五世紀的羅馬一片衰敗，財政短缺，盤剝嚴重。十八世紀英國歷史學家吉朋（Edward Gibbon）這樣描述當時的社會：「繁榮使腐敗的條件趨於成熟；毀滅的原因隨著領土的擴張而不斷增加；一旦時機成熟，或由於偶然事件抽去了人爲的支撐，那無比龐大的機構便會由於無力承受自身的重量而倒塌。」

三三七年，壯志未酬的君士坦丁去世，他的三個兒子和兩個姪子分治帝國，帝國內部權力的爭奪延續了十六年。三五三年，君士坦丁的次子君士坦丁烏斯暫時統一了帝國。迫於「外族」壓境，他任命內戰中倖存的堂弟朱利阿努斯爲凱撒，駐守高盧。

三六一年，君士坦丁烏斯去世，朱利阿努斯繼任奧古斯都。他勵精圖治，平定外族，但不到兩年就在與波斯的戰爭中戰死沙場。朱利阿努斯沒有子嗣，君士坦丁王朝結束，羅馬再次陷入混亂。

三六四年，多瑙河軍官瓦倫提尼安（Valentinian）一世被軍隊擁立爲皇帝，羅馬進入瓦倫提尼安王朝時期。接著瓦倫提尼安一世又把東部的帝國分給弟弟瓦倫斯（Flavivs Ivlivs Valens），二人分別以米蘭和君士坦丁堡爲都城。三七六年，瓦倫提尼安一世去世，瓦倫提尼安二世繼位爲西羅馬帝國皇帝。

在這一年，羅馬接到了來自西哥德人的求助。西哥德人原居住於羅馬帝國東北部，三七六年因受到來自中亞的匈奴人的威脅開始西遷。在解除武裝、提供人質的情況下，東羅馬帝國皇帝瓦倫斯同意他們遷入色雷斯避難。

但在羅馬人眼中，這些外族人不講文明，粗野愚鈍，是匈奴的手下敗將和逃兵，根本不屑一顧。加上行省官員敲詐勒索，肆意盤剝，糧食價格飛漲，西哥德人處境悲慘，以賣兒賣女爲生，像奴隸一樣被驅使，在異鄉受盡非人折磨和凌辱。

後來，羅馬官員宴殺西哥德人擁戴的酋長及其隨從，雙方關係迅速惡化。西哥德人挺身而起，東羅馬帝國皇帝瓦倫斯親率六萬大軍鎮壓。

三七八年，雙方會戰於亞得里亞堡（Adrianople）。西哥德人充分發揮騎兵優勢，使用突襲戰術使羅馬軍團潰敗。這次戰役空前慘烈，四萬人慘死沙場，所有羅馬將領和三十五名護民官全部犧牲，瓦倫斯戰死，連屍體都無法找到。據說皇帝在受傷之後被西哥德人扔進棚子裡燒死了。

象徵羅馬和君士坦丁堡的雕像

這兩件雕像是裝飾在家具上的飾品。在上古時代，人們常用命運女神來象徵城市，羅馬被表現成一個嚴陣以待的婦女形象，手執長矛和盾牌（左圖）；而代表君士坦丁堡的女神雕塑的姿態似乎較為隨意，手捧著象徵豐饒的羊角。

隨後，東羅馬帝國由狄奧多西（Theodosius）和格拉蒂安（Gratian）共治。三八三年格拉蒂安去世，狄奧多西改採懷柔政策，把色雷斯、馬其頓讓給西哥德人，並免除他們的稅務。狄奧多西又讓西羅馬帝國皇帝瓦倫提尼安二世讓給西哥德人一片土地。至此，西哥德人的抗爭暫時平息。

三九二年，瓦倫提尼安二世在維也納被殺。兩年後，狄奧多西擊敗西部的篡位者歐根尼烏斯（Euginus）後，成爲了羅馬帝國的唯一統治者，這也是羅馬帝國的最後一次統一。三九五年，狄奧多西去世，他的兩個兒子——十八歲的阿爾卡迪烏斯

（Arkadios）和十一歲的霍諾里烏斯（Honorius）分別成爲東西羅馬帝國皇帝。幼帝即位象徵帝國正式分裂，皇徽標誌也被改爲雙頭鷹。

## 「永恆之城」在哭泣

西羅馬帝國皇帝霍諾里烏斯幼年繼位，他生性懦弱，聽信讒言，認爲外族人玷污了羅馬的榮耀，下令殺掉所有避難的西哥德人，燒毀他們的住所，激起了西哥德人強烈的復仇情緒。

四〇八年，西哥德大將阿拉里克（Alaric）率部直逼羅馬，一路上得到了平民、奴隸的支持，加上羅馬兵力分散，阿拉里克軍隊不到三個月就攻到羅馬城下。羅馬城雖易守難攻，但容易被從海路切斷供給，阿拉里克迅速占領奧斯提亞（Ostia）港口，幾萬軍隊將城市層層圍住。城內食物匱乏，飢餓、瘟疫、死亡，吞噬了愈來愈多的人。霍諾里烏斯躲在堅不可摧的拉文納（Ravenna，今義大利東北）拒絕和議。但即使面對強敵，東西羅馬帝國仍然沒有想到要團結起來一致抗敵。

絕望的羅馬市民向元老院求援。這時的元老院雖然已失去古老的榮譽和權力，但仍有一定威望。元老院與阿拉里克談判，勸阿拉里克退兵。阿拉里克大怒，要元老院交出羅馬所有的一切，否則絕不撤兵。

元老們搜遍了城裡所有的金銀珠寶，連教堂也被搜刮一空。幾十車金銀被運來，共計五千磅黃金、三千磅白銀，再加上上好的絲綢和皮革。但這根本無法滿足他們的胃口，阿拉里克用劍脅迫元老院在三天之內將糧食運到城內。

果然，三天之內糧食運入城內，羅馬恢復了生機。但事情尚未結束，幾萬名入侵的軍隊還駐紮在城外。霍諾里烏斯決定採納元老的建議，由元老出面與西哥德人簽署和約，羅馬分給西哥德人一片土地，阿拉里克撤軍。隨後，霍諾里烏斯鋌而走險，從邊境調來援軍突襲外族軍隊。但六千名援軍根本不是阿拉里克的對手，幾乎全軍覆沒。阿拉里克率部回到羅馬城，並扶立了一個傀儡皇帝，但新君很快被推翻。阿拉里克苦惱不堪，決定與皇帝再次磋商。

終於，曾經不可一世的西羅馬帝國皇帝霍諾里烏斯與外族首領首次會面了，雙方簽訂和平條令。但霍諾里烏斯的部將不滿和談，私自襲擊了已撤退的阿拉里克軍隊。阿拉里克擊敗了對手，並對天發誓：「皇帝又一次欺騙了我們！那麼，我們就讓羅馬完蛋！」

## 帝國的餘音

四一〇年，阿拉里克軍隊來到羅

馬城外，這是他第三次包圍羅馬。阿拉里克隨即宣布：攻進羅馬，可以任意搶劫三天。勇猛彪悍的士兵衝入死一樣沉寂的城市，這座八百年未被外敵攻破的城市陷落了。入侵軍隊並未遭到太大抵抗，守城的奴隸敞開了城門。他們掠走了所有可以帶走的東西，然後放火燒了城市。

雖然阿拉里克下令不許焚燒教堂，可是混亂中誰也擋不住蔓延的火勢。巍峨的殿宇、壯麗的宮室、神聖的教堂在熊熊烈火中化爲灰燼。阿拉里克在劫城四個月後去世，他的部將阿陶爾福（Athaulf，四一〇年至四一五年在位）流浪八年後，在法國南部建立了第一個外族國家——西哥德王國，領土包括西班牙和高盧西南部。

四三九年，原本住在奧得河（Oder）流域的日耳曼人部落汪達爾人（Vandals）在傑出將領蓋塞利克

西羅馬皇帝退位圖

四七六年，西羅馬帝國皇帝羅慕路斯·奧古斯都被迫退位，這象徵西羅馬帝國的滅亡。

西元三世紀羅馬人討伐哥德人的浮雕

西哥德人遷入羅馬後，因為受到羅馬人的多重壓迫，因而引發不滿，最後西哥德叛亂攻入羅馬城，西羅馬帝國滅亡。

（Gaiseric）率領下建立汪達爾王國，此後相繼征服了西西里島西部、撒丁島、科西嘉島和巴利阿里群島等西地中海島嶼，致使羅馬長期依賴的糧食供給線崩潰。

四五五年，汪達爾人攻入羅馬，「永恆之城」第二次被洗劫，帝國滿目瘡痍。之後匈奴數次來犯，東羅馬帝國為換取和平，承諾每年向匈奴提供三百五十磅黃金，之後歲貢又加倍。

而帝國內部更是小國林立，布根第人（Burgundians）建立布根第王國，占據高盧東南部重地，切斷了帝國與北高盧的交通線；盎格魯．撒克遜人（Anglo-Saxon）征服凱爾特人占領不列顛；法蘭克人以萊茵河為基地占據高盧北部。羅馬只剩下義大利中部及拉文納地區一隅了。

四七六年，日耳曼僱傭軍首領奧多雅克（Odoacer）廢黜年僅六歲的傀儡皇帝羅慕路斯，西羅馬帝國宣告滅亡。

羅馬這座曾經擁有無限輝煌與榮耀的城市就這樣退出了歷史舞臺，過去的一切在時光中歸於沉寂。

# 博采衆長的豐碩結晶

## ——羅馬帝國的文化與科技

從西元前七五三年羅馬建城到西元四七六年羅馬最後一個皇帝被廢黜，前後一千餘年的歲月中，地中海周圍的古代文明如走馬燈似的紛紛登上歷史舞臺。但在近一半的時間內，羅馬人占據了舞臺的中心位置。他們建立了一個空前龐大的帝國，也以海納百川的胸襟和氣魄創造了恢弘博大的文化。

### 偉大屬於羅馬

人們經常說「光榮屬於希臘；偉大屬於羅馬」，希臘人與羅馬人以自己的才智爲世界文化寶庫增添了寶貴的財富。不可否認，羅馬文化繼承了希臘文化，但是羅馬人對希臘文化進行了吸收和改造，形成了自己的特色。羅馬人在文學、史學和哲學等領域都取得了巨大的成就。至於政治、法律和建築等領域的成就更是希臘人所無法比擬的。

由於羅馬人繼承了希臘人在文學上的重要成就，羅馬人的文學就成了古希臘與中世紀之間的銜接。在奧古斯都時代，羅馬出現了著名的詩人維吉爾和賀拉斯。

維吉爾（西元前七〇年至西元前十九年）創作的《埃涅阿斯紀》（*Aeneid*），被稱爲羅馬人最偉大的史詩。在這部史詩裡，維吉爾由羅馬民族的祖先——特洛伊的英雄埃涅阿斯寫起，描述了他所在的城市被希臘人占領後，他帶領全家人來到義大利半島，建立起羅馬城的經過。維吉爾的另一著作是《農事詩》（*Georgics*），共有九卷，歷時七年才完成。這是記載當時羅馬農民的社會生活的詩歌，是當時羅馬人社會生活最眞實的再現。

賀拉斯（Horace，西元前六十五年至西元前八年）是羅馬另一位著名詩人，生於義大利南部的韋努西亞（Venusia，今韋諾薩）。西元前二十三年，他發表《詩藝》（*Arts Poetica*），大部分屬於抒情詩，內容則取自羅馬現實生活。《詩藝》中政治題材的詩明顯增加。這時，詩人已經放棄共和理想，逐漸成爲奧古斯都的宮廷詩人。賀拉斯譴責內戰，把刺殺凱撒這件事視同內戰罪行，將奧古斯都稱作爲凱撒復仇的人。他的詩作中抨擊社會道德敗壞，與奧古斯都整頓社會風尚、恢復古代道德的政策密切相關。

羅馬人的哲學與希臘人的哲學相比，創新的地方不多。羅馬的哲學流派很多，主要有伊比鳩魯學派、斯多噶學派、懷疑派（Skepticism）、新柏拉圖學派（Neo-Platonism）等等。

羅馬歷史上出現了眾多的史學家。堪稱羅馬第一位史學家的是費邊・畢克托（Fabius Pictor，約生於西元前二五四年）。他的著作《羅馬史》，始於羅馬人的傳說時期，止於西元前三世紀末年。這部書對第二次布匿克戰爭的經過有詳細的記載。

**詩人賀拉斯像**

賀拉斯的詩偏重哲理議論，抒情色彩不甚濃厚；賀拉斯好用神話典故，聯想豐富，形象鮮明，讀來頗能感人。

羅馬最偉大的歷史學家無疑當推塔西陀（Tacitus，約五十五年至一二〇年）。他出身於邊省的貴族門第，在青年時代就頭角崢嶸，以博學多才爲世人所重。後來他歷仕三朝皇帝，曾先後擔任過財務官、大法官、執政官及外省總督等要職。塔西陀反對帝制，嚮往昔日的共和制度。他猛烈地抨擊羅馬的專制制度，尤其是揭露尼祿的殘暴統治。塔西陀更是一位嚴肅的歷史學家，對於史料尤其注重認眞考證。西元一世紀的羅馬歷史，也就是羅馬帝國初期的歷史，主要是靠塔西陀的記載而流傳下來的。因此，他的著作被認爲是世界歷史文庫中的要籍。

## 生活的技巧

與科學相比，羅馬人的技術更爲發達，之前和當時的任何古代國家都望塵莫及。有的技術甚至沿用到了十九世紀。

羅馬帝國時期，在希臘與義大利廣泛應用了帶輪的重型犁和打穀器具，這些器具在高盧、西班牙也十分普及。這種犁用兩頭或四頭牛來牽引，犁田的速度很快，翻土也深。此時，高盧出現了用牲畜作動力的收割機，這是一種有切割刀子的機器，收割刀在車的前面，由牲畜在後面推著前進，在當時是十分先進的機器。

在羅馬這樣擁有百萬人口的大城市，手工行業多達八十餘種，從事手工業的自由民與奴隸數以萬計。這時羅馬和義大利的手工業生產多採取中小作坊的形式，小作坊使用奴隸數人，雇工數名；中等作坊則達十餘人或數十人；也有役使上百名奴隸的大作坊。用奴隸數量最大的則是建築工程，像建造可容數萬人的大劇場這類工程，役使奴隸勞工有成千上萬人之多。

在羅馬科學家白林尼（Pline）的著述裡，出現了歷史上有關玻璃的最早記載：古時候，腓尼基商人在地中海的東海岸做飯時，發現用作爐灶周壁的硝酸鈉（或硝石）團塊，由於爐灶的火熱，遂與砂結合而成玻璃。因此，腓尼基人以製造玻璃而聞名於世。羅馬人占領了這些地區後，玻璃製造技術大爲提高，最有名的是玻璃的吹製技術，用玻璃製成的酒杯、裝

農村生活浮雕

這幅大理石浮雕表現的是西元一世紀的農村場景。農民提著一籃葡萄，背著獵物，趕著牛去趕集，牛身上則背著一隻宰殺待售的羊。

波特蘭花瓶

這就是著名的波特蘭花瓶，有兩個把手，藍色瓶身上覆蓋著一層白色的玻璃，當這層玻璃被刻去後就形成了淺浮雕圖像。

飾品等比比皆是。

在羅馬的玻璃製造工藝中有一種鑲嵌技術，是把各種玻璃粘在一起，經過加熱再形成新的形狀。還有浮雕技術，是在玻璃的表面用人物或圖案裝飾起來。著名的「波特蘭花瓶」（Portland Vase）在玻璃的表面形成了寶石一樣的色澤，大約製造於羅馬帝國時期，就是鑲嵌技術與浮雕技術相結合的精美工藝品。

在手工業方面，水輪機、水磨、水車等廣泛應用於採礦業和紡織業。在西班牙發現的由八個水輪機組成的梯級磨坊，顯示當時水力運用技術大有發展。另外，在建築工程中已經使用了小型滑車和起重機。當然這些機器的動力仍然是人力、畜力或水力。例如，修建萬神殿時，超過上百噸的圓頂就是用起重機所安裝。

在航運業方面，羅馬已能製造有船艙的遠航貨船。船首有起重桿，船內除了貨艙和住房外還有充足的淡水和食物，這樣一來羅馬的船隻就可以在世界各地航行了。羅馬人的造船技術代表了古代社會的最高水準。桅桿以護桅索加固，海港碼頭的建造由於大量使用水泥而更加牢固，且普遍運用燈塔導航。當時羅馬的航船遠達不列顛島、東方的黎巴嫩等地。

## 萬神的居所

羅馬人在建築上的成就令世人驚歎。羅馬的建築展現了羅馬人的精神，發揮了羅馬人發明創造的才華。羅馬建築追求整體和諧，強調中軸線的作用。羅馬建築的另一個特點是追求宏偉與壯觀。因爲，只有如此的建築才能反映出羅馬帝國的榮耀。

羅馬以建造石拱爲主的建築技術非常發達，當時在帝國各地建造的許多橋梁、引水道、大劇場及各種城市建築皆以規模宏大、牢固實用著稱，不少建築猶存於今，被視爲古代奇蹟。

羅馬的建築大體上可以分爲住宅、城牆、宮殿、宗教場所、娛樂場所、公共設施和紀念碑等。最能體現古代羅馬建築水準的還是帝國時期的建築——萬神殿。萬神殿最初是在西元前二十七年建成，後來因火災而毀壞。西元二世紀，哈德良皇帝重建了神殿，並保存至今。

神殿正面排立著十六根土紅色科林斯式花崗岩石柱，上覆三角門楣的長方形柱廊。每根石柱高十二點五公尺，柱頭上部是籐蔓似的渦卷，下面是莨苕花的莖葉圖案。神殿正面呈長方形，內部是一個圓形大廳，直徑和高度均爲四十三公尺，由八根巨大的拱壁支柱支撐。四周牆壁厚達六．二公尺，外砌以巨磚，無窗無柱，只在圓頂頂部有直徑九公尺的採光圓眼，人們抬頭就能看到蔚藍的天空。而神殿入口處的兩扇青銅大門高七公尺，既寬且厚，是當時世界上最大的青銅大門。

到了哈德良皇帝建造時，採用了圓頂的建築，而不是原來的長方形建築。哈德良本人也參與了萬神殿的建造。萬神殿的圓頂十分高大堅固，因此一直存在到今天，主要是羅馬人的水泥發揮了重要的作用。圓頂是由水泥澆築的，形成一個堅硬的殼，夾板把圓頂分成了五個方斗式的天花。至於圓頂的用料，也考慮到了材料輕重的問題。

萬神殿的影響非常深遠，在古羅馬時代，就已經有一些地方開始效仿萬神殿的建造樣式了。文藝復興以後，萬神殿成爲西方效仿的古典建築的典範。文藝復興以來的建築都是由萬神殿的設計發展而來。米開朗基羅建造的文藝復興時期的重要建築——聖彼得大教堂（St. Peter's Basilica），就是以萬神殿爲原型。

萬神殿大廳

羅馬萬神殿是一座圓形的建築，位於羅馬老城的中心，是古羅馬保存至今最完整的建築物之一。

國家圖書館出版品預行編目資料

帝國時代：走向世界的另一端 / 郭方主編-- 第一版. -- 臺北市；風格司藝術創作坊, 2014.11
面；公分. ——（西洋通史；02）
ISBN 978-986-6330-73-5（平裝）

1.文明史 2.古代史
740.2　　103021126

西洋通史 02

**帝國時代: 走向世界的另一端**

主　編 / 郭方
編　輯 / 林佩芳、袁若喬、苗龍
發行人 / 謝俊龍
出　版 / 風格司藝術創作坊
106 台北市安居街118巷17號
Tel：(02) 8732-0530　Fax：(02) 8732-0531
總經銷 / 紅螞蟻圖書有限公司
Tel：(02) 2795-3656　Fax：(02) 2795-4100
地址：台北市內湖區舊宗路二段121巷19號
http://www.e-redant.com
出版日期 / 2014 年 11月　第一版第一刷
定　價 / 320元

※本書如有缺頁、製幀錯誤，請寄回更換。

日知图书 本著作繁體版版權由北京日知圖書有限公司授權獨家發行。

www.rzbook.com

ISBN 978-986-6330-73-5　　Printed in Taiwan